林徽因经典作品集

你是人间的四月天

CTS 湖南文艺出版社
HUNAN LITERATURE AND ART PUBLISHING HOUSE　博集天卷 CS-BOOKY

你是人间的四月天 /
/ 林徽因经典作品集

目录
CONTENTS

诗歌

散文

小说

〔诗歌〕

你是人间的四月天

——一句爱的赞颂

我说你是人间的四月天；
笑响点亮了四面风；轻灵
在春的光艳中交舞着变。

你是四月早天里的云烟，
黄昏吹着风的软，星子在
无意中闪，细雨点洒在花前。

那轻，那娉婷，你是，鲜妍
百花的冠冕你戴着，你是
天真，庄严，你是夜夜的月圆。

雪化后那片鹅黄，你像；新鲜
初放芽的绿，你是；柔嫩喜悦
水光浮动着你梦期待中白莲。

你是一树一树的花开，是燕

在梁间呢喃，——你是爱，是暖，
是希望，你是人间的四月天！

原载1934年5月《学文》1卷1期

『谁爱这不息的变幻』

谁爱这不息的变幻，她的行径？

催一阵急雨，抹一天云霞，月亮，

星光，日影，在在都是她的花样，

更不容峰峦与江海偷一刻安定。

骄傲的，她奉着那荒唐的使命：

看花放蕊树凋零，娇娃做了娘；

叫河流凝成冰雪，天地变了相；

都市喧哗，再寂成广漠的夜静！

虽说千万年在她掌握中操纵，

她不曾遗忘一丝毫发的卑微。

难怪她笑永恒是人们造的谎，

来抚慰恋爱的消失，死亡的痛。

但谁又能参透这幻化的轮回，

谁又大胆的爱过这伟大的变幻？

香山　四月十二日

原载1931年4月《诗刊》第2期

那一晚

那一晚我的船推出了河心，
澄蓝的天上托着密密的星。
那一晚你的手牵着我的手，
迷惘的星夜封锁起重愁。
那一晚你和我分定了方向，
两人各认取个生活的模样。
到如今我的船仍然在海面飘，
细弱的桅杆常在风涛里摇。
到如今太阳只在我背后徘徊，
层层的阴影留守在我周围。
到如今我还记着那一晚的天，
星光、眼泪、白茫茫的江边！
到如今我还想念你岸上的耕种：
红花儿黄花儿朵朵的生动。

那一天我希望要走到了顶层，
蜜一般酿出那记忆的滋润。

那一天我要挎上带羽翼的箭，

望着你花园里射一个满弦。

那一天你要听到鸟般的歌唱，

那便是我静候着你的赞赏。

那一天你要看到零乱的花影，

那便是我私闯入当年的边境！

原载1931年4月《诗刊》第2期

笑

笑的是她的眼睛，口唇，

和唇边浑圆的漩涡。

艳丽如同露珠，

朵朵的笑向

贝齿的闪光里躲。

那是笑——神的笑，美的笑；

水的映影，风的轻歌。

笑的是她惺松的鬈发，

散乱的挨着她耳朵。

轻软如同花影，

痒痒的甜蜜

涌进了你的心窝。

那是笑——诗的笑，画的笑：

云的留痕，浪的柔波。

原载1931年9月《新月诗选》

情愿

我情愿化成一片落叶，
让风吹雨打到处飘零；
或流云一朵，在澄蓝天，
和大地再没有些牵连。

但抱紧那伤心的标志，
去触遇没着落的怅惘；
在黄昏，夜半，踱着脚走，
全是空虚，再莫有温柔；

忘掉曾有这世界；有你；
哀悼谁又曾有过爱恋；
落花似的落尽，忘了去
这些个泪点里的情绪。

到那天一切都不存留，
比一闪光，一息风更少

痕迹，你也要忘掉了我
曾经在这世界里活过。

原载1931年9月《新月诗选》

仍然

你舒伸得像一湖水向着晴空里
白云，又像是一流冷涧，澄清
许我循着林岸穷究你的泉源：
我却仍然怀抱着百般的疑心
对你的每一个映影！

你展开像个千瓣的花朵！
鲜妍是你的每一瓣，更有芳沁，
那温存袭人的花气，伴着晚凉：
我说花儿，这正是春的捉弄人，
来偷取人们的痴情！

你又学叶叶的书篇随风吹展，
揭示你的每一个深思；每一角心境，
你的眼睛望着，我不断的在说话：
我却仍然没有回答，一片的沉静
永远守住我的魂灵。

原载1931年9月《新月诗选》

一首桃花

桃花，

那一树的嫣红，

像是春说的一句话：

朵朵露凝的娇艳，

是一些

玲珑的字眼，

一瓣瓣的光致，

又是些

柔的匀的吐息；

含着笑，

在有意无意间

生姿的顾盼。

看，——

那一颤动在微风里

她又留下，淡淡的，

在三月的薄唇边，

一瞥，

　一瞥多情的痕迹！

二十年（指民国纪年。后文中多有出现，均同此。编者注）五月　香山

原载1931年10月《诗刊》第3期

莲灯

如果我的心是一朵莲花，
正中擎出一枝点亮的蜡，
荧荧虽则单是那一剪光，
我也要它骄傲的捧出辉煌。
不怕它只是我个人的莲灯，
照不见前后崎岖的人生——
浮沉它依附着人海的浪涛
明暗自成了它内心的秘奥。
单是那光一闪花一朵——
像一叶轻舸驶出了江河——
宛转它飘随命运的波涌
等候那阵阵风向远处推送。
算做一次过客在宇宙里，
认识这玲珑的生从容的死，
这飘忽的途程也就是个——
也就是个美丽美丽的梦。

二十一年七月半　香山

原载1933年3月《新月》4卷6期

忆

新年等在窗外，一缕香，
枝上刚放出一半朵红。
心在转，你曾说过的
几句话，白鸽似的盘旋。

我不曾忘，也不能忘
那天的天澄清的透蓝，
太阳带点暖，斜照在
每棵树梢头，像凤凰。

是你在笑，仰脸望，
多少勇敢话那天，你我
全说了，——像张风筝
向蓝穹，凭一线力量。

二十二年年岁终

原载1934年6月《学文》1卷2期

别丢掉

别丢掉

这一把过往的热情，

现在流水似的，

轻轻

在幽冷的山泉底，

在黑夜　在松林，

叹息似的渺茫，

你仍要保存着那真！

一样是月明，

一样是隔山灯火，

满天的星，

只使人不见，

梦似的挂起，

你问黑夜要回

那一句话——你仍得相信

山谷中留着

有那回音！

二十一年夏

原载1936年3月15日《大公报·文艺副刊》

记忆

断续的曲子，最美或最温柔的
夜，带着一天的星。
记忆的梗上，谁不有
两三朵娉婷，披着情绪的花
无名的展开
野荷的香馥，
每一瓣静处的月明。

湖上风吹过，头发乱了，或是
水面皱起像鱼鳞的锦。
四面里的辽阔，如同梦
荡漾着中心彷徨的过往
不着痕迹，谁都
认识那图画，
沉在水底记忆的倒影！

二十五年二月

静院

你说这院子深深的——
美从不是现成的。
这一掬静，
到了夜，你算，
就需要多少铺张？
月圆了残，叫卖声远了，
隔过老杨柳，一道墙，又转，
初一？凑巧谁又在烧香……
离离落落的满院子，
不定是神仙走过，
仅是迷惘，像梦……
窗槛外或者是暗的，
或透那么一点灯火。

这掬静，院子深深的
——有人也叫它做情绪——
情绪，好，你指点看

有不有轻风，轻得那样

没有声响，吹着凉？

黑的屋脊，自己的，人家的，

兽似的背耸着，又像

寂寞在嘶声的喊！

石阶，尽管沉默，你数，

多少层下去，下去，

是不是还得栏杆，斜斜的

双树的影去支撑？

对了，角落里边

还得有人低着头脸。

会忘掉又会记起，——会想，

——那不论——或者是

船去了，一片水，或是

小曲子唱得嘹亮；

或是枝头粉黄一朵，

记不得谁了，又向谁认错！

又是多少年前，——夏夜。

有人说：

"今夜，天，……"（也许是秋夜）

又穿过藤萝，

指着一边，小声的，"你看，

星子真多！"

草上人描着影子；
那样点头，走，
又有人笑，……

静，真的，你可相信
这平铺的一片——
不单是月光，星河，
雪和萤虫也远——
夜，情绪，进展的音乐，
如果慢弹的手指
能轻似蝉翼，
你拆开来看，纷纭，
那玄微的细网
怎样深沉的拢住天地，
又怎样交织成
这细致飘渺的彷徨！

二十五年一月
原载1936年4月12日《大公报·文艺副刊》

—诗歌—

八月的忧愁

黄水塘里游着白鸭，

高粱梗油青的刚高过头，

这跳动的心怎样安插，

田里一窄条路，八月里这忧愁？

天是昨夜雨洗过的，山冈

照着太阳又留一片影；

羊跟着放羊的转进村庄，

一大棵树荫下罩着井，又像是心！

从没有人说过八月什么话，

夏天过去了，也不到秋天。

但我望着田垄，土墙上的瓜，

仍不明白生活同梦怎样的连牵。

二十五年夏末

原载1936年9月30日《大公报·文艺副刊》

冥思

心此刻同沙漠一样平，
思想像孤独的一个阿拉伯人；
仰脸孤独的向天际望
落日远边奇异的霞光，
安静的，又侧个耳朵听
远处一串骆驼的归铃。

在这白色的周遭中，
一切像凝冻的雕形不动；
白袍，腰刀，长长的头巾，
浪似的云天，沙漠上风！
偶有一点子振荡闪过天线，
残霞边一颗星子出现。

二十五年夏末
原载1936年12月13日《大公报·文艺副刊》

山中

紫色山头抱住红叶，将自己影射在山前，
人在小石桥上走过，渺小的追一点子想念。
高峰外云在深蓝天里镶白银色的光转，
用不着桥下黄叶，人在泉边，才记起夏天！

也不因一个人孤独的走路，路更蜿蜒，
短白墙房舍像画，仍画在山坳另一面，
只这丹红集叶替代人记忆失落的层翠，
深浅团抱这同一个山头，惆怅如薄层烟。

山中斜长条青影，如今红萝乱在四面，
百万落叶火焰在寻觅山石荆草边，
当时黄月下共坐天真的青年人情话，相信
那三两句长短，星子般仍挂秋风里不变。

一九三六年秋

原载1937年1月29日《大公报·文艺副刊》

静坐

冬有冬的来意，
寒冷像花，——
花有花香，冬有回忆一把。
一条枯枝影，青烟色的瘦细，
在午后的窗前拖过一笔画；
寒里日光淡了，渐斜……
就是那样地
像待客人说话
我在静沉中默啜着茶。

二十五年冬十一月
原载1937年1月31日《大公报·文艺副刊》

十月独行

像个灵魂失落在街边，
我望着十月天上十月的脸，
我向雾里黑影上涂热情
悄悄的看一团流动的月圆。

我也看人流着流着过去来回
黑影中冲着波浪翻星点
我数桥上栏杆龙样头尾
像坐一条寂寞船，自己拉纤。

我像哭，像自语，我更自己抱歉！
自己焦心，同情，一把心紧似琴弦，——
我说哑的，哑的琴我知道，一出曲子
未唱，幻望的手指终未来在上面？

原载1937年3月7日《大公报·文艺副刊》

时间

人间的季候永远不断在转变
春时你留下多处残红，翩然辞别，
本不想回来时同谁叹息秋天！

现在连秋云黄叶又已失落去
辽远里，剩下灰色的长空一片
透彻的寂寞，你忍听冷风独语？

原载1937年3月14日《大公报·文艺副刊》

去春

诗歌

不过是去年的春天，花香，
红白的相间着一条小曲径，
在今天这苍白的下午，再一次登山
回头看，小山前一片松风
就吹成长长的距离，在自己身旁。

人去时，孔雀绿的园门，白丁香花，
相伴着动人的细致，在此时，
又一次湖水将解的季候，已全变了画。
时间里悬挂，迎面阳光不来，
就是来了也是斜抹一行沉寂记忆，树下。

原载1937年7月《文学杂志》1卷3期

人生

人生，
你是一支曲子，
我是歌唱的；

你是河流
我是条船，一片小白帆
我是个行旅者的时候，
你，田野，山林，峰峦。

无论怎样，
颠倒密切中牵连着
你和我，
我永从你中间经过；

我生存，
你是我生存的河道，
理由同力量。

你的存在

则是我胸前心跳里

五色的绚彩

但我们彼此交错

并未彼此留难。

…………

现在我死了，

你，——

我把你再交给他人负担！

原载1947年5月4日《大公报·文艺副刊》

昆明即景

一　茶铺

这是立体的构画，
　　描在这里许多样脸
在顺城脚的茶铺里
　　隐隐起喧腾声一片。

各种的姿势，生活
　　刻划着不同方面：
茶座上全坐满了，笑的，
　　皱眉的，有的抽着旱烟。

老的，慈祥的面纹，
　　年轻的，灵活的眼睛，
都暂要时间在茶杯上
　　停住，不再去扰乱心情！

一天一整串辛苦，
　此刻才赚回小把安静，
夜晚回家，还有远路，
　白天，谁有工夫闲看云影？

不都为着真的口渴，
　四面窗开着，喝茶，
跷起膝盖的是疲乏，
　赤着臂膀好同乡邻闲话。

也为了放下扁担同肩背
　向运命喘息，倚着墙，
每晚靠这一碗茶的生趣
　幽默估量生的短长……

这是立体的构画，
　设色在小生活旁边，
阴凉南瓜棚下茶铺，
　热闹照样的又过了一天！

二　小楼

张大爹临街的矮楼，
半藏着，半挺着，立在街头，

瓦覆着它，窗开一条缝，
夕阳染红它，如写下古远的梦。

矮檐上长点草，也结过小瓜，
破石子路在楼前，无人种花，
是老坛子，瓦罐，大小的相伴；
尘垢列出许多风趣的零乱。

但张大爹走过，不吟咏它好；
大爹自己（上年纪了）不相信古老。
他拐着杖常到隔壁沽酒，
宁愿过桥，土堤去看新柳！

原载1948年2月22日《经世日报·文艺周刊》第58期

小诗

（一）

感谢生命的讽刺嘲弄着我，
会唱的喉咙哑成了无言的歌。
一片轻纱似的情绪，本是空灵，
现时上面全打着拙笨补钉。

肩头上先是挑起两担云彩，
带着光辉要在从容天空里安排；
如今黑压压沉下现实的真相，
灵魂同饥饿的脊梁将一起压断！

我不敢问生命现在人该当如何
喘气！经验已如旧鞋底的穿破，
这纷歧道路上，石子和泥土模糊，
还是赤脚方便，去认取新的辛苦。

（二）

小蚌壳里有所有的颜色；
整一条虹藏在里面。
绚彩的存在是他的秘密，
外面没有夕阳，也不见雨点。

黑夜天空上只一片渺茫；
整宇宙星斗那里闪亮，
远距离光明如无边海面，
是每小粒晶莹，给了你方向。

原载1948年5月《文学杂志》2卷12期

恶劣的心绪

我病中，这样缠住忧虑和烦扰，
好像西北冷风，从沙漠荒原吹起，
逐步吹入黄昏街头巷尾的垃圾堆；
在霉腐的琐屑里寻讨安慰，
自己在万物消耗以后的残骸中惊骇，
又一点一点给别人扬起可怕的尘埃！

吹散记忆正如陈旧的报纸飘在各处彷徨，
破碎支离的记录只颠倒提示过去的骚乱。
多余的理性还像一只饥饿的野狗
那样追着空罐同肉骨，自己寂寞的追着
咬嚼人类的感伤；生活是什么都还说不上来，
摆在眼前的已是这许多渣滓！

我希望：风停了；今晚情绪能像一场小雪，
沉默的白色轻轻降落地上；
雪花每片对自己和他人都带一星耐性的仁慈，

一层一层把恶劣残破和痛苦的一起掩藏；

在美丽明早的晨光下，焦心暂不必再有，——

绝望要来时，索性是雪后残酷的寒流！

三十六年十二月病中动手术前

原载1948年5月《文学杂志》2卷12期

写给我的大姊

当我去了，还有没说完的话，
好像客人去后杯里留下的茶；
说的时候，同喝的机会，都已错过，
主客黯然，可不必再去惋惜它。
如果有点感伤，你把脸掉向窗外，
落日将尽时，西天上，总还留有晚霞。

一切小小的留恋算不得罪过，
将尽未尽的衷曲也是常情。
你原谅我有一堆心绪上的闪躲，
黄昏时承认的，否认等不到天明；
有些话自己也还不曾说透，
他人的了解是来自直觉的会心。

当我去了，还有没说完的话，
像钟敲过后，时间在悬空里暂挂，
你有理由等待更美好的继续；

对忽然的终止，你有理由惧怕。

但原谅吧，我的话语永远不能完全，

亘古到今情感的矛盾做成了嘶哑。

原载1948年5月《文学杂志》2卷12期

十一月的小村

我想象我在轻轻的独语：

十一月的小村外是怎样个去处？

是这渺茫江边淡泊的天；

是这映红了的叶子疏疏隔着雾；

是乡愁，是这许多说不出的寂寞；

还是这条独自转折来去的山路？

是村子迷惘了，绕出一丝丝青烟；

是那白沙一片篁竹围着的茅屋？

是枯柴爆裂着灶火的声响，

是童子缩颈落叶林中的歌唱？

是老农随着耕牛，远远过去，

还是那坡边零落在吃草的牛羊？

是什么做成这十一月的心，

十一月的灵魂又是谁的病？

山坳子叫我立住的仅是一面黄土墙；

下午透过云霾那点子太阳！

一棵野藤绊住一角老墙头，斜睨

两根青石架起的大门，倒在路旁
无论我坐着，我又走开，
我都一样心跳；我的心前
虽然烦乱，总像绕着许多云彩，
但寂寂一湾水田，这几处荒坟，
它们永说不清谁是这一切主宰
我折一根柱枝，看下午最长的日影
要等待十一月的回答微风中吹来。

三十三年初冬　李庄

原载1948年5月《文学杂志》2卷12期

忧郁

忧郁自然不是你的朋友；

但也不是你的敌人，你对他不能冤屈！

他是你强硬的债主，你呢？是

把自己灵魂押给他的赌徒。

你曾那样拿理想赌博，不幸

你输了；放下精神最后保留的田产，

最有价值的衣裳，然后一切你都

赔上，连自己的情绪和信仰，那不是自然？

你的债权人他是，那么，别尽问他脸貌

到底怎样！呀天，你如果一定要看清

今晚这里有盏小灯，灯下你无妨同他

面对面，你是这样的绝望，他是这样无情！

原载1948年5月《文学杂志》2卷12期

哭三弟恒

——三十年空战阵亡

弟弟，我没有适合时代的语言
来哀悼你的死；
它是时代向你的要求，
简单的，你给了。
这冷酷简单的壮烈是时代的诗
这沉默的光荣是你。

假使在这不可免的真实上
多给了悲哀，我想呼喊，
那是——你自己也明了——
因为你走得太早，
太早了，弟弟，难为你的勇敢，
机械的落伍，你的机会太惨！

三年了，你阵亡在成都上空，
这三年的时间所做成的不同，
如果我向你说来，你别悲伤，

因为多半不是我们老国，
而是他人在时代中辗动，
我们灵魂流血，炸成了窟窿。

我们已有了盟友、物资同军火，
正是你所曾经希望过。
我记得，记得当时我怎样同你
讨论又讨论，点算又点算，
每一天你是那样耐性的等着，
每天却空的过去，慢得像骆驼！

现在驱逐机已非当日你最理想
驾驶的"老鹰式七五"那样——
那样笨，那样慢，啊，弟弟不要伤心，
你已做到你们所能做的，
别说是谁误了你，是时代无法衡量，
中国还要上前，黑夜在等天亮。

弟弟，我已用这许多不美丽言语
算是诗来追悼你，
要相信我的心多苦，喉咙多哑，
你永不会回来了，我知道，
青年的热血做了科学的代替；
中国的悲怆永沉在我的心底。

啊，你别难过，难过了我给不出安慰。
我曾每日那样想过了几回：
你已给了你所有的，同你去的弟兄
也是一样，献出你们的生命；
已有的年轻一切；将来还有的机会，
可能的壮年工作，老年的智慧；

可能的情爱，家庭，儿女，及那所有
生的权利，喜悦；及生的纠纷！
你们给的真多，都为了谁？你相信
今后中国多少人的幸福要在
你的前头，比自己要紧；那不朽
中国的历史，还需要在世上永久。

你相信，你也做了，最后一切你交出。
我既完全明白，为何我还为着你哭？
只因你是个孩子却没有留什么给自己，
小时我盼着你的幸福，战时你的安全，
今天你没有儿女牵挂需要抚恤同安慰，
而万千国人像已忘掉，你死是为了谁！

三十三年　李庄

原载1948年5月《文学杂志》2卷12期

悼志摩

十一月十九日我们的好朋友，许多人都爱戴的新诗人，徐志摩突兀的，不可信的，惨酷的，在飞机上遇险而死去。这消息在二十日的早上像一根针刺猛触到许多朋友的心上，顿使那一早的天墨一般地昏黑，哀恸的咽哽锁住每一个人的嗓子。

志摩……死……谁曾将这两个句子联在一处想过！他是那样活泼的一个人，那样刚刚站在壮年的顶峰上的一个人。朋友们常常惊讶他的活动，他那像小孩般的精神和认真，谁又会想到他死？

突然的，他闯出我们这共同的世界，沉入永远的静寂，不给我们一点预告，一点准备，或是一个最后希望的余地。这种几乎近于忍心的决绝，那一天不知震麻了多少朋友的心？现在那不能否认的事实，仍然无情地挡住我们前面。任凭我们多苦楚的哀悼他的惨死，多迫切的希冀能够仍然接触到他原来的音容，事实是不会为体贴我们这悲念而有些许更改；而他也再不会为不忍我们这伤悼而有些许活动的可能！这难堪的永远静寂和消沉便是死的最残酷处。

我们不迷信的，没有宗教地望着这死的帏幕，更是丝毫没有把握。张开口我们不会呼吁，闭上眼不会入梦，徘徊在理智和情感的边沿，我们不能预期后会，对这死，我们只是永远发怔，吞咽枯涩的泪，待时间来剥削这哀恸的尖锐，痂结我们每次悲悼的创伤。那一天下午初得到消息的许多朋友不是全跑到胡适之先生家里么？但是除却拭泪相对，默然围坐外，谁也没有主意，谁也不知有什么话说，对这死！

谁也没有主意，谁也没有话说！事实不容我们安插任何的希望，情感不容我们不伤悼这突兀的不幸，理智又不容我们有超自然的幻想！默然相对，默然围坐……而志摩则仍是死去没有回头，没有音讯，永远地不会回头，永远地不会再有音讯。

我们中间没有绝对信命运之说的，但是对着这不测的人生，谁不感到惊异，对着那许多事实的痕迹又如何不感到人力的脆弱，智慧的有限。世事尽有定数？世事尽是偶然？对这永远的疑问我们什么时候能有完全的把握？

在我们前边展开的只是一堆坚质的事实：
"是的，他十九晨有电报来给我……
"十九早晨，是的！说下午三点准到南苑，派车接……
"电报是九时从南京飞机场发出的……
"刚是他开始飞行以后所发……
"派车接去了，等到四点半……说飞机没有到……
"没有到……航空公司说济南有雾……很大……"只是一个钟头的差

别；下午三时到南苑，济南有雾！谁相信就是这一个钟头中便可以有这么不同事实的发生，志摩，我的朋友！

他离平的前一晚我仍见到，那时候他还不知道他次晨南旅的，飞机改期过三次，他曾说如果再改下去，他便不走了的。我和他同由一个茶会出来，在总布胡同口分手。在这茶会里我们请的是为太平洋会议来的一个柏雷博士，因为他是志摩生平最爱慕的女作家曼殊斐儿的姊丈，志摩十分的殷勤；希望可以再从柏雷口中得些关于曼殊斐儿早年的影子，只因限于时间，我们茶后匆匆地便散了。晚上我有约会出去了，回来时很晚，听差说他又来过，适遇我们夫妇刚走，他自己坐了一会儿，喝了一壶茶，在桌上写了些字便走了。我到桌上一看：——

"定明早六时飞行，此去存亡不卜……"我怔住了，心中一阵不痛快，却忙给他一个电话。

"你放心。"他说，"很稳当的，我还要留着生命看更伟大的事迹呢，哪能便死？……"

话虽是这样说，他却是已经死了整两周了！

凡是志摩的朋友，我相信全懂得，死去他这样一个朋友是怎么一回事！

现在这事实一天比一天更结实，更固定，更不容否认。志摩是死了，这个简单惨酷的实际早又添上时间的色彩，一周，两周，一直的增长下去……

我不该在这里语无伦次的尽管呻吟我们做朋友的悲哀情绪。归根说，读者抱着我们文字看，也就是像志摩的请柏雷一样，要从我们口里再听到关于志摩的一些事。这个我明白，只怕我不能使你们满意，因为关于他的事，动听的，使青年人知道这里有个不可多得的人格存在的，实在太多，决不是几千字可以表达得完。谁也得承认像他这样的一个人世间便不轻易有几个的，无论在中国或是外国。

我认得他，今年整十年，那时候他在伦敦经济学院，尚未去康桥。我初次遇到他，也就是他初次认识到影响他迁学的逖更生先生。不用说他和我父亲最谈得来，虽然他们年岁上差别不算少，一见面之后便互相引为知己。他到康桥之后由逖更生介绍进了皇家学院，当时和他同学的有我姊丈温君源宁。一直到最近两月中源宁还常在说他当时的许多笑话，虽然说是笑话，那也是他对志摩最早的一个惊异的印象。志摩认真的诗情，绝不含有丝毫矫伪，他那种痴，那种孩子似的天真实能令人惊讶。源宁说，有一天他在校舍里读书，外边下了倾盆大雨——惟是英伦那样的岛国才有的狂雨——忽然他听到有人猛敲他的房门，外边跳进一个被雨水淋得全湿的客人。不用说他便是志摩，一进门一把扯着源宁向外跑，说快来我们到桥上去等着。这一来把源宁怔住了，他问志摩等什么在这大雨里。志摩睁大了眼睛，孩子似的高兴地说"看雨后的虹去"。源宁不只说他不去，并且劝志摩趁早将湿透的衣服换下，再穿上雨衣出去，英国的湿气岂是儿戏，志摩不等他说完，一溜烟地自己跑了！

以后我好奇地曾问过志摩这故事的真确，他笑着点头承认这全段故事的真实。我问：那么下文呢，你立在桥上等了多久，并且看到虹了没有？

他说记不清但是他居然看到了虹。我诧异地打断他对那虹的描写，问他：怎么他便知道，准会有虹的。他得意地笑答我说："完全诗意的信仰！"

"完全诗意的信仰"，我可要在这里哭了！也就是为这"诗意的信仰"他硬要借航空的方便达到他"想飞"的宿愿！"飞机是很稳当的，"他说，"如果要出事那是我的运命！"他真对运命这样完全诗意的信仰！

志摩我的朋友，死本来也不过是一个新的旅程，我们没有到过的，不免过分地怀疑，死不定就比这生苦，"我们不能轻易断定那一边没有阳光与人情的温慰"，但是我前边说过最难堪的是这永远的静寂。我们生在这没有宗教的时代，对这死实在太没有把握了。这以后许多思念你的日子，怕要全是昏暗的苦楚，不会有一点点光明，除非我也有你那美丽的诗意的信仰！

我个人的悲绪不竟又来扰乱我对他生前许多清晰的回忆，朋友们原谅。

诗人的志摩用不着我来多说，他那许多诗文便是估价他的天平。我们新诗的历史才是这样的短，恐怕他的判断人尚在我们儿孙辈的中间。我要谈的是诗人之外的志摩。人家说志摩的为人只是不经意的浪漫，志摩的诗全是抒情诗，这断语从不认识他的人听来可以说很公平，从他朋友们看来实在是对不起他。志摩是个很古怪的人，浪漫固然，但他人格里最精华的却是他对人的同情，和蔼，和优容；没有一个人他对他不和蔼，没有一种人，他不能优容，没有一种的情感，他绝对地不能表同情。我不说了解，因为不是许多人爱说志摩最不解人情么？我说他的特点也就在这上头。

我们寻常人就爱说了解；能了解的我们便同情，不了解的我们便很落漠乃至于酷刻。表同情于我们能了解的，我们以为很适当；不表同情于我们不能了解的，我们也认为很公平。志摩则不然，了解与不了解，他并没有过分地夸张，他只知道温存，和平，体贴，只要他知道有情感的存在，无论出自何人，在何等情况之下，他理智上认为适当与否，他全能表几分同情，他真能体会原谅他人与他自己不相同处。从不会刻薄地单支出严格的迫厌的道德的天平指谪凡是与他不同的人。他这样的温和，这样的优容，真能使许多人惭愧，我可以忠实地说，至少他要比我们多数的人伟大许多；他觉得人类各种的情感动作全有它不同的，价值放大了的人类的眼光，同情是不该只限于我们划定的范围内。他是对的，朋友们，归根说，我们能够懂得几个人，了解几桩事，几种情感？哪一桩事，哪一个人没有多面的看法！为此说来志摩朋友之多，不是个可怪的事；凡是认得他的人不论深浅对他全有特殊的感情，也是极自然的结果。而反过来看他自己在他一生的过程中却是很少得着同情的。不只如是，他还曾为他的一点理想的愚诚几次几乎不见容于社会。但是他却未曾为这个而鄙吝他给他人的同情心，他的性情，不曾为受了刺激而转变刻薄暴戾过，谁能不承认他几有超人的宽量。

志摩的最动人的特点，是他那不可信的纯净的天真，对他的理想的愚诚，对艺术欣赏的认真，体会情感的切实，全是难能可贵到极点。他站在雨中等虹，他甘冒社会的大不韪争他的恋爱自由；他坐曲折的火车到乡间去拜哈岱，他抛弃博士一类的引诱卷了书包到英国，只为要拜罗素做老师，他为了一种特异的境遇，一时特异的感动，从此在生命途中冒险，从此抛弃所有的旧业，只是尝试写几行新诗——这几年新诗尝试的运命并不太令人踊跃，冷嘲热骂只是家常便饭——他常能走几里路去采几茎花，费许多周折去看一个朋友说两句话；这些，还有许多，都不是我们寻常能够轻易了解的神秘。我说神秘，其实竟许是傻，是痴！事实上他只是比我们认真，虔诚到傻气，到痴！他愉快起来，他的快乐的翅膀可以碰得到天，他忧伤起来，他的悲戚是深得没有底。寻常评价的衡量在他手里失了效用，利害轻重他自有他的看法，纯是艺术的情感的脱离寻常的原则，所以往常人常听到朋友们说到他总爱带着嗟叹的口吻说："那是志摩，你又有什么法子！"他真的是个怪人么？朋友们，不，一点都不是，他只是比我们近情，近理，比我们热诚，比我们天真，比我们对万物都更有信仰，对神，对人，对灵，对自然，对艺术！

朋友们，我们失掉的不只是一个朋友，一个诗人，我们丢掉的是个极难得可爱的人格。

至于他的作品全是抒情的么？他的兴趣只限于情感么？更是不对。志摩的兴趣是极广泛的。就有几件，说起来，不认得他的人便要奇怪。他早年很爱数学，他始终极喜欢天文，他对天上星宿的名字和部位就认得很多，最喜暑夜观星，好几次他坐火车都是带着关于宇宙的科学的书。他曾经译过爱因斯坦的相对论，并且在一九二二年便写过一篇关于相对论的东西登在《民铎》杂志上。他常向思成说笑："任公先生的相对论的知识还是从我徐君志摩大作上得来的呢，因为他说他看过许多关于爱因斯坦的哲学都未曾看懂，看到志摩的那篇才懂了。"今夏我在香山养病，他常来闲谈，有一天谈到他幼年上学的经过和美国克莱克大学两年学经济学的景况，我们不禁对笑了半天，后来他在他的《猛虎集》的"序"里也说了那么一段。可是奇怪的！他不像许多天才，幼年里上学，不是不及格，便是被斥退，他是常得优等的，听说有一次康奈尔暑校里一个极严的经济教授还写了信去克莱克大学教授那里恭维他的学生，关于一门很难的功课。我不是为志摩在这里夸张，因为事实上只有为了这桩事，今夏志摩自己便笑得不亦乐乎！

此外他的兴趣对于戏剧绘画都极深浓，戏剧不用说，与诗文是那么接近，他领略绘画的天才也颇可观，后期印象派的几个画家，他都有极精密的爱恶，对于文艺复兴时代那几位，他也很熟悉，他最爱鲍蒂切利和达文骞。自然他也常承认文人喜画常是间接地受了别人论文的影响，他的，就受了法兰（Roger Fry）和斐德（Walter Pater）的不少。对于建筑审美，他常常对思成和我道歉说："太对不起，我的建筑常识全是Ruskins那一套。"他知道我们是最讨厌Ruskins的。但是为看一个古建的残址，一块石刻，他比任何人都热心，都更能静心领略。

他喜欢色彩，虽然他自己不会作画，暑假里他曾从杭州给我几封信，他自己叫它们做"描写的水彩画"，他用英文极细致地写出西（边？）桑田的颜色，每一分嫩绿，每一色鹅黄，他都仔细地观察到。又有一次，他望着我园里一带断墙半晌不语，过后他告诉我说，他正在默默体会，想要描写那墙上向晚的艳阳和刚刚入秋的藤萝。

对于音乐，中西的他都爱好，不只爱好，他那种热心便唤醒过北京一次——也许唯一的一次——对音乐的注意。谁也忘不了那一年，克拉斯拉到北京在"真光"拉一个多钟头的提琴。对旧剧他也得算"在行"，他最后在北京那几天我们曾接连地同去听好几出戏，回家时我们讨论的热闹，比任何剧评都诚恳都起劲。

谁相信这样的一个人，这样忠实于"生"的一个人，会这样早地永远地离开我们另投一个世界，永远地静寂下去，不再透些许声息！

我不敢再往下写，志摩若是有灵听到比他年轻许多的一个小朋友拿着老声老气的语调谈到他的为人不觉得不快么？这里我又来个极难堪的回忆，那一年他在这同一个的报纸上写了那篇伤我父亲惨故的文章，这梦幻似的人生转了几个弯，·曾几何时，却轮到我在这风紧夜深里握吊他的惨变。这是什么人生？什么风涛？什么道路？志摩，你这最后的解脱未始不是幸福，不是聪明，我该当羡慕你才是。

原载1931年12月7日《北平晨报》第9版"北晨学园　哀悼志摩专号"

山西通信

××××：

居然到了山西，天是透明的蓝，白云更流动得使人可以忘记很多的事，单单在一点什么感情底下，打滴溜转；更不用说到那山山水水，小堡垒，村落，反映着夕阳的一角庙，一座塔！景物是美得到处使人心慌心痛。

我是没有出过门的，没有动身之前不容易动，走出来之后却就不知道如何流落才好。旬日来眼看去的都是图画，日子都是可以歌唱的古事。黑夜里在山场里看河南来到山西的匠人，围住一个大红炉子打铁，火花和铿锵的声响，散到四团黑影里去。微月中步行寻到田垄废庙，划一根"取灯"偷偷照看那瞭望观音的脸，一片平静。几百年来，没有动过感情的，在那一闪光底下，倒像挂上一缕笑意。

我们因为探访古迹走了许多路；在种种情形之下感慨到古今兴废。在草丛里读碑碣，在砖堆中间偶然碰到菩萨的一只手一个微笑，都是可以激动起一些不平常的感觉来的。乡村的各种浪漫的位置，秀丽天真；中间人物维持着老老实实的鲜艳颜色，老的扶着拐杖，小的赤着胸背，沿路上点缀的，尽是他们明亮的眼睛和笑脸。由北平城里来的我们，东看看，西走走，夕阳背在背上，真和掉在另一个世界里一样！云块，天，和我们之间似乎失掉了一切障碍。我乐时就高兴的笑，笑声一直散到对河对山，说不定哪一个林子，哪一个村落里去！我感觉到一种平坦，竟许是辽阔，和地面恰恰平行着舒展开来，感觉的最边沿的边沿，和大地的边沿，永远赛着向前伸……

我不会说，说起来也只是一片疯话人家不耐烦听。让我描写一些实际情形我又不大会，总而言之，远地里，一片田亩有人在工作，上面青的，黄的，紫的，分行的长着；每一处山坡上，有人在走路，放羊，迎着阳光，背着阳光，投射着转动的光影；每一个小城，前面站着城楼，旁边睡着小庙，那里又托出一座石塔，神和人，都服帖地、满足地守着他们那一角天地，近地里，则更有的是热闹，一条街里站满了人，孩子头上梳着三个小辫子的，四个小辫子的，乃至于五六个小辫子的，衣服简单到只剩一个红兜肚，上面隐约也绣有她嬷嬷挑的两三朵花！

娘娘庙前面树荫底下，你又能阻止谁来看热闹？教书先生出来了，军队里兵卒拉着马过来了，几个女人娇羞的手拉着手，也扭着来站在一边了，小孩子争着挤，看我们照相，拉皮尺量平面，教书先生帮我们拓碑文。说起来这个那个庙，都是年代可多了，什么时候盖的，谁也说不清了！说话之人来得太多，我们工作实在发生困难了，可是我们大家都顶高兴的，小孩子一边抱着饭碗吃饭，一边睁着大眼看，一点子也不松懈。

我们走时总是一村子的人来送的，儿媳妇指着说给老婆婆听，小孩们跑着还要跟上一段路。开栅镇、小相村、大相村，哪一处不是一样的热闹，看到北齐天保三年造像碑，我们不小心的，漏出一个惊异的叫喊，他们乡里弯着背的，老点儿的人，就也露出一个得意的微笑，知道他们村里的宝贝，居然吓着这古怪的来客了。"年代多了吧？"他们骄傲的问。"多了多了。"我们高兴的回答，"差不多一千四百年了。""呀，一千四百年！"我们便一齐骄傲起来。

我们看看这里金元重修的，那里明季重修的殿宇，讨论那式样做法的特异处，塑像神气，手续，天就渐渐黑下来，嘴里觉到渴，肚里觉到饿，才记起一天的日子圆圆整整的就快结束了。回来躺在床上绮丽鲜明的印象仍然挂在眼睛前边，引导着种种适意的梦，同时晚饭上所吃的菜蔬果子，便给养充实着，我们明天的精力，直到一大颗太阳，红红的照在我们的脸上。

原载1934年8月25日《大公报·文艺副刊》第96期（第12版）

窗子以外

话从哪里说起？等到你要说话，什么话都是那样渺茫地找不到个源头。

此刻，就在我眼帘底下坐着是四个乡下人的背影；一个头上包着黯黑的白布，两个褪色的蓝布，又一个光头。他们支起膝盖，半蹲半坐的，在溪沿的短墙上休息。每人手里一件简单的东西；一个是白木棒，一个篮子，那两个在树荫底下我看不清楚。无疑地他们已经走了许多路，再过一刻，抽完一筒旱烟以后，是还要走许多路的。兰花烟的香味频频随着微风，袭到我官觉上来，模糊中还有几段山西梆子的声调，虽然他们坐的地方是在我廊子的铁纱窗以外。

铁纱窗以外，话可不就在这里了。永远是窗子以外，不是铁纱窗就是玻璃窗，总而言之，窗子以外！

所有的活动的颜色、声音、生的滋味，全在那里的，你并不是不能看到，只不过是永远地在你窗子以外罢了。多少百里的平原土地，多少区域的起伏的山峦，昨天由窗子外映进你的眼帘，那是多少生命日夜在活动着的所在；每一根青的什么麦黍，都有人流过汗；每一粒黄的什么米粟，都有人吃去；其间还有的是周折，是热闹，是紧张！可是你则并不一定能看见，因为那所有的周折，热闹，紧张，全都在你窗子以外展演着。

在家里罢，你坐在书房里，窗子以外的景物本就有限。那里两树马缨，几棵丁香；榆叶梅横出疯杈的一大枝；海棠因为缺乏阳光，每年只开个两三朵——叶子上满是虫蚁吃的创痕，还卷着一点焦黄的边；廊子幽秀地开着扇子式，六边形的格子窗，透过外院的日光，外院的杂音。什么送煤的来了，偶然你看到一个两个被煤炭染成黔黑的脸；什么米送到了，一个人掮着一大口袋在背上，慢慢踱过屏门；还有自来水、电灯、电话公司来收账的，胸口斜挂着皮口袋，手里推着一辆自行车；更有时厨子来个朋友了，满脸的笑容，"好呀，好呀！"地走进门房；什么赵妈的丈夫来拿钱了，那是每月一号一点都不差的，早来了你就听到两个人唧唧哝哝争吵的声浪。那里不是没有颜色，声音，生的一切活动，只是他们和你总隔个窗子——扇子式的，六边形的，纱的，玻璃的！

你气闷了把笔一搁说，这叫做什么生活！你站起来，穿上不能算太贵的鞋袜，但这双鞋和袜的价钱也就比——想它做什么，反正有人每月的工资，一定只有这价钱的一半乃至于更少。你出去雇洋车了，拉车的嘴里所讨的价钱当然是要比例价高得多，难道你就傻子似的答应下来？不，不，三十二子，拉就拉，不拉，拉倒！心里也明白，如果真要充内行，你就该说，二十六子，拉就拉——但是你好意思争！

车开始辗动了，世界仍然在你窗子以外。长长的一条胡同，一个个大门紧紧地关着。就是有开的，那也只是露出一角，隐约可以看到里面有南瓜棚子，底下一个女的，坐在小凳上缝缝做做的；另一个，抓住还不能走路的小孩子，伸出头来喊那过路卖白菜的。至于白菜是多少钱一斤，那你是听不见了，车子早已拉得老远，并且你也无需乎知道的。在你每月费用之中，伙食是一定占去若干的。在那一笔伙食费里，白菜又是多么小的一个数。难道你知道了门口卖的白菜多少钱一斤，你真把你哭丧着脸的厨子叫来申斥一顿，告诉他每一斤白菜他多开了你一个"大子儿"？

车越走越远了，前面正碰着粪车，立刻你拿出手绢来，皱着眉，把鼻子蒙得紧紧的，心里不知怨谁好。怨天做的事太古怪，好好的美丽的稻麦却需要粪来浇！怨乡下人太不怕臭，不怕脏，发明那么两个篮子，放在鼻前手车上，推着慢慢走！你怨市里行政人员不认真办事，如此脏臭不卫生的旧习不能改良，十余年来对这粪车难道真无办法？为着强烈的臭气隔着你窗子还不够远，因此你想到社会卫生事业如何还办不好。

路渐渐好起来，前面墙高高的是个大衙门。这里你简直不只隔个窗子，这一带高高的墙是不通风的。你不懂里面有多少办事员，办的都是什么事；多少浓眉大眼的，对着乡下人做买卖的吆喝诈取；多少个又是脸黄黄的可怜虫，混半碗饭分给一家子吃。自欺欺人，里面天天演的到底是什么把戏？但是如果里面真有两三个人拼了命在那里奋斗，为许多人争一点便利和公道，你也无从知道！

到了热闹的大街了，你仍然像在特别包厢里看戏一样，本身不会，也不必参加那出戏；倚在栏杆上，你在审美的领略，你有的是一片闲暇。但是如果这里洋车夫问你在哪里下来，你会吃一惊，仓卒不知所答。生活所最必需的你并不缺乏什么，你这出来就也是不必需的活动。

　　偶一抬头，看到街心和对街铺子前面那些人，他们都是急急忙忙地，在时间金钱的限制下采办他们生活所必需的。两个女人手忙脚乱地在监督着店里的伙计称秤。二斤四两，二斤四两的什么东西，且不必去管，反正由那两个女人的认真的神气上面看去，必是非同小可，性命交关的货物。并且如果称得少一点时，那两个女人为那点吃亏的分量必定感到重大的痛苦；如果称得多时，那伙计又知道这年头那损失在东家方面真不能算小。于是那两边的争执是热烈的，必须的，大家声音都高一点；女人脸上呈块红色，头发披下了一缕，又用手抓上去；伙计则维持着客气，口里嚷着：错不了，错不了！

　　热烈的，必须的，在车马纷纭的街心里，忽然由你车边冲出来两个人；男的，女的，各各提起两脚快跑。这又是干什么的，你心想，电车正在拐大弯。那两个原就追着电车，由轨道旁边擦过去，一边追着，一边向电车上卖票的说话。电车是不容易赶的，你在洋车上真不禁替那街心里奔走赶车的担心。但是你也知道如果这趟没赶上，他们就可以在街旁站个半点来钟，那些宁可望穿秋水不雇洋车的人，也就是因为他们的生活而必须计较和节省到洋车同电车价钱上那相差的数目。

　　此刻洋车跑得很快，你心里继续着疑问你出来的目的，到底采办一些什么必需的货物。眼看着男男女女挤在市场里面，门首出来一个进去一个，手里都是持着包包裹裹，里边虽然不会全是他们当日所必需的，但是如果当中夹着一盒稍微奢侈的物品，则亦必是他们生活中间闪着亮光的一个愉快！你不是听见那人说么？里面草帽，一块八毛五，贵倒贵点，可是"真不赖"！他提一提帽盒向着打招呼的朋友，他摸一摸他那剃得光整的脑袋，微笑充满了他全个脸。那时那一点迸射着光闪的愉快，当然的归属于他享受，没有一点疑问，因为天知道，这一年中他多少次地克己省俭，使他赚来这一次美满的，大胆的奢侈！

那点子奢侈在那人身上所发生的喜悦，在你身上却完全失掉作用，没有闪一星星亮光的希望！你想，整年整月你所花费的，和你那窗子以外的周围生活程度一比较，严格算来，可不都是非常靡费的用途？每奢侈一次，你心上只有多难过一次，所以车子经过的那些玻璃窗口，只有使你更惶恐，更空洞，更怀疑，前后彷徨不着边际。并且看了店里那些形形色色的货物，除非你真是傻子，难道不晓得它们多半是由哪一国工厂里制造出来的！奢侈是不能给你愉快的，它只有要加增你的戒惧烦恼。每一尺好看点的纱料，每一件新鲜点的工艺品！

你诅咒着城市生活，不自然的城市生活！检点行装说，走了，走了，这沉闷没有生气的生活，实在受不了，我要换个样子过活去。健康的旅行既可以看看山水古刹的名胜，又可以知道点内地纯朴的人情风俗。走了，走了，天气还不算太坏，就是走他一个月六礼拜也是值得的。

没想到不管你走到哪里，你永远免不了坐在窗子以内的。不错，许多时髦的学者常常骄傲地带上"考察"的神气，架上科学的眼镜，偶然走到哪里一个陌生的地方瞭望，但那无形中的窗子是仍然存在的。不信，你检查他们的行李，有谁不带着罐头食品，帆布床，以及别的证明你还在你窗子以内的种种零星用品，你再摸一摸他们的皮包，那里短不了有些钞票；一到一个地方，你有的是一个提梁的小小世界。不管你的窗子朝向哪里望，所看到的多半则仍是在你窗子以外，隔层玻璃，或是铁纱！隐隐约约你看到一些颜色，听到一些声音，如果你私下满足了，那也没有什么，只是千万别高兴起说什么接触了，认识了若干事物人情，天知道那是罪过！洋鬼子们的一些浅薄，千万学不得。

你是仍然坐在窗子以内的，不是火车的窗子，汽车的窗子，就是客栈逆旅的窗子，再不然就是你自己无形中习惯的窗子，把你搁在里面。接触和认识实在谈不到，得天独厚的闲暇生活先不容你。一样是旅行，如果你背上掮的不是照相机而是一点做买卖的小血本，你就需要全副的精神来走路：你得留神投宿的地方；你得计算一路上每吃一次烧饼和几颗沙果的钱；遇着同行的战战兢兢的打招呼，互相捧出诚意，遇着困难时好互相关照帮忙，到了一个地方你是真带着整个血肉的身体到处碰运气，紧张的境遇不容你不奋斗，不与其他奋斗的血和肉的接触，直到经验使得你认识。

前日公共汽车里一列辛苦的脸，那些谈话，里面就有很多生活的分量。陕西过来做生意的老头和那旁坐的一股客气，是不得已的；由交城下车的客人执着红粉包纸烟递到汽车行管事手里也是有多少理由的，穿棉背心的老太婆默默地挟住一个蓝布包袱，一个钱包，是在用尽她的全副本领的，果然到了冀村，她错过站头，还亏别个客人替她要求车夫，将汽车退行两里路，她还不大相信地望着那村站，口里噜苏着这地方和上次如何两样了。开车的一面发牢骚一面爬到车顶替老太婆拿行李，经验使得他有一种涵养，行旅中少不了有认不得路的老太太，这个道理全世界是一样的，伦敦警察之所以特别和蔼，也是从迷路的老太太孩子们身上得来的。

话说了这许多，你仍然在廊子底下坐着，窗外送来溪流的喧响，兰花烟气味早已消失，四个乡下人这时候当已到了上流"庆和义"磨坊前面。昨天那里磨坊的伙计很好笑的满脸挂着面粉，让你看着磨坊的构造；坊下的木轮，屋里旋转着的石碾，又在高低的院落里，来回看你所不经见的农具在日影下列着。院中一棵老槐、一丛鲜艳的杂花、一条曲曲折折引水的沟渠，伙计和气地说闲话。他用着山西口音，告诉你，那里一年可出五千多包的面粉，每包的价钱约略两块多钱。又说这十几年来，这一带因为山水忽然少了，磨坊关闭了多少家，外国人都把那些磨坊租去做他们避暑的别墅。惭愧的你说，你就是住在一个磨坊里面，他脸上堆起微笑，让面粉一星星在日光下映着，说认得认得，原来你所租的磨坊主人，一个外国牧师，待这村子极和气，乡下人和他还都有好感情。

这真是难得了，并且好感的由来还有实证。就是那一天早上你无意中出去探古寻胜，这一省山明水秀，古刹寺院，动不动就是宋辽的原物，走到山上一个小村的关帝庙里，看到一个铁铎，刻着万历年号，原来是万历赐这村里庆成王的后人的，不知怎样流落到卖古董的手里。七年前让这牧师买去，晚上打着玩，嘹亮的钟声被村人听到，急忙赶来打听，要凑原价买回，情辞恳切。说起这是他们吕姓的祖传宝物，决不能让它流落出境，这牧师于是真个把铁铎还了他们，从此便在关帝庙神前供着。

这样一来你的窗子前面便展开了一张浪漫的图画，打动了你的好奇，管它是隔一层或两层窗子，你也忍不住要打听点底细，怎么明庆成王的后人会姓吕！这下子文章便长了。

如果你的祖宗是皇帝的嫡亲弟弟，你是不会，也不愿，忘掉的。据说庆成王是永乐的弟弟，这赵庄村里的人都是他的后代。不过就是因为他们记得太清楚了，另一朝的皇帝都有些老大不放心，雍正间诏命他们改姓，由姓朱改为姓吕，但是他们还有用二十字排行的方法，使得他们不会弄错他们是这一脉子孙。

这样一来你就有点心跳了，昨天你雇来那打水洗衣服的不也是赵庄村来的，并且还姓吕！果然那土头土脑圆脸大眼的少年是个皇裔贵族，真是有失尊敬了。那么这村子一定穷不了，但事实上则不见得。

田亩一片，年年收成也不坏。家家户户门口有特种围墙，像个小小堡垒——当时防匪用的。屋子里面有大漆衣柜衣箱，柜门上白铜擦得亮亮；炕上棉被红红绿绿也颇鲜艳。可是据说关帝庙里已有四年没有唱戏了，虽然戏台还高巍巍地对着正殿。村子这几年穷了，有一位王孙告诉你，唱戏太花钱，尤其是上边使钱。这里到底是隔个窗子，你不懂了，一样年年好收成，为什么这几年村子穷了，只模模糊糊听到什么军队驻了三年多等，更不懂的是，村子向上一年辛苦后的娱乐，关帝庙里唱唱戏，得上面使钱？既然隔个窗子听不明白，你就通气点别尽管问了。

隔着一个窗子你还想明白多少事？昨天雇来吕姓倒水，今天又学洋鬼子东逛西逛，跑到下面养着鸡羊，上面挂有武魁匾额的人家，让他们用你不懂得的乡音招呼你吃菜，炕上坐，坐了半天出到门口，和那送客的女人周旋客气了一回，才恍然大悟，她就是替你倒脏水洗衣裳的吕姓王孙的妈，前晚上还送饼到你家来过！

　　这里你迷糊了。算了算了！你简直老老实实地坐在你窗子里得了，窗子以外的事，你看了多少也是枉然，大半你是不明白，也不会明白的。

原载1934年9月5日《大公报·文艺副刊》第99期

散文

纪念志摩去世四周年

今天是你走脱这世界的四周年！朋友，我们这次拿什么来纪念你？前两次的用香花感伤地围上你的照片，抑住嗓子底下叹息和悲哽，朋友和朋友无聊地对望着，完成一种纪念的形式，俨然是愚蠢的失败。因为那时那种近于伤感，而又不够宗教庄严的举动，除却点明了你和我们中间的距离，生和死的间隔外，实在没有别的成效；几乎完全不能达到任何真实纪念的意义。

去年今日我意外地由浙南路过你的家乡，在昏沉的夜色里我独立火车门外，凝望着那幽暗的站台，默默地回忆许多不相连续的过往残片，直到生和死间居然幻成一片模糊，人生和火车似的蜿蜒一串疑问在苍茫间奔驰。我想起你的：

> 火车擒住轨，在黑夜里奔
> 过山，过水，过……

如果那时候我的眼泪曾不自主地溢出睫外，我知道你定会原谅我的。你应当相信我不会向悲哀投降，什么时候我都相信倔强的忠于生的，即使人生如你底下所说：

> 就凭那精窄的两道，算是轨，
>
> 驮着这份重，梦一般的累坠！

就在那时候我记得火车慢慢地由站台拖出，一程一程地前进，我也随着酸怆的诗意，那"车的呻吟"，"过荒野，过池塘……过噤口的村庄"。到了第二站——我的一半家乡。

今年又轮到今天这一个日子！世界仍旧一团糟，多少地方是黑云布满着粗筋络往理想的反面猛进，我并不在瞎说，当我写：

> 信仰只一细炷香，
>
> 那点子亮再经不起西风
>
> 沙沙的隔着梧桐树吹

朋友，你自己说，如果是你现在坐在我这位子上，迎着这一窗太阳：眼看着菊花影在墙上描画作态；手臂下倚着两沓今早的报纸；耳朵里不时隐隐地听着朝阳门外"打靶"的枪弹声；意识的，潜意识的，要明白这生和死的谜，你又该写成怎样一首诗来，纪念一个死别的朋友？

此时，我却是完全的一个糊涂！习惯上我说，每桩事都像是造物的意旨，归根都是运命，但我明知道每桩事都有我们自己的影子在里面烙印着！我也知道每一个日子是多少机缘巧合凑拢来拼成的图案，但我也疑问其间的摆布谁是主宰。据我看来：死是悲剧的一章，生则更是一场悲剧的主干！我们这一群剧中的角色自身性格与性格矛盾；理智与情感两不相容；理想与现实当面冲突，侧面或反面激成悲哀。日子一天一天向前转，昨日和昨日堆垒起来混成一片不可避脱的背景，做成我们周遭的墙壁或气氲，那么结实又那么缥缈，使我们每一人站在每一天的每一个时候里都是那么主要，又是那么渺小无能为！

此刻我几乎找不出一句话来说，因为，真的，我只是个完全的糊涂；感到生和死一样的不可解，不可懂。

但是我却要告诉你，虽然四年了你脱离去我们这共同活动的世界，本身停掉参加牵引事体变迁的主力，可是谁也不能否认，你仍立在我们烟涛渺茫的背景里，间接地是一种力量，尤其是在文艺创造的努力和信仰方面。间接地你任凭自然的音韵，颜色，不时的风轻月白，人的无定律的一切情感，悠断悠续地仍然在我们中间继续着生，仍然与我们共同交织着这生的纠纷，继续着生的理想。你并不离我们太远。你的身影永远挂在这里那里，同你生前一样的飘忽，爱在人家不经意时苫止，带来勇气的笑声也总是那么嘹亮，还有，还有经过你热情或焦心苦吟的那些诗，一首一首仍串着许多人的心旋转。

说到你的诗，朋友，我正要正经的同你再说一些话。你不要不耐烦。这话迟早我们总要说清的。人说盖棺论定，前者早已成了事实，这后者在这四年中，说来叫人难受，我还未曾读到一篇中肯或诚实的论评，虽然对你的赞美和攻讦由你去世后一两周间，就纷纷开始了。但是他们每人手里拿的都不像纯文艺的天平；有的喜欢你的为人，有的疑问你私人的道德；有的单单尊崇你诗中所表现的思想哲学，有的仅喜爱那些软弱的细致的句子，有的每发议论必须牵涉到你的个人生活之合乎规矩方圆，或断言你是轻薄，或引证你是浮奢豪侈！朋友，我知道你从不介意过这些，许多人的浅陋老实或刻薄处你早就领略过一堆，你不只未曾生过气，并且常常表现怜悯同原谅；你的心情永远是那么洁净；头老抬得那么高；胸中老是那么完整的诚挚；臂上老有那么许多不折不挠的勇气。但是现在的情形与以前却稍稍不同，你自己既已不在这里，做你朋友的，眼看着你被误解，曲解，乃至于谩骂，有时真忍不住替你不平。

但你可别误会我心眼儿窄，把不相干的看成重要，我也知道误解曲解谩骂，都是不相干的，但是朋友，我们谁都需要有人了解我们的时候，真了解了我们，即使是痛下针砭，骂着了我们的弱处错处，那整个的我们却因而更增添了意义，一个作家文艺的总成绩更需要一种就文论文，就艺术论艺术的和平判断。

你在《猛虎集》"序"中说"世界上再没有比写诗更惨的事"，你却并未说明为什么写诗是一桩惨事，现在让我来个注脚好不好？我看一个人一生为着一个愚诚的倾向，把所感受到的复杂的情绪尝味到的生活，放到自己的理想和信仰的锅炉里烧炼成几句悠扬铿锵的语言（哪怕是几声小唱），来满足他自己本能的艺术的冲动，这本来是个极寻常的事。哪一个地方哪一个时代，都不断有这种人。轮着做这种人的多半是为着他情感来的比寻常人浓富敏锐，而为着这情感而发生的冲动更是非实际的——或不全是实际的——追求，而需要那种艺术的满足而已。说起来写诗的人的动机多么简单可怜，正是如你"序"里所说"我们都是受支配的善良的生灵"！虽然有些诗人因为他们的成绩特别高厚广阔包括了多数人，或整个时代的艺术和思想的冲动，从此便在人间披上神秘的光圈，使"诗人"两字无形中挂着崇高的色彩。这样使一般努力于用韵文表现或描画人在自然万物相交错时的情绪思想的，便被人的成见看做夸大狂的旗帜，需要同时代人的极冷酷的讥讪和不信任来扑灭它，以挽救人类的尊严和健康。

我承认写诗是惨淡经营，孤立在人中挣扎的勾当，但是因为我知道太清楚了，你在这上面单纯的信仰和诚恳的尝试，为同业者奋斗，卫护他们的情感的愚诚，称扬他们艺术的创造，自己从未曾求过虚荣，我觉得你始终是很逍遥舒畅的。如你自己所说："满头血水"，你"仍不曾低头"，你自己相信"一点性灵还在那里挣扎"，"还想在实际生活的重重压迫下透出一些声响来"。

简单地说，朋友，你这写诗的动机是坦白不由自主的，你写诗的态度是诚实，勇敢而倔强的。这在讨论你诗的时候，谁都先得明了的。

至于你诗的技巧问题，艺术上的造诣，在这新诗仍在彷徨歧路的尝试期间，谁也不能坚决地论断，不过有一桩事我很想提醒现在讨论新诗的人，新诗之由于无条件无形制宽泛到几乎没有一定的定义时代，转入这讨论外形内容，以至于音节韵脚章句意象组织等艺术技巧问题的时期，即是根据着对这方面努力尝试过的那一些诗，你的头两个诗集子就是供给这些讨论见解最多材料的根据。外国的土话说"马总得放在马车的前面"不是？没有一些尝试的成绩放在那里，理论家是不能老在那里发一堆空头支票的，不是？

你自己一向不止在那里倔强地尝试用功，你还会用尽你所有活泼的热心鼓励别人尝试，鼓励"时代"起来尝试——这种工作是最犯风头嫌疑的，也只有你胆子大头皮硬顶得下来！我还记得你要印诗集子时，我替你捏一把汗，老实说还替你在有文采的老前辈中间难为情过，我也记得我初听到人家找你办《晨报副刊》时我的焦急，但你居然板起个脸抓起两把鼓槌子为文艺吹打开路乃至于扫地，铺鲜花，不顾旧势力的非难，新势力的怀疑，你干你的事"事在人为，做了再说"那股子劲，以后别处也还很少见。

现在你走了，这些事渐渐在人的记忆中模糊下来，你的诗和文章也散漫在各小本集子里，压在有极新鲜的封皮的新书后面，谁说起你来，不是马马糊糊地承认你是过去中一个势力，就是拿能够挑剔看轻你的诗为本事（散文人家很少提到，或许"散文家"没有诗人那么光荣，不值得注意），朋友，这是没法子的事，我却一点不为此灰心，因为我有我的信仰。

我认为我们这写诗的动机既如前面所说那么简单愚诚；因在某一时，或某一刻敏锐地接触到生活上的锋芒，或偶然地触遇到理想峰巅上云彩星霞，不由得不在我们所习惯的语言中，编缀出一两串近于音乐的句子来，慰藉自己，解放自己，去追求超实际的真实，读诗者的反应一定有一大半也和我们这写诗的一样诚实天真，仅想在我们句子中间由音乐性的愉悦，接触到一些生活的底蕴渗合着美丽的憧憬；把我们的情绪给他们的情绪搭起一座浮桥；把我们的灵感，给他们生活添些新鲜；把我们的痛苦伤心再揉成他们自己忧郁的安慰！

我们的作品会不会再长存下去，就看它们会不会活在那一些我们从不认识的人，我们作品的读者，散在各时、各处互相不认识的孤单的人的心里的，这种事它自己有自己的定律，并不需要我们的关心的。你的诗据我所知道的，它们仍旧在这里浮沉流落，你的影子也就浓淡参差地系在那些诗句中，另一端印在许多不相识人的心里。朋友，你不要过于看轻这种间接的生存，许多热情的人他们会为着你的存在，而加增了生的意识的。伤心的仅是那些你最亲热的朋友们和同兴趣的努力者，你不在他们中间的事实，将要永远是个不能填补的空虚。

你走后大家就提议要为你设立一个"志摩奖金"来继续你鼓励人家努力诗文的素志，勉强象征你那种对于文艺创造拥护的热心，使不及认得你的青年人永远对你保存着亲热。如果这事你不觉到太寒伧不够热气，我希望你原谅你这些朋友们的苦心，在冥冥之中笑着给我们勇气来做这一些蠢诚的事吧。

二十四年十一月十九日，北平

原载1935年12月8日《大公报·文艺》第56期星期特刊

蛛丝和梅花

　　真真地就是那么两根蛛丝，由门框边轻轻地牵到一枝梅花上。就是那么两根细丝，迎着太阳光发亮……再多了，那还像样么？一个摩登家庭如何能容蛛网在光天白日里作怪，管它有多美丽，多玄妙，多细致，够你对着它联想到一切自然，造物的神工和不可思议处；这两根丝本来就该使人脸红，且在冬天够多特别！可是亮亮的，细细的，倒有点像银，也有点像玻璃制的细丝，委实不算讨厌，尤其是它们那么潇脱风雅，偏偏那样有意无意地斜着搭在梅花的枝梢上。

　　你向着那丝看，冬天的太阳照满了屋内，窗明几净，每朵含苞的，开透的，半开的梅花在那里挺秀吐香，情绪不禁迷茫缥缈地充溢心胸，在那刹那的时间中振荡。同蛛丝一样的细弱，和不必需，思想开始抛引出去：由过去牵到将来，意识的，非意识的，由门框梅花牵出宇宙，浮云沧波踪迹不定。是人性，艺术，还是哲学，你也无暇计较，你不能制止你情绪的充溢，思想的驰骋，蛛丝梅花竟然是瞬息可以千里！

　　好比你是蜘蛛，你的周围也有你自织的蛛网，细致地牵引着天地，不怕多少次风雨来吹断它，你不会停止了这生命上基本的活动。此刻"……

一枝斜好，幽香不知甚处……"

拿梅花来说吧，一串串丹红的结蕊缀在秀劲的傲骨上，最可爱，最可赏，等半绽将开地错落在老枝上时，你便会心跳！梅花最怕开；开了便没话说。索性残了，沁香拂散同夜里炉火都能成了一种温存的凄清。

记起了，也就是说到梅花，玉兰。初是有个朋友说起初恋时玉兰刚开完，天气每天的暖，住在湖旁，每夜跑到湖边林子里走路，又静坐幽僻石上看隔岸灯火，感到好像仅有如此虔诚地孤对一片泓碧寒星远市，才能把心里情绪抓紧了，放在最可靠最纯净的一撮思想里，始不至亵渎了或是惊着那"痫寐思服"的人儿。那是极年轻的男子初恋的情景——对象渺茫高远，反而近求"自我的"郁结深浅——他问起少女的情绪。

就在这里，忽记起梅花。一枝两枝，老枝细枝，横着，虬着，描着影子，喷着细香；太阳淡淡金色地铺在地板上；四壁琳琅，书架上的书和书签都像在发出言语；墙上小对联记不得是谁的集句；中条是东坡的诗。你敛住气，简直不敢喘息，踮起脚，细小的身形嵌在书房中间，看残照当窗，花影摇曳，你像失落了什么，有点迷惘。又像"怪东风着意相寻"，有点儿没主意！浪漫，极端的浪漫。"飞花满地谁为扫？"你问，情绪风似的吹动，卷过，停留在惜花上面。再回头看看，花依旧嫣然不语。"如此娉婷，谁人解看花意。"你更沉默，几乎热情地感到花的寂寞，开始怜花，把同情统统诗意地交给了花心！

这不是初恋，是未恋，正自觉"解看花意"的时代。情绪的不同，不止是男子和女子有分别，东方和西方也甚有差异。情绪即使根本相同，情绪的象征，情绪所寄托，所栖止的事物却常常不同。水和星子同西方情绪的联系，早就成了习惯。一颗星子在蓝天里闪，一流冷涧倾泻一片幽愁的平静，便激起他们诗情的波涌，心里甜蜜地，热情地便唱着由那些鹅羽的笔锋散下来的"她的眼如同星子在暮天里闪"，或是"明丽如同单独的那颗星，照着晚来的天"，或"多少次了，在一流碧水旁边，忧愁倚下她低垂的脸"。

惜花，解花太东方，亲昵自然，含着人性的细致是东方传统的情绪。

此外年龄还有尺寸，一样是愁，却跃跃似喜，十六岁时的，微风零乱，不颓废，不空虚，踏着理想的脚充满希望，东方和西方却一样。人老了脉脉烟雨，愁吟或牢骚多折损诗的活泼。大家如香山，稼轩，东坡，放翁的白发华发，很少不梗在诗里，至少是令人不快。话说远了，刚说是惜花，东方老少都免不了这嗜好，这倒不论老的雪鬓曳杖，深闺里也就攒眉千度。

最叫人惜的花是海棠一类的"春红"，那样娇嫩明艳，开过了残红满地，太招惹同情和伤感。但在西方即使也有我们同样的花，也还缺乏我们的廊庑庭院。有了"庭院深深深几许"才有一种庭院里特有的情绪。如果李易安的"斜风细雨"底下不是"重门须闭"也就不"萧条"得那样深沉可爱；李后主的"终日谁来"也一样的别有寂寞滋味。看花更须庭院，深深锁在里面认识，不时还得有轩窗栏杆，给你一点凭借，虽然也用不着十二栏杆倚遍，那么惝弱无聊。

当然旧诗里伤愁太多；一首诗竟像一张美的证券，可以照着市价去兑现！所以庭花，乱红，黄昏，寂寞太滥，诗常失却诚实。西洋诗，恋爱总站在前头，或是"忘掉"，或是"记起"，月是为爱，花也是为爱，只使全是真情，也未尝不太腻味。就以两边好的来讲。拿他们的月光同我们的月色比，似乎是月色滋味深长得多。花更不用说了；我们的花"不是预备采下缀成花球，或花冠献给恋人的"，却是一树一树绰约的，个性的，自己立在情人的地位上接受恋歌的。

所以未恋时的对象最自然的是花，不是因为花而起的感慨——十六岁时无所谓感慨——仅是刚说过的自觉解花的情绪，寄托在那清丽无语的上边，你心折它绝韵孤高，你为花动了感情，实说你同花恋爱，也未尝不可——那惊讶狂喜也不减于初恋。还有那凝望，那沉思……

一根蛛丝！记忆也同一根蛛丝，搭在梅花上就由梅花枝上牵引出去，虽未织成密网，这诗意的前后，也就是相隔十几年的情绪的联络。

午后的阳光仍然斜照，庭院阒然，离离疏影，房里窗棂和梅花依然伴和成为图案，两根蛛丝在冬天还可以算为奇迹，你望着它看，真有点像银，也有点像玻璃，偏偏那么斜挂在梅花的枝梢上。

二十五年新年漫记

原载1936年2月2日《大公报·文艺》第86期星期特刊

究竟怎么一回事

写诗究竟是怎么一回事？

写诗，或可说是要抓紧一种一时闪动的力量，一面跟着潜意识浮沉，摸索自己内心所萦回，所着重的情感——喜悦，哀思，忧怨，恋情，或深，或浅，或缠绵，或热烈，又一方面顺着直觉，认识，辨味，在眼前或记忆里官感所触遇的意象——颜色，形体，声音，动静，或细致，或亲切，或雄伟，或诡异；再一方面又追着理智探讨，剖析，理会这些不同的性质，不同分量，流转不定的情感意象所互相融会，交错策动而发生的感念；然后以语言文字（运用其声音意义）经营，描画，表达这内心意象，情绪，理解在同时间或不同时间里，适应或矛盾的所共起的波澜。

写诗，或又可说是自己情感的，主观的，所体验了解到的；和理智的客观的所体察辨别到的，同时达到一个程度，腾沸横溢，不分宾主地互相起了一种作用，由于本能的冲动，凭着一种天赋的兴趣和灵巧，驾驭一串有声音，有图画，有情感的言语，来表现这内心与外物息息相关的联系，及其所发生的悟理或境界。

　　写诗，或又可以说是若不知其所以然的，灵巧的，诚挚的，在传译给理想的同情者，自己内心所流动的情感穿过繁复的意象时，被理智所窥探而由直觉与意识分着记取的符录！一方面似是惨淡经营——至少是专诚致意，一方面似是借力于平时不经意的准备，"下笔有神"的妙手偶然拈来；忠于情感，又忠于意象，更忠于那一串刹那间内心整体闪动的感悟。

　　写诗，或又可说是经过若干潜意识的酝酿，突如其来的，在生活中意识到那么凑巧的一顷刻小小时间；凑巧的，灵异的，不能自已的，流动着一片浓挚或深沉的情感，敛聚着重重繁复演变的情绪，更或凝定入一种单纯超卓的意境，而又本能地迫着你要刻画一种适合的表情。这表情积极的，像要流泪叹息或歌唱欢呼，舞蹈演述；消极的，又像要幽独静处，沉思自语。换句话说，这两者合一，便是一面要天真奔放，热情地自白去邀同情和了解，同时又要寂寞沉默，孤僻地自守来保持悠然自得的完美和严肃！

　　在这一个凑巧的一顷刻小小时间中（着重于那凑巧的），你的所有直觉，理智，官感，情感，记性和幻想，独立的及交互的都进出它们不平常的锐敏，紧张，雄厚，壮阔及深沉。在它们潜意识的流动——独立的或交互的融会之间——如出偶然而又不可避免地涌上一闪感悟，和情趣——或即所谓灵感——或是亲切的对自我得失悲欢；或辽阔的对宇宙自然；或智慧的对历史人性。这一闪感悟或是混沌朦胧，或是透彻明晰。像光同时能照耀洞察，又能抚摩包含你的所有已经尝味，还在尝味，及幻想尝味的"生"的种种形色质量，且又活跃着其间错综重叠于人于我的意义。

这感悟情趣的闪动——灵感的脚步——来得轻时，好比潺潺清水婉转流畅，自然的洗涤，浸润一切事物情感，倒影映月，梦残歌罢，美感的旋起一种超实际的权衡轻重，可抒成慷慨缠绵千行的长歌，可留下如幽咽微叹般的三两句诗词。愉悦的心声，轻灵的心画，常如啼鸟落花，轻风满月，夹杂着情绪的缤纷；泪痕巧笑，奔放轻盈，若有意若无意地遗留在各种言语文字上。

但这感悟情趣的闪动，若激越澎湃来得强时，可以如一片惊涛飞沙，由大处见到纤微，由细弱的物体看它变动，宇宙人生，幻若苦谜。一切又如经过烈火燃烧锤炼，分散，减化成为净纯的茫焰气质，升处所有情感意象于空幻，神秘，变移无定，或不灭不变绝对，永恒的玄哲境域里去，卓越隐奥，与人性情理遥远的好像隔成距离。身受者或激昂通达，或禅寂淡远，将不免挣扎于超情感，超意象，乃至于超言语，以心传心的创造。隐晦迷离，如禅偈玄诗，便不可制止地托生在与那幻想境界几不适宜的文字上，占定其生存权。

写诗……

总而言之，天知道究竟写诗是怎么一回事。在写诗的时候，或者是"我知道，天知道"；到写了之后，最好学Browning不避嫌疑的自讥的，只承认"天知道"，天下关于写诗的笔墨官司便都省了。

我们仅听到写诗人自己说一阵奇异的风吹过，或是一片澄清的月色，一个惊讶，一次心灵的振荡，便开始他写诗的尝试，迷于意境文字音乐的

搏斗，但是究竟这奇异的风和月，心灵的振荡或惊讶是什么？是不是仍为
那可以追踪到内心直觉的活动；到潜意识后面那综错交流的情感与意象；
那意识上理智的感念思想；以及要求表现的本能冲动？灵异的风和月所指
的当是外界的一种偶然现象，同时却也是指它们是内心活动的一种引火
线。诗人说话没有不打比喻的。

我们根本早得承认诗是不能脱离象征比喻而存在的。在诗里情感必依
附在意象上，求较具体的表现；意象则必须明晰地或沉着地，恰适地烘托
情感，表征含义。如果这还需要解释，常识的，我们可以问：在一个意识
的或直觉的，官感，情感，理智，同时并重的一个时候，要一两句简约的
话来代表一堆重叠交错的外象和内心情绪思想所发生的微妙的联系，而同
时又不失却原来情感的质素分量，是不是容易或可能的事？一个比喻或一
种象征在字面或事物上可以极简，而同时可以带着字面事物以外的声音
颜色形状，引起它们与其它事关系的联想。这个办法可以多方面地来辅助
每句话确实的含义，而又加增官感情感理智每方面的刺激和满足，道理甚
为明显。

无论什么诗都从不曾脱离过比喻象征，或比喻象征式的言语。诗中意
象多不是寻常纯客观的意象。诗中的云霞星宿，山川草木，常有人性的感
情，同时内心人性的感触反又变成外界的体象，虽简明浅显隐奥繁复各有
不同的。但是诗虽不能缺乏比喻象征，象征比喻却并不是诗。

诗的泉源，上面已说过，是意识与潜意识地融会交流错综的情感意象
和概念所促成；无疑地，诗的表现必是一种形象情感思想合一的语言。但

散文

是这种语言，不能仅是语言，它又须是一种类似动作的表情，这种表情又不能只是表情，而须是一种理解概念的传达。它同时须不断传译情感，描写现象诠释感悟。它不是形体而须创造形体颜色；它是声音，却最多仅要留着长短节奏。最要紧地是按着疾徐高下，和有限的铿锵音调，依附着一串单独或相联的字义上边；它须给直觉意识，情感理智，以整体的快惬。

因为相信诗是这样繁难的一列多方面条件的满足，我们不能不怀疑到纯净意识的、理智的、或可以说是"技术的"创造——或所谓"工"之绝无能为。诗之所以发生，就不叫它做灵感的来临，主要的亦在那一闪力量突如其来，或灵异的一刹那的"凑巧"，将所有繁复的"诗的因素"都齐集荟萃于一俄顷偶然的时间里。所以诗的创造或完成，主要亦当在那灵异的，凑巧的，偶然的活动一部分属意识，一部分属直觉，更多一部分属潜意识的，所谓"不以文而妙"的"妙"。理智情感，明晰隐晦都不失之过偏。意象瑰丽迷离，转又朴实平淡，像是纷纷纭纭不知所从来，但飘忽中若有必然的线索可寻，理解玄奥繁难，也像是纷纷纭纭莫明所以。但错杂里又是斑驳分明，情感穿插联系其中，若有若无，给草木气候，给热情颜色。一首好诗在一个会心的读者前边有时真会是一个奇迹！但是伤感流丽，铺张的意象，涂饰的情感，用人工连缀起来，疏忽地看去，也未尝不像是诗。故作玄奥渊博，颠倒意象，堆砌起重重理喻的诗，也可以吓然惊人一下。

写诗究竟是怎么一回事，真是惟有天知道得最清楚！读者与作者，读者与读者，作者与作者关于诗的意见，历史告诉我传统的是要永远地差别分歧，争争吵吵到无尽时。因为老实地说，谁也仍然不知道写诗是怎么一回事的，除却如这篇文字所表示的，勉强以抽象的许多名词，具体的一些比喻来捉摸描写那一种特殊的直觉活动，献出一个极不能令人满意的答案。

原载1936年8月30日《大公报·文艺》第206期诗歌特刊

彼此

朋友又见面了，点点头笑笑，彼此晓得这一年不比往年，彼此是同增了许多经验。个别地说，这时间中每一人的经历虽都有特殊的形相，含着特殊的滋味，需要个别的情绪来分析来描述。

综合地说，这许多经验却是一整片仿佛同式同色，同大小，同分量的迷惘。你触着那一角，我碰上这一头，归根还是那一片迷惘笼罩着彼此。七月！——这两字就如同史歌的开头那么有劲——八月，九月带来了那狂风，后来，后来过了年——那无法忘记的除夕！——又是那一月，二月，三月，到了七月，再接再厉的又到了年夜。现在又是一月二月在开始……谁记得最清楚，这串日子是怎样地延续下来，生活如何地变？想来彼此都不会记得过分清晰，一切都似乎在迷离中旋转，但谁又会忘掉那么切肤的重重忧患的网膜？

经过炮火或流浪的洗礼，变换又变换的日月，难道彼此脸上没有一点记载这经验的痕迹？但是当整一片国土纵横着创痕，大家都是"离散而相失……去故乡而就远"，自然"心婵媛而伤怀兮，眇不知其所蹠"，脸上所刻那几道并不使彼此惊讶，所以还只是笑笑好。口角边常添几道酸甜的纹路，可以帮助彼此咀嚼生活。何不默认这一点：在迷惘中人最应该有笑，这种的笑，虽然是敛住神经，敛住肌肉，仅是毅力的后背，它却是必需的，如同保护色对于许多生物，是必需的一样。

那一晚在××江心，某一来船的甲板上，热臭的人丛中，他记起他那时的困顿饥渴和狼狈，旋绕他头上的却是那真实倒如同幻象，幻象又成了真实的狂敌杀人的工具，敏捷而近代型的飞机：美丽得像鱼像鸟……这里黯然的一撮笑是必需的，因为同样的另外一个人懂得那原始的骤然唤起纯筋肉反射作用的恐怖。他也正在想那时他在××车站台上露宿，天上有月，左右有人，零落如同被风雨摧落后的落叶，瑟索地蜷伏着，他们心里都在回味那一天他们所初次尝到的敌机的轰炸！谈话就可以这样无限制的延长，因为现在都这样的记忆——比这样更辛辣苦楚的——在各人心里真是太多了！随便提起一个地名大家所熟悉的都会或商埠，随着全会涌起怎样的一个最后印象！

再说初入一个陌生城市的一天——这经验现在又多普遍——尤其是在夜间，这里就把个别的情形和感触除外，在大家心底曾留下的还不是一剂彼此都熟识的清凉散？苦里带涩，那滋味侵入脾胃时，小小的冷噤会轻轻在背脊上爬过，用不着丝毫锐性的感伤！也许他可以说他在那夜进入某某城内时，看到一列小店门前凄惶的灯，黄黄的发出奇异的晕光，使他嗓子里如梗着刺，感到一种发紧的触觉。你所记得的却是某一号车站后面黯白的煤气灯射到陌生的街心里，使你心里好像失落了什么。

那陌生的城市，在地图上指出时，你所经过的同他所经过的也可以有极大的距离，你同他当时的情形也可以完全的不相同。但是在这里，个别的异同似乎非常之不相干；相干的仅是你我会彼此点头，彼此会意，于是也会彼此地笑笑。

七月在卢沟桥与敌人开火以后，纵横中国土地上的脚印密密地衔接起来，更加增了中国地域广漠的证据。每个人参加过这广漠地面上流转的大韵律的，对于尘土和血，两件在寻常不多为人所理会的，极寻常的天然素质，现在每人在他个别的角上，对它们都发生了莫大亲切的认识。每一寸土，每一滴血，这种话，已是可接触，可把持的十分真实的事物，不仅是一句话一个"概念"而已。

在前线的前线，兴奋和疲劳已掺拌着尘土和血另成一种生活的形体魂魄。睡与醒中间，饥与食中间，生和死中间，距离短得几乎不存在！生活只是一股力，死亡一片沉默的恨，事情简单得无可再简单。尚在生存着的，继续着是力，死去的也继续着堆积成更大的恨。恨又生力，力又变恨，惘惘地却勇敢地循环着，其它一切则全是悬在这两者中间悲壮热烈地穿插。

在后方，事情却没有如此简单，生活仍然缓弛地伸缩着；食宿生死间距离恰像黄昏长影，长长的，尽向前引伸，像要扑入夜色，同夜溶成一片模糊。在日夜宽泛的循回里于是穿插反更多了，真是天地无穷，人生长勤。生之穿插零乱而琐屑，完全无特殊的色泽或轮廓，更不必说英雄气息壮烈成分。斑斑点点仅像小血锈凝在生活上，在你最不经意中烙印生活。如果你有志不让生活在小处窳败，逐渐减损，由锐而钝，由张而弛，你就得更感谢那许多极平常而琐碎的磨擦，无日无夜地透过你的神经，肌肉或意识。这种时候，叹息是悬起了，因一切虽然细小，却绝非从前所熟识的感伤。每件经验都有它粗壮的真实，没有叹息的余地。口边那酸甜的纹路是实际哀乐所刻画而成，是一种坚忍韧性的笑。因为生活既不是简单的火焰时，它本身是很沉重，需要韧性地支持，需要产生这韧性支持的力量。

现在后方的问题，是这种力量的源泉在哪里？决不凭着平日均衡的理智——那是不够的，天知道！尤其是在这时候，情感就在皮肤底下"踊跃其若汤"，似乎它所需要的是超理智的冲动！现在后方被缓的生活，紧的情感，两面磨擦得愁郁无快，居戚戚而不可解，每个人都可以苦恼而又热情地唱"终长夜之曼曼兮，掩此哀而不去"，或"宁溘死而流亡兮，不忍为此之常愁！"支持这日子的主力在哪里呢？你我生死，就不检讨它的意义以自大，也还需要一点结实的凭借才好。

我认得有个人，很寻常地过着国难日子的寻常人，写信给他朋友说，他的嗓子虽然总是那么干哑，他却要哑着嗓子私下告诉他的朋友：他感到无论如何在这时候，他为这可爱的老国家带着血活着，或流着血或不流着血死去，他都觉到荣耀，异于寻常的，他现在对于生与死都必然感到满足。这话或许可以在许多心弦上叩起回响，我常思索这简单朴实的情感是从哪里来的。信念？像一道泉流透过意识，我开始明了理智同热血的冲动以外，还有个纯真的力量的出处。信心产生力量，又可储蓄力量。

信仰坐在我们中间多少时候了，你我可曾觉察到？信仰所给予我们的力量不也正是那坚忍韧性的偏强？我们都相信，我们只要都为它忠贞地活着或死去，我们的大国家自会永远地向前迈进，由一个时代到又一个时代。我们在这生是如此艰难，死是这样容易的时候，彼此仍会微笑点头的缘故也就在这里吧？现在生活既这样的彼此患难同味，这信心自是，我们此时最主要的联系，不信你问他为什么仍这样硬朗地活着，他的回答自然也是你的回答，如果他也问你。

信仰坐在我们中间多少时候了？那理智热情都不能代替的信心！

思索时许多事，在思流的过程中，总是那么晦涩，明了时自己都好笑所想到的是那么简单明显的事实！此时我拭下额汗，差不多可以意识到自己口边的纹路，我尊重着那酸甜的笑，因为我明白起来，它是力量。

话不用再说了，现在一切都是这么彼此，这么共同，个别的情绪这么不相干。当前的艰苦不是个别的，而是普遍的，充满整一个民族，整一个时代！我们今天所叫做生活的，过后它便是历史。客观的无疑我们彼此所熟识的艰苦正在展开一个大时代。所以别忽略了我们现在彼此地点点头。且最好让我们共同酸甜的笑纹，有力地，坚韧地，横过历史。

原载1939年2月5日《今日评论》1卷6期

一片阳光

放了假，春初的日子松弛下来。将午未午时候的阳光，澄黄的一片，由窗棂横浸到室内，晶莹地四处射。我有点发怔，习惯地在沉寂中惊讶我的周围。我望着太阳那湛明的体质，像要辨别它那交织绚烂的色泽，追逐它那不着痕迹的流动。看它洁净地映到书桌上时，我感到桌面上平铺着一种恬静，一种精神上的豪兴，情趣上的闲逸；即或所谓"窗明几净"，那里默守着神秘的期待，漾开诗的气氛。那种静，在静里似可听到那一处琤琮的泉流，和着仿佛是断续的琴声，低诉着一个幽独者自娱的音调。看到这同一片阳光射到地上时，我感到地面上花影浮动，暗香吹拂左右，人随着晌午的光霭花气在变幻，那种动，柔谐婉转有如无声音乐，令人悠然轻快，不自觉地脱落伤愁。至多，在舒扬理智的客观里使我偶一回头，看看过去幼年记忆步履所留的残迹，有点儿怅惜时间；微微怪时间不能保存情绪，保存那一切情绪所曾流连的境界。

倚在软椅上不但奢侈，也许更是一种过失，有闲的过失。但东坡的辩护："懒者常似静，静岂懒者徒"，不是没有道理。如果此刻不倚榻上而"静"，则方才情绪所兜的小小圈子便无条件地失落了去！人家就不可惜它，自己却实在不能不感到这种亲密的损失的可哀。

就说它是情绪上的小小旅行吧，不走并无不可，不过走走未始不是更好。归根说，我们活在这世上到底最珍惜一些什么？果真珍惜万物之灵的人的活动所产生的种种，所谓人类文化？这人类文化到底又靠一些什么？我们怀疑或许就是人身上那一撮精神同机体的感觉，生理心理所共起的情感，所激发出的一串行为，所聚敛的一点智慧——那么一点点人之所以为人的表现。宇宙万物客观的本无所可珍惜，反映在人性上的山川草木禽兽才开始有了秀丽，有了气质，有了灵犀。反映在人性上的人自己更不用说。没有人的感觉，人的情感，即便有自然，也就没有自然的美，质或神方面更无所谓人的智慧，人的创造，人的一切生活艺术的表现！这样说来，谁该鄙弃自己感觉上的小小旅行？为壮壮自己胆子，我们更该相信惟其人类有这类情绪的驰骋，实际的世间才赓续着产生我们精神所寄托的文物精粹。

此刻我竟可以微微一咳嗽，乃至于用播音的圆润口调说：我们既然无疑的珍惜文化，即尊重盘古到今种种的艺术——无论是抽象的思想的艺术，或是具体的驾驭天然材料另创的非天然形象——则对于艺术所由来的渊源，那点点人的感觉，人的情感智慧（通称人的情绪），又当如何地珍惜才算合理？

但是情绪的驰骋，显然不是诗或画或任何其它艺术建造的完成。这驰骋此刻虽占了自己生活的若干时间，却并不在空间里占任何一个小小位置！这个情形自己需完全明了。此刻它仅是一种无踪迹的流动，并无栖身的形体。它或含有各种或可捉摸的素质，但是好奇地探讨这个素质而具体要表现它的差事，无论其有无意义，除却本人外，别人是无能为力的。我此刻为着一片清婉可喜的阳光，分明自己在对内心交流变化的各种联想发生一种兴趣的注意，换句话说，这好奇与兴趣的注意已是我此刻生活的活动。一种力量又迫着我来把握住这个活动，而设法表现它，这不易抑制的冲动，或即所谓艺术冲动也未可知！只记得冷静的杜工部散散步，看看花，也不免会有"江上被花恼不彻，无处告诉只颠狂"的情绪上一片紊乱！玲珑煦暖的阳光照人面前，那美的感人力量就不减于花，不容我生硬地自己把情绪分划为有闲与实际的两种，而权其轻重，然后再决定取舍的。我也只有情绪上的一片紊乱。

情绪的旅行本偶然的事，今天一开头并为着这片春初晌午的阳光，现在也还是为着它。房间内有两种豪侈的光常叫我的心绪紧张如同花开，趁着感觉的微风，深浅零乱于冷智的枝叶中间。一种是烛光，高高的台座，长垂的烛泪，熊熊红焰当帘幕四下时各处光影掩映。那种闪烁明艳，雅有古意，明明是画中景象，却含有更多诗的成分。另一种便是这初春晌午的阳光，到时候有意无意的大片子洒落满室，那些窗棂栏板几案笔砚浴在光霭中，一时全成了静物图案；再有红蕊细枝点缀几处，室内更是轻香浮溢，叫人俯仰全触到一种灵性。

这种说法怕有点会发生误会，我并不说这片阳光射入室内，需要笔砚花香那些儒雅的托衬才能动人，我的意思倒是：室内顶寻常的一些供设，只要一片阳光这样又幽娴又洒脱地落在上面，一切都会带上另一种动人的气息。

这里要说到我最初认识的一片阳光。那年我六岁，记得是刚刚出了水珠以后——水珠即寻常水痘，不过我家乡的话叫它做水珠。当时我很喜欢那美丽的名字，忘却它是一种病，因而也觉到一种神秘的骄傲。只要人过我窗口问问出"水珠"么？我就感到一种荣耀。那个感觉至今还印在脑子里。也为这个缘故，我还记得病中奢侈的愉悦心境。虽然同其它多次的害病一样，那次我仍然是孤独的被囚禁在一间房屋里休养的。那是我们老宅子里最后的一进房子；白粉墙围着小小院子，北面一排三间，当中夹着一个开敞的厅堂。我病在东头娘的卧室里。西头是婶婶的住房。娘同婶永远要在祖母的前院里行使她们女人们的职务的，于是我常是这三间房屋惟一留守的主人。

在那三间屋子里病着，那经验是难堪的。时间过得特别慢，尤其是在日中毫无睡意的时候。起初，我仅集注我的听觉在各种似脚步，又不似脚步的上面。猜想着，等候着，希望着人来。间或听听隔墙各种琐碎的声音，由墙基底下传达出来又消敛了去。过一会儿，我就不耐烦了——不记得是怎样的，我就蹑着脚，捱着木床走到房门边。房门向着厅堂斜斜地开着一扇，我便扶着门框好奇地向外探望。

那时大概刚是午后两点钟光景，一张刚开过饭的八仙桌，异常寂寞地立在当中。桌下一片由厅口处射进来的阳光，泄泄融融地倒在那里。一个绝对悄寂的周围伴着这一片无声的金色的晶莹，不知为什么，忽使我六岁孩子的心里起了一次极不平常的振荡。

那里并没有几案花香，美术的布置，只是一张极寻常的八仙桌。如果我的记忆没有错，那上面在不多时间以前，是刚陈列过咸鱼、酱菜一类极寻常俭朴的午餐的。小孩子的心却呆了。或许两只眼睛倒张大一点，四处地望，似乎在寻觅一个问题的答案。为什么那片阳光美得那样动人？我记得我爬到房内窗前的桌子上坐着，有意无意地望望窗外，院里粉墙疏影同室内那片金色和煦绝然不同趣味。顺便我翻开手边娘梳妆用的旧式镜箱，又上下摇动那小排状抽屉，同那刻成花篮形的小铜坠子，不时听雀跃过枝清脆的鸟语。心里却仍为那片阳光隐着一片模糊的疑问。

时间经过二十多年，直到今天，又是这样一泄阳光，一片不可捉摸，不可思议流动的而又恬静的瑰宝，我才明白我那问题是永远没有答案的。事实上仅是如此：一张孤独的桌，一角寂寞的厅堂。一只灵巧的镜箱，或窗外断续的鸟语，和水珠——那美丽小孩子的病名——便凑巧永远同初春静沉的阳光整整复斜斜地成了我回忆中极自然的联想。

原载1946年11月24日《大公报·文艺副刊》

惟其是脆嫩

活在这非常富于刺激性的年头里，我敢喘一口气说，我相信一定有多数人成天里为观察听闻到的，牵动了神经，从跳动而有血裹着的心底下累积起各种的情感，直冲出嗓子，逼成了语言到舌头上来。这自然丰富的累积，有时更会倾溢出少数人的唇舌，再奔进到笔尖上，另具形式变成在白纸上驰骋的文字。这种文字便全是我们这个时代的出产，大家该千万珍视它！

现在，无论在哪里，假如有一个或多种的机会，我们能把许多这种自然触发出来的文字，交出给同时代的大众见面，因而或能激动起更多方面，更复杂的情感，和由这情感而形成更多方式的文字；一直造成了一大片丰富而且有力的创作的田壤，森林，江山……产生结结实实的我们这个时代特有的表情和文章；我们该不该诚恳的注意到这机会或能造出的事业，各人将各人的一点点心血献出灭尝试？

假使，这里又有了机会联聚起许多人，为要介绍许多方面的文字，更进而研讨文章的质的方面；或指出以往文章的历程，或讲究到各种文章上比较的问题，进而无形的讲究到程度和标准等问题，我又敢相信，在这种景况下定会发生更严重鼓励写作的主动力。使创作界增加问题，或许。惟其是增加了问题，才助益到创造界的活泼和健康。文艺绝不是蓬勃丛生的野草。

我们可否直爽的承认一桩事？创作的鼓动时常要靠着刊物把它的成绩布散出去吹风，晒太阳，和时代的读者把晤的。被风吹冷了，太阳晒萎了，固常有的事。被读者所欢迎，所冷淡，或误会，或同情，归根应该都是激动创造力的药剂！至于，一来就高举趾，二来就气馁的作者，每个时代都免不了有他们起落踪迹。这个与创作界主体的展动只成枝节问题。哪一个创作兴旺的时代缺得了介绍散布作品的刊物，同那或能同情，或不了解的读众？

创作品是不能不与时代见面的，虽然作者的名姓，则并不一定。伟大作品没有和本时代见面，而被他时代发现珍视的固然有，但也只是偶然例外的事。希腊悲剧是在几万人前面唱演的，莎士比亚的戏更是街头巷尾的粗人都看得到的。到有刊物时代的欧洲，更不用说，一首诗文出来人人争买着看，就是中国在印刷艰难的时候，也是什么"传诵一时"；什么"人手一抄"等……

创作的主力固在心底，但逼迫着这只有时间性的情绪语言而留它在空间里的，却常是刊物这一类的鼓励和努力所促成。

现走遍人间是能刺激起创作的主力。尤其在中国，这种日子，那一双眼睛看到了些什么，舌头底下不立刻紧急的想说话，乃至于歌泣！如果创作界仍然有点消沉寂寞的话——努力的少，尝试的稀罕——那或是有别的缘故而使然。我们问：能鼓励创作界的活跃性的是些什么？刊物是否可以救济这消沉的？努力过刊物的诞生的人们，一定知道刊物又时常会因为别的复杂原因而夭折的。它常是极脆嫩的孩儿……那么有创作冲动的笔锋，努力于刊物的手臂，此刻何不联在一起，再来一次合作逼着创造界又挺出一个新鲜的萌芽！管它将来能不能成田壤，成森林，成江山，一个萌芽是一个萌芽。脆嫩？惟其是脆嫩，我们大家才更要来爱护它。

这时代是我们特有的，结果我们单有情感而没有表现这情绪的艺术，眼看着后代人笑我们是黑暗时代的哑子，没有艺术，没有文章，乃至于怀疑到我们有没有情感！

回头再看到祖宗传流下那神气的衣钵，怎不觉得惭愧！说世乱，杜老头子过的是什么日子！辛稼轩当日的愤慨当使我们同情！……何必诉，诉不完。难道现在我们这时代没有形形色色的人物，喜剧悲剧般的人生作题？难道我们现时没有美丽，没有风雅，没有丑陋，恐慌，没有感慨，没有希望？！难道连经这些天灾战祸，我们都不会描述，身受这许多刺骨的辱痛，我们都不会愤慨高歌迸出一缕滚沸的血流？！

难道我们真麻木了不成？难道我们这时代的语辞真贫穷得不能达意？难道我们这时代真没有学问真没有文章？！朋友们努力挺出一根活的萌芽来，记着这个时代是我们的。

原载1933年9月23日《大公报·文艺副刊》第1期

窘

暑假中真是无聊到极点，维杉几乎急着学校开课，他自然不是特别好教书的——平日他还很讨厌教授的生活——不过暑假里无聊到没有办法，他不得不想到做事是可以解闷的。拿做事当作消遣也许是堕落。中年人特有的堕落。"但是，"维杉狠命地划一下火柴，"中年了又怎样？"他又点上他的烟卷连抽了几口。朋友到暑假里，好不容易找，都跑了，回南的不少，几个年轻的，不用说，更是忙得可以。当然脱不了为女性着忙，有的远赶到北戴河去。只剩下少朗和老晋几个永远不动的金刚，那又是因为他们有很好的房子有太太有孩子，真正过老牌子的中年生活，谁都不像他维杉的四不像的落魄！

维杉已经坐在少朗的书房里有一点多钟了，说着闲话，虽然他吃烟的时候比说话的多。难得少朗还是一昧的活泼，他们中间隔着十年倒是一件不很显著的事，虽则少朗早就做过忆的四十岁整寿，他的大孩子去年已进了大学。这也是旧式家庭的好处，维杉呆呆地靠在矮榻上想，眼睛望着竹帘外大院子。一缸莲花和几盆很大的石榴树，夹竹桃，叫他对着北京这特有的味道赏玩。他喜欢北京，尤其是北京的房子、院子。有人说北京房子傻透了，尽是一律的四合头，这说话的够多没有意思，他哪里懂得那均衡即对称的庄严？北京派的摆花也是别有味道，连下人对盆花也是特别地珍惜，你看哪一个大宅子的马号院里，或是门房前边，没有几盆花在砖头叠的座子上整齐地放着？想到马号维杉有些不自在了，他可以想象到他的洋车在日影底下停着，车夫坐在脚板上歪着脑袋睡觉，无条件地在等候他的主人，而他的主人……

无聊真是到了极点。他想立起身来走，却又看着毒火般的太阳胆怯。他听到少朗在书桌前面说："昨天我亲戚家送来几个好西瓜，今天该冰得可以了。你吃点吧？"

他想回答说："不，我还有点事，就要走了。"却不知不觉地立起身来说："少朗，这夏天我真感觉沉闷，无聊！委实说这暑假好不容易过。"

少朗递过来一盒烟，自己把烟斗衔到嘴里，一手在桌上抓摸洋火。他对维杉看了一眼，似笑非笑地皱了一皱眉头——少朗的眉头是永远有文章的。维杉不觉又有一点不自在，他的事情，虽然是好几年前的事情，少朗知道得最清楚的——也许太清楚了。

"你不吃西瓜么？"维杉想拿话岔开。

少朗不响，吃了两口烟，一边站起来按电铃，一边轻轻地说："难道你还没有忘掉？"

"笑话！"维杉急了，"谁的记性抵得住时间？"

少朗的眉头又皱了一皱，他信不信维杉的话很难说。他嘱咐进来的陈升到东院和太太要西瓜，他又说："索性请少爷们和小姐出来一块儿吃。"少朗对于家庭是绝对的旧派，和朋友们一处时很少请太太出来的。

"孩子们放暑假，出去旅行后，都回来了，你还没有看见吧？"

从玻璃窗，维杉望到外边，从石榴和夹竹桃中间跳着走来两个身材很高，活泼泼的青年和一个穿着白色短裙的女孩子。

"少朗，那是你的孩子长得这么大了？"

"不，那个高的是孙家的孩子，比我的大两岁，他们是好朋友，这暑假他就住在我们家里。你还记得孙石年不？这就是他的孩子，好聪明的！"

"少朗，你们要都让你们的孩子这样的长大，我，我觉得简直老了！"

竹帘子一响，旋风般地，三个活龙似的孩子已经站在维杉跟前。维杉和小孩子们周旋，还是维杉有些不自在，他很别扭地拿着长辈的样子问了几句话。起先孩子们还很规矩，过后他们只是乱笑。那又有什么办法？天真烂漫的青年知道什么？

少朗的女儿，维杉三年前看见过一次，那时候她只是十三四岁光景，张着一双大眼睛，转着黑眼珠，玩他的照相机。这次她比较腼腆地站在一边，拿起一把刀替他们切西瓜。维杉注意到她那只放在西瓜上边的手。她在喊"小箽哥"。她说:"你要切,我可以给你这一半。"小嘴抿着微笑,她又说:"可要看谁切得别致,要式样好!"她更笑得厉害一点。

维杉看她比从前虽然高了许多,脸样却还是差不多那么圆满,除却一个小尖的下颏。笑的时候她的确比不笑的时候大人气一点,这也许是她那排小牙很有点少女的丰神的缘故。她的眼睛还是完全的孩子气,闪亮,闪亮的,说不出还是灵敏,还是秀媚。维杉呆呆地想,一个女孩子在成人的边沿真像一个绯红的刚成熟的桃子。

孙家的孩子毫不客气地过来催她说:"你哪里懂得切西瓜,让我来吧!"

"对了,芝妹,让他吧,你切不好的!"她哥哥也催着她。

"爹爹,他们又打伙着来麻烦我。"她柔和地唤她爹。

"真丢脸,现时的女孩子还要爹爹保护么?"他们父子俩对看着笑了一笑,他拉着他的女儿过来坐下问维杉说:"你看她还是进国内的大学好,还是送出洋进外国的大学好?"

"什么?这么小就预备进大学?"

"还有两年。"芝先答应出来,"其实只是一年半,因为我年假里便可以完,要是爹让我出洋,我春天就走都可以的,爹爹说是不是?"她望着她的爹。

"小鸟长大了翅膀，就想飞！"

"不，爹，那是大鸟把他们推出巢去学飞！"他们父子俩又交换了一个微笑。这次她爹轻轻地抚着她的手背，她把脸凑在她爹的肩边。

两个孩子在小桌子上切了一会儿西瓜，小孙顶着盘子走到芝前边屈下一膝，顽皮地笑着说："这西夏进贡的瓜，请公主娘娘尝一块！"

她笑了起来，拈了一块又向她爹说："爹看他们够多皮？"

"万岁爷，您的御口也尝一块！"

"沅，不先请客人，岂有此理！"少朗拿出父亲样子来。

"这位外邦的贵客，失敬了！"沅递了一块过来给维杉，又张罗着碟子。

维杉又觉着不自在——不自然！说老了他不算老，也实在不老。可是年轻？他也不能算是年轻，尤其是遇着这群小伙子。真是没有办法！他不知为什么觉得窘极了。

此后他们说些什么他不记得，他自己只是和少朗谈了一些小孩子在国外进大学的问题。他好像比较赞成国外大学，虽然他也提出了一大堆缺点和弊病，他嫌国内学生的生活太枯干，不健康，太窄，太老……

"自然，"他说，"成人以后看外国比较有尺寸，不过我们并不是送好些小学生出去，替国家做检查员的。我们只要我们的孩子得着我们自己给不了他们的东西。既然承认我们有给不了他们的一些东西，还不如早些送他们出去自由地享用他们年轻人应得的权利——活泼的生活。奇怪，真的连这一点子我们常常都给不了他们，不要讲别的了。"

"我们"和"他们"！维杉好像在他们中间划出一条界线，分明地分成两组，把他自己分在前辈的一边。他羡慕有许多人只是一味的老成，或是年轻，他虽然分了界线却仍觉得四不像——窘，对了，真窘！芝看着他，好像在吸收他的议论，他又不自在到万分，拿起帽子告诉少朗他一定得走了。"有一点事情要赶着做。"他又听到少朗说什么"真可惜，不然倒可以一同吃晚饭的"。他觉着自己好笑，嘴里却说："不行，少朗，我真的有事非走不可了。"一边慢慢地踱出院子来。两个孩子推着挽着芝跟了出来送客。到维杉迈上了洋车后，他回头看大门口那三个活龙般年轻的孩子站在门槛上笑，尤其是她，略歪着头笑，露着那一排小牙。

又过了两三天的下午，维杉又到少朗那里闲聊，那时已经差不多七点多钟，太阳已经下去了好一会儿，只留下满天的斑斑的红霞。他刚到门口已经听到院子里的笑声。他跨进西院的月门，只看到小孙和芝在争着拉天棚。

"你没有劲儿，"小孙说，"我帮你的忙。"他将他的手罩在芝的上边，两人一同狠命地拉。听到维杉的声音，小孙放开手，芝也停住了绳子不拉，只是笑。

维杉一时感着一阵高兴，他往前走了几步对芝说："来，让我也拉一下。"他刚到芝的旁边，忽然吱哑一声，雨一般的水点从他们头上喷洒下来，冰凉的水点骤浇到背上，吓了他们一跳，芝撒开手，天棚绳子从她手心溜了出去！原来小沅站在水缸边玩抽水机筒，第一下便射到他们的头上。这下子大家都笑，笑得厉害。芝站着不住地摇她发上的水。维杉踟蹰了一下，从袋里掏出他的大手绢轻轻地替她揩发上的水。她两颊绯红了却没有躲走，低着头净看她擦破的掌心。维杉看到她肩上湿了一小片，晕红的肉色从湿的软白纱里透露出来，他停住手不敢也拿手绢擦，只问她的手怎样了，破了没有。她背过手去说："没有什么！"就溜地跑了。

少朗看他进了书房，放下他的烟斗站起来，他说维杉来得正好，他约了几个人吃晚饭。叔谦已经在屋内，还有老晋，维杉知道他们免不了要打牌的，他笑说："拿我来凑脚，我不来。"

"那倒用不着你，一会儿梦清和小刘都要来的，我们还多了人呢。"少朗得意地吃一口烟，叠起他的稿子。

"他只该和小孩子们耍去。"叔谦微微一笑，他刚才在窗口或者看到了他们拉天棚的情景。维杉不好意思了。可是又自觉不好意思得毫无道理，他不是拿出老叔的牌子么？可是不相干，他还是不自在。

"少朗的大少爷皮着呢，浇了老叔一头的水！"他笑着告诉老晋。

"可不许你把人家的孩子带坏了。"老晋也带点取笑他的意思。

维杉恼了，恼什么他不知道，说不出所以然。他不高兴起来，他想走，他懊悔他来的，可是他又不能就走。他闷闷地坐下，那种说不出的窘又侵上心来。他接连抽了好几根烟，也不知都说了一些什么话。

晚饭时候孩子们和太太并没有加入，少朗的老派头。老晋和少朗的太太很熟，饭后同了维杉来到东院看她。她们已吃过饭，大家围住圆桌坐着玩。少朗太太虽然已经是中年的妇人，却是样子非常的年轻，又很清雅。她坐在孩子旁边倒像是姊弟。小孙在用肥皂刻一副象棋——他爹是学过雕刻的——芝低着头用尺画棋盘的方格，一只手按住尺，支着细长的手指，右手整齐地用钢笔描。在低垂着的细发底下，维杉看到她抿紧的小嘴，和那微尖的下颏。

"杉叔别走，等我们做完了棋盘和棋子，同杉叔下一盘棋，好不好？"沅问他。"平下，谁也不让谁。"他更高兴着说。

"那倒好，我们辛苦做好了棋盘棋子，你请客！"芝一边说她的哥哥，一边又看一看小孙。

"所以他要学政治。"小孙笑着说。好厉害的小嘴！维杉不觉看他一眼，小孙一头微鬈的黑发让手抓得蓬蓬的。两个伶俐的眼珠老带些顽皮的笑。瘦削的脸却很健硕白皙。他的两只手真有性格，并且是意外的灵动，维杉就喜欢观察人家的手。他看小孙的手抓紧了一把小刀，敏捷地在刻他的棋子，旁边放着两碟颜色，每刻完了一个棋子，他在字上从容地描入绿色或是红色。维杉觉得他很可爱，便放一只手在他肩上说："真是一个小美术家！"

刚说完，维杉看见芝在对面很高兴地微微一笑。

少朗太太问老晋家里的孩子怎样了，又殷勤地搬出果子来大家吃。她说她本来早要去看晋嫂的，只是暑假中孩子们在家她走不开。

"你看，"她指着小孩子们说："这一大桌子，我整天地忙着替他们当差。"

"好，我们帮忙的倒不算了。"芝抬起头来笑，又露着那排小牙，"晋叔，今天你们吃的饺子还是孙家篁哥帮着包的呢！"

"是么？"老晋看一看她，又看了小孙，"怪不得，我说那味道怪顽皮的！"

"那红烧鸡里的酱油还是'公主娘'御手亲自下的呢。"小孙嚷着说。

"是么？"老晋看一看维杉，"怪不得你杉叔跪接着那块鸡，差点没有磕头！"

维杉又有点不痛快，也不是真恼，也不是急，只是觉得窘极了。"你这晋叔的学位，"他说，"就是这张嘴换来的。听说他和晋婶婶结婚的那一天演说了五个钟头，等到新娘子和候相站在台上委实站不直了，他才对客人一鞠躬说："今天只有这几句极简单的话来谢谢大家来宾的好意！'"

小孩们和少朗太太全听笑了，少朗太太说："够了，够了，这些孩子还不够皮的，你们两位还要教他们？"

芝笑得仰不起头来，小孙瞟她一眼，哼一声说："这才叫做女孩子。"她脸涨红了瞪着小孙看。

棋盘，棋子全画好了。老晋要回去打牌，孩子们拉着维杉不放，他只得留下，老晋笑了出去。维杉只装没有看见。小孙和芝站起来到门边脸盆里争着洗手，维杉听到芝说：

"好痛，刚才绳子擦破了手心。"

小孙说："你别用胰子就好了。来，我看看。"他拿着她的手仔细看了半天，他们两人拉着一块手巾一同擦手，又叽叽咕咕地说笑。

维杉觉得无心下棋，却不得不下。他们三个人战他一个。起先他懒洋洋地没有注意，过一刻他真有些应接不暇了。不知为什么他却觉着他不该输的，他不愿意输！说起真好笑，可是他的确感着要占胜，孩子不孩子他不管！芝的眼睛镇住看他的棋，好像和弱者表同情似的，他真急了。他野蛮起来了，他居然进攻对方的弱点了，他调用他很有点神气的马了，他走卒了，棋势紧张起来，两边将帅都不能安居在当中了。孩子们的车守住他大帅的脑门顶上，吃力的当然是维杉的棋！没有办法。三个活龙似的孩子，六只玲珑的眼睛，维杉又有什么法子！他输了输了，不过大帅还真死得英雄，对方的危势也只差一两子便要命的！但是事实上他仍然是输了。下完了以后，他觉得热，出了些汗，他又拿出手绢来刚要揩他的脑门，忽然他呆呆地看着芝的细松的头发。

"还不快给杉叔倒茶。"少朗太太喊她的女儿。

芝转身到茶桌上倒了一杯，两只手捧着，端过来。维杉不知为什么又觉得窘极了。

孩子们约他清早里逛北海，目的当然是摇船。他去了，虽然好几次他想设法推辞不去的。他穿他的白嗬呲裤子葛布上衣，拿了他草帽微觉得可笑，他近来永远地觉得自己好笑，这种横生的幽默，他自己也不了解的。他一径走到北海的门口还想要回头的。站岗的巡警向他看了一眼，奇怪，有时你走路时忽然望到巡警的冷静的眼光，真会使你怔一下，你要自问你都做了些什么事，准知道没有一件是违法的么？他买到票走进去，猛抬头看到那桥前的牌楼。牌楼，白石桥，垂柳，都在注视他——他不痛快极了，挺起腰来健步走到旁边小路上，表示不耐烦。不耐烦的脸本来与他最相宜的，他一失掉了"不耐烦"的神情，他便好像丢掉了好朋友，心里便不自在。懂得吧？他绕到后边，隔岸看一看白塔，它是自在得很，永远带些不耐烦的脸站着——还是坐着？——它不懂得什么年轻，老。这一些无聊的日月，它只是站着不动，脚底下自有湖水，亭榭松柏，杨柳，人——老的小的——忙着他们更换的纠纷！

他奇怪他自己为什么到北海来，不，他也不是懊悔，清早里松荫底下发着凉香，谁懊悔到这里来？他感着像青草般在接受露水的滋润，他居然感着舒快。奢侈的金黄色的太阳横着射过他的辉焰，湖水像锦，莲花莲叶并着肩挨挤成一片，像在争着朝觐这早上的云天！这富足，这绮丽的天然，谁敢不耐烦？维杉到五龙亭边坐下掏出他的烟卷，低着头想要仔细地，细想一些事，去年的，或许前年的，好多年的事——今早他又像回到许多年前去——可是他总想不出一个所以然来。"本来是，又何必想？要活着就别想！这又是谁说过的话……"

忽然他看到芝一个人向他这边走来。她穿着葱绿的衣裳，裙子很短，随着她跳跃的脚步飘动，手里玩着一把未开的小纸伞。头发在阳光里，微带些红铜色，那倒是很特别的。她看到维杉笑了一笑，轻轻地跑了几步凑上来，喘着说："他们租船去了。可是一个不够，我们还要雇一只。"维杉丢下烟，不知不觉地拉着她的手说：

"好，我们去雇一只，找他们去。"

她笑着让他拉着她的手。他们一起走了一些路，才找着租船的人。维杉看她赤着两只健秀的腿，只穿一双统子极短的袜子，和一双白布的运动鞋；微红的肉色和葱绿的衣裳叫他想起他心爱的一张新派作家的画。他想他可惜不会画，不然，他一定知道怎样的画她——微红的头发，小尖下颏，绿的衣服，红色的腿，两只手，他知道，一定知道怎样的配置。他想象到这张画挂在展览会里，他想象到这张画登在月报上，他笑了。

　　她走路好像是有弹性地奔腾。龙，小龙！她走得极快，他几乎要追着她。他们雇好船跳下去，船人一竹篙把船撑离了岸，他脱下衣裳卷起衫袖，他好高兴！她说她要先摇，他不肯，他点上烟含在嘴里叫她坐在对面。她忽然又腼腆起来低着头装着看莲花半晌没有说话，他的心像被蜂螫了一下，又觉得一阵窘，懊悔他出来。他想说话，却找不出一句话说，他尽摇着船也不知过了多少时候，她才抬起头来问他说：

　　"杉叔，美国到底好不好？"

　　"那得看你自己。"他觉得他自己的声音粗暴，他后悔他这样尖刻地回答她诚恳的问话。他更窘了。

　　她并没有不高兴，她说："我总想出去了再说。反正不喜欢我就走。"

　　这一句话本来很平淡，维杉却觉得这孩子爽快得可爱，他夸她说：
　　"好孩子，这样有决断才好。对了，别错认学位做学问就好了，你预备学什么呢？"

　　她脸红了半天说："我还没有决定呢……爹要我先进普通文科再说……我本来是要想学……"她不敢说下去。

　　"你要学什么坏本领，值得这么胆怯！"

她的脸更红了，同时也大笑起来，在水面上听到女孩子的笑声，真有说不出的滋味，维杉对着她看，心里又好像高兴起来。

"不能宣布么？"他又逗着追问。

"我想，我想学美术——画……我知道学画不该到美国去的，并且……你还得有天才，不过……"

"你用不着学美术的，更不必学画。"维杉禁不住这样说笑。

"为什么？"她眼睛睁得很大。

"因为，"维杉这回觉得有点不好意思了，他低声说，"因为你的本身便是美术，你此刻便是一张画。"他不好意思极了，为什么人不能够对着太年轻的女孩子说这种恭维的话？你一说出口，便要感着你自己的蠢，你一定要后悔的。她此刻的眼睛看着维杉，叫他又感着窘到极点了。她的嘴角微微地斜上去，不是笑，好像是鄙薄他这种的恭维她——没法子，话已经说出来了，你还能收回去？！窘，谁叫他自己找事！

两个孩子已经将船拢来，到他们一处，高兴地嚷着要赛船。小孙立在船上，高高的细长身子穿着白色的衣裳在荷叶丛前边格外明显。他两只手叉在脑后，眼睛看着天，嘴里吹唱一些调子。他又伸只手到叶丛里摘下一朵荷花。

"接，快接！"他轻轻掷到芝的面前，"怎么了，大清早里睡着了？"

她只是看着小孙笑。

"怎样，你要在哪一边，快拣定了，我们便要赛船了。"维杉很老实地问芝，她没有回答。她哥哥替她决定了，说："别换了，就这样吧。"

赛船开始了，荷叶太密，有时两只船几乎碰上。在这种时候芝便笑得高兴极了，维杉摇船是老手，可是北海的水有地方很浅，有时不容易发展，可是他不愿意再在孩子们面前丢丑，他决定要胜过他们，所以他很加小心和力量。芝看到后面船渐渐要赶上时她便催他赶快，他也愈努力了。

太阳积渐热起来，维杉们的船已经比沉的远了很多，他们承认输了预备回去，芝说杉叔一定乏了，该让她摇回去，他答应了她。

他将船板取开躺在船底，仰着看天。芝将她的伞借他遮着太阳。自己把荷叶包在头上摇船。维杉躺着看云，看荷花梗，看水，看岸上的亭子，把一只手丢在水里让柔润的水浪洗着。他让芝慢慢地摇他回去，有时候他张开眼看她，有时候他简直闭上眼睛，他不知道他是快活还是苦痛。

少朗的孩子是老实人，浑厚得很却不笨，听说在学校里功课是极好的。走出北海时，他跟维杉一排走路和他说了好些话。他说他愿意在大学里毕业了才出去进研究院的。他说，可是他爹想后年送妹妹出去进大学；那样子他要是同走，大学里还差一年，很可惜，如果不走，妹妹又不肯白白地等他一年。当然他说小孙比他先一年完，正好可以和妹妹同走。不过他们三个老是在一起惯了，如果他们两人走了，他一个人留在国内一定要感着闷极了，他说，"炒鸡子"这事简直是"糟糕一麻丝"。

他又讲小孙怎样的聪明，运动也好，撑杆跳的式样"简直是太好，还有游水他也好，不用说，他简直什么都干！"他又说小孙本来在足球队里的，可是这次和天津比赛时，他不肯练。"你猜为什么？"他问维杉，"都是因为学校盖个喷水池，他整天守着石工看他们刻鱼！"

"他预备也学雕刻么？他爹我认得，从前也学过雕刻的。"维杉问他。

"那我不知道，小孙的文学好，他写了许多很好的诗——爹爹也说很好的。"沅加上这一句证明小孙的诗的好是可靠的。"不过，他乱得很，稿子不是撕了便是丢了的。"他又说他怎样有时替他捡起抄了寄给《校刊》。总而言之，沅是小孙的"英雄崇拜者"。

沅说到他的妹妹，他说他妹妹很聪明，她不像寻常的女孩那么"讨厌"，这里他脸红了，他说"别扭得讨厌，杉叔知道吧？"他又说他班上有两个女学生，对于这个他表示非常的不高兴。

维杉听到这一大篇谈话，知道简单点讲，他维杉自己，和他们中间至少有一道沟——并不是什么了不得的间隔——只是一个年龄的深沟，桥是搭得过去的，不过深沟仍然是深沟，你搭多少条桥，沟是仍然不会消灭的。他问沅几岁，沅说："整整的快十九了。"他妹妹虽然是十七，"其实只满十六年。"维杉不知为什么又感着一阵不舒服，他回头看小孙和芝并肩走着，高兴地说笑。"十六，十七。"维杉嘴里哼哼着。究竟说三十四不算什么老，可是那就已经是十七的一倍了。谁又愿意比人家岁数大出一倍，老实说！

维杉到家时并不想吃饭，只是连抽了几根烟。

过了一星期，维杉到少朗家里来。门房里陈升走出来说："老爷到对过张家借打电话去，过会子才能回来。家里电话坏了两天，电话局还不派人来修理。"陈升是个打电话专家，有多少曲折的传话，经过他的嘴，就能一字不漏地溜进电话筒。那也是一种艺术。他的方法听着很简单，运用起来的玄妙你就想不到。哪一次维杉走到少朗家里不听到陈升在过厅里向着电话："喂，喂，喔，我说，我说呀！"维杉向陈升一笑，他真不能替陈升想象到没有电话时的烦闷。

"好，陈升，我自己到书房里等他，不用你了。"维杉一个人踱过那静悄悄的西院，金鱼缸，莲花，石榴，他爱这院子，还有隔墙的枣树，海棠。他掀开竹帘走进书房。迎着他眼的是一排丰满的书架，壁上挂的朱拓的黄批，和屋子当中的一大盆白玉兰，幽香充满了整间屋子。维杉很羡慕少朗的生活。夏天里，你走进一个搭着天棚的清凉大院子，静雅的三间又大又宽的北屋，屋里满是琳琅的书籍，几件难得的古董，再加上两三盆珍罕的好花，你就不能不艳羡那主人的清福！

维杉走到套间小书斋里，想写两封信，他忽然看到芝一个人伏在书桌上。他奇怪极了，轻轻地走上前去。

"怎么了？不舒服么，还是睡着了？"

"吓我一跳！我以为是哥哥回来了……"芝不好意思极了。维杉看到她哭红了的眼睛。

维杉起先不敢问，心里感得不过意，后来他伸一只手轻抚着她的头说："好孩子，怎么了？"

她的眼泪更扑簌簌地掉到裙子上，她拈了一块——真是不到四寸见方——淡黄的手绢拼命地擦眼睛。维杉想，她叫你想到方成熟的桃或是杏，绯红的，饱饱的一颗天真，让人想摘下来赏玩，却不敢真真地拿来吃，维杉不觉得没了主意。他逗她说：

"准是嬷打了！"
她拿手绢蒙着脸偷偷地笑了。
"怎么又笑了？准是你打了嬷了！"

这回她伏在桌上索性哧哧地笑起来。维杉糊涂了。他想把她的小肩膀搂住，吻她的粉嫩的脖颈，但他又不敢。他站着发了一会儿呆。他看到椅子上放着她的小纸伞，他走过去坐下开着小伞说玩。

她仰起身来，又擦了半天眼睛，才红着脸过来拿她的伞，他不给。

"刚从哪里回来，芝？"他问她。

"车站。"

"谁走了？"

"一个同学，她是我最好的朋友，可是她……她明年不回来了！"她好像仍是很伤心。

他看着她没有说话。

"杉叔，您可以不可以给她写两封介绍信，她就快到美国去了。"

"到美国哪一个城？"

"反正要先到纽约的。"

"她也同你这么大么？"

"还大两岁多。……杉叔您一定得替我写，她真是好，她是我最好的朋友了。……杉叔，您不是有许多朋友吗，你一定得写。"

"好，我一定写。"

"爹说杉叔有许多……许多女朋友。"

"你爹这样说了么？"维杉不知为什么很生气。他问了芝她朋友的名字，他说他明天替她写那介绍信。他拿出烟来很不高兴地抽。这回芝拿到她的伞却又不走。她坐下在他脚边一张小凳上。

"杉叔，我要走了的时候您也替我介绍几个人。"

他看着芝倒翻上来的眼睛，他笑了，但是他又接着叹了一口气。

他说："还早着呢，等你真要走的时候，你再提醒我一声。"

"可是，杉叔，我不是说女朋友，我的意思是：也许杉叔认得几个真正的美术家或是文学家。"她又拿着手绢玩了一会低着头说："篁哥，孙家的篁哥，他亦要去的，真的，杉叔，他很有点天才。可是他想不定学什么。他爹爹说他岁数太小，不让他到巴黎学雕刻，要他先到哈佛学文学，所以我们也许可以一同走……我亦劝哥哥同去，他可舍不得这里的大学。"这里她话愈说得快了，她差不多喘不过气来，"我们自然不单到美国，我们以后一定转到欧洲，法国，意大利，对了，篁哥连做梦都是做到意大利去，还有英国……"

维杉心里说："对了，出去，出去，将来，将来，年轻！荒唐的年轻！他们只想出去飞！飞！叫你怎不觉得自己落伍，老，无聊，无聊！"他说不出的难过，说老，他还没有老，但是年轻？！他看着烟卷没有话说。芝看着他，不说话也不敢再开口。

"好，明年去时再提醒我一声，不，还是后年吧？……那时我也许已经不在这里了。"

"杉叔，到哪里去？"

"没有一定的方向，也许过几年到法国来看你……那时也许你已经嫁了……"

芝急了，她说："没有的话，早着呢！"

维杉忽然做了一件很古怪的事，他俯下身去吻了芝的头发。他又伸过手拉着芝的小手。

少朗推帘子进来，他们两人站起来，赶快走到外间来。芝手里还拿着那把纸伞。少朗起先没有说话，过一会儿，他皱了一皱他那有文章的眉头问说："你什么时候来的？"

"刚来。"维杉这样从容地回答他，心里却觉着非常之窘。

"别忘了介绍信，杉叔。"芝叮咛了一句就走了。

"什么介绍信？"少朗问。

"她要我替她同学写几封介绍信。"

"你还在和碧谛通信么？还有雷茵娜？"少朗仍是皱着眉头。

"很少……"维杉又觉得窘到极点了。

星期三那天下午到天津的晚车里，旭窗遇到维杉在头等房间里靠着抽烟，问他到哪里去，维杉说回南。旭窗叫脚行将自己的皮包也放在这间房子里说：

"大暑天，怎么倒不在北京？"

"我在北京，"维杉说，"感得，感得窘极了。"他看一看他拿出来拭汗的手绢，"窘极了！"

"窘极了？"旭窗此时看到卖报的过来，他问他要《大公报》看，便也没有再问下去维杉为什么在北京感着"窘极了"。

香山　六月

原载1931年9月《新月》（杂志）3卷9期

　　三个人肩上各挑着黄色，有"美丰楼"字号大圆篓的，用着六只满是泥泞凝结的布鞋，走完一条被太阳晒得滚烫的马路之后，转弯进了一个胡同里去。

　　"劳驾，借光——三十四号甲在哪一头？"在酸梅汤的摊子前面，让过一辆正在飞奔的家车——钢丝轮子亮得晃眼的——又向蹲在墙角影子底下的老头儿，问清了张宅方向后，这三个流汗的挑夫便又努力地往前走。那六只泥泞布履的脚，无条件地，继续着他们机械式的展动。

　　在那轻快的一瞥中，坐在洋车上的卢二爷看到黄篓上饭庄的字号，完全明白里面装的是丰盛的筵席，自然地，他估计到他自己午饭的问题。家里饭乏味，菜蔬缺乏个性，太太的脸难看，你简直就不能对她提到那厨子问题。这几天天太热，太热，并且今天已经二十二，什么事她都能够牵扯到薪水问题上，孩子们再一吵，谁能够在家里吃中饭！

　　"美丰楼饭庄"，黄篓上黑字写得很笨大，方才第三个挑夫挑得特别吃劲，摇摇摆摆地使那黄篓左右的晃……

美丰楼的菜不能算坏，义永居的汤面实在也不错……于是义永居的汤面？还是市场万花斋的点心？东城或西城？找谁同去聊天？逸九新从南边来的住在哪里？或许老孟知道，何不到和记理发馆借个电话？卢二爷估计着，犹豫着，随着洋车的起落。他又好像已经决定了在和记借电话，听到伙计们的招呼："……二爷您好早？……用电话，这边您哪！……"

伸出手臂，他睨一眼金表上所指示的时间，细小的两针分停在两个钟点上，但是分明的都在挣扎着到达十二点上边。在这时间中，车夫感觉到主人在车上翻动不安，便更抓稳了车把，弯下一点背，勇猛地狂跑。二爷心里仍然疑问着面或点心；东城或西城；车已赶过前面的几辆。一个女人骑着自行车，由他左侧冲过去，快镜似的一瞥鲜艳的颜色，脚与腿，腰与背，侧脸、眼和头发，全映进老卢的眼里，那又是谁说过的……老卢就是爱看女人！女人谁又不爱？难道你在街上真闭上眼不瞧那过路的漂亮的！

"到市场，快点。"老卢吩咐他车夫奔驰的终点，于是主人和车夫戴着两顶价格极不相同的草帽，便同在一个太阳底下，向东安市场奔去。

很多好看的碟子和鲜果点心，全都在大厨房院里，从黄色层篓中检点出来。立着监视的有饭庄的"二掌柜"和张宅的"大师傅"；两人都因为胖的缘故，手里都有把大蒲扇。大师傅举着扇扑一下进来凑热闹的大黄狗。

"这东西最讨嫌不过！"这句话大师傅一半拿来骂狗，一半也是来权作和掌柜的寒暄。

"可不是？他×的，这东西真可恶。"二掌柜好脾气地用粗话也骂起狗。

狗无聊地转过头到垃圾堆边闻嗅隔夜的肉骨。

奶妈抱着孙少爷进来，七少奶每月用六元现洋雇她，抱孙少爷到厨房，门房，大门口，街上一些地方喂奶连游玩的。今天的厨房又是这样的不同；饭庄的"头把刀"带着几个伙计在灶边手忙脚乱地炒菜切肉丝，奶妈觉得孙少爷是更不能不来看：果然看到了生人，看到狗，看到厨房桌上全是好看的干果，鲜果，糕饼，点心，孙少爷格外高兴，在奶妈怀里跳，手指着要吃。奶妈随手赶开了几只苍蝇，拣一块山楂糕放到孩子口里，一面和伙计们打招呼。

忽然看到陈升走到院子里找赵奶奶，奶妈对他挤了挤眼，含笑地问："什么事值得这么忙？"同时她打开衣襟露出前胸喂孩子奶吃。

"外边挑担子的要酒钱。"陈升没有平时的温和，或许是太忙了的缘故。老太太这次做寿，比上个月四少奶小孙少爷的满月酒的确忙多了。

此刻那三个粗蠢的挑夫蹲在外院槐树荫下，用黯黑的毛巾擦他们的脑袋，等候着他们这满身淋汗的代价。一个探首到里院偷偷看院内华丽的景象。

里院和厨房所呈的纷乱固然完全不同，但是它们纷乱的主要原因则是同样的，为着六十九年前的今天。六十九年前的今天，江南一个富家里又添了一个绸缎金银裹托着的小生命。经过六十九个像今年这样流汗天气的夏天，又产生过另十一个同样需要绸缎金银的生命以后，那个生命乃被称为长寿而又有福气的妇人。这个妇人，今早由两个老妈扶着，坐在床前，拢一下斑白稀疏的鬓发，对着半碗火腿稀饭摇头：

"赵妈，我哪里吃得下这许多？你把锅里的拿去给七少奶的云乖乖吃罢……"

七十年的穿插，已经卷在历史的章页里，在今天的院里能呈露出多少，谁也不敢说。事实是今天，将有很多打扮得极体面的男女来庆祝，庆祝能够维持这样长久寿命的女人，并且为这一庆祝，饭庄里已将许多生物的寿命裁削了，拿它们的肌肉来补充这庆祝者的肠胃。

前两天这院子就为了这事改变了模样，簇新的喜棚支出瓦檐丈余尺高。两旁红喜字玻璃方窗，由胡同的东头，和顺车厂的院里是可以看得很清楚的。前晚上六点左右，小三和环子，两个洋车夫的儿子，倒土筐的时候看到了，就告诉他们嬢："张家喜棚都搭好了，是哪一个孙少爷娶新娘子？"他们嬢为这事，还拿了鞋样到陈大嫂家说个话儿。正看到她在包饺子，笑嘻嘻地得意得很，说老太太做整寿——多好福气——她当家的跟了张老太爷多少年。昨天张家三少奶还叫她进去，说到日子要她去帮个忙儿。

喜棚底下圆桌面就有七八张，方凳更是成叠地堆在一边；几个夫役持着鸡毛帚，忙了半早上才排好五桌。小孩子又多，什么孙少爷，侄孙少爷，姑太太们带来的那几位都够淘气的。李贵这边排好几张，那边小爷们又扯走了排火车玩。天热得厉害，苍蝇是免不了多，点心干果都不敢先往桌子上摆。冰化得也快，篓子底下冰水化了满地！汽水瓶子挤满了厢房的廊上，五少奶看见了只嚷不行，全要冰起来。

全要冰起来！真是的，今天的食品全摆起来够像个菜市，四个冰箱也腾不出一点空隙。这新买来的冰又放在哪里好？李贵手里捧着两个绿瓦盆，私下里咕噜着为这筵席所发生的难题。

赵妈走到外院传话，听到陈升很不高兴地在问三个挑夫要多少酒钱。

"瞅着给罢。"一个说。

"怪热天多赏点吧。"又一个抿了抿干燥的口唇，想到方才胡同口的酸梅汤摊子，嘴里觉着渴。

就是这嘴里渴得难受，杨三把卢二爷拉到东安市场西门口，心想方才在那个"喜什么堂"门首，明明看到王康坐在洋车脚镫上睡午觉。王康上月底欠了杨三十四吊钱，到现在仍不肯还；只顾着躲他。今天债主遇到赊债的赌鬼，心头起了各种的计算——杨三到饿的时候，脾气常常要比平时坏一点。天本来就太热，太阳简直是冒火，谁又受得了！方才二爷坐在车上，尽管用劲踩铃，金鱼胡同走道的学生们又多，你撞我闯的，挤得真可以的。杨三擦了汗一手抓住车把，拉了空车转回头去找王康要账。

"要不着八吊要六吊，再要不着，要他×的几个混蛋嘴巴！"杨三脖梗儿上太阳烫得像火烧。"四吊多钱我买点羊肉，吃一顿好的。葱花烙饼也不坏——谁又说大热天不能喝酒？喝点又怕什么——睡得更香。卢二爷到市场吃饭，进去少不了好几个钟头……"

喜燕堂门口挂着彩，几个乐队里人穿着红色制服，坐在门口喝茶——他们把大铜鼓搁在一旁，铜喇叭夹在两膝中间。杨三知道这又是哪一家办喜事。反正一礼拜短不了有两天好日子，就在这喜燕堂，哪一个礼拜没有一辆花马车，里面搀出花溜溜的新娘？今天的花车还停在一旁……

"王康，可不是他！"杨三看到王康在小挑子的担里买香瓜吃。

"有钱的娶媳妇，和咱们没有钱的娶媳妇，还不是一样？花多少钱娶了她，她也短不了要这个那个的——这年头！好媳妇，好！你瞧怎么着？更惹不起！管你要钱，气你喝酒！再有了孩子，又得顾他们吃，顾他们穿。……"

王康说话就是要"逗个乐儿"，人家不敢说的话他敢说：一群车夫听到他的话，个个高兴地凑点尾声。李荣手里捧着大饼，用着他最现成的粗话引着那几个年轻的笑。李荣从前是拉过家车的——可惜东家回南，把事情就搁下来了——他认得字，会看报，他会用新名词来发议论："文明结婚可不同了，这年头是最讲'自由''平等'的了。"底下再引用了小报上捡来离婚的新闻打哈哈。

　　杨三没有娶过媳妇，他想娶，可是"老家儿"早过去了没有给他定下亲，外面瞎姘的他没敢要。前两天，棚铺的掌柜娘要同他做媒；提起了一个姑娘说是什么都不错，这几天不知道怎么又没有讯儿了。今天洋车夫们说笑的话，杨三听了感着不痛快。看看王康的脸在太阳里笑得皱成一团，更使他气起来。

　　王康仍然笑着说话，没有看到杨三，手里咬剩的半个香瓜里面，黄黄的一把瓜子像不整齐的牙齿向着上面。

　　"老康！这些日子都到哪里去了？我这儿还等着钱吃饭呢！"杨三乘着一股劲发作。

　　听到声，王康怔了向后看，"呵，这打哪儿说得呢？"他开始赖账了，"你要吃饭，你打你×的自己腰包里掏！要不然，你出个份子，进去那里边，"他手指着喜燕堂，"吃个现成的席去。"王康的嘴说得滑了，禁不住这样嘲笑着杨三。

　　周围的人也都跟着笑起来。

　　本来准备着对付赖账的巴掌，立刻打到王康的老脸上了。必须地扭打，由蓝布幕的小摊边开始，一直扩张到停洋车的地方。来往汽车的喇叭，像被打的狗，呜呜叫号。好几辆正在街心奔驰的洋车都停住了，流汗车夫连喊着"靠里！""瞧车！"脾气暴的人顺口就是："他×的，这大热天，单挑这么个地方！！"

巡警离开了岗位；小孩子们围上来；喝茶的军乐队人员全站起来看；女人们吓得直喊："了不得，前面出事了罢！"

杨三提高嗓子直嚷着问王康："十四吊钱，是你——是你拿走了不是？——"

呼喊的声浪由扭打的两人出发，膨胀，膨胀到周围各种人的口里："你听我说……"

"把他们拉开……"

"这样挡着路……瞧腿要紧。"

嘈杂声中还有人叉着手远远地喊，"打得好呀，好拳头！"

喜燕堂正厅里挂着金喜字红幛，几对喜联，新娘正在服从号令，连连地深深地鞠躬。外边的喧吵使周围客人的头同时向外面转，似乎打听外面喧吵的原故。新娘本来就是一阵阵地心跳，此刻更加失掉了均衡；一下子撞上，一下子沉下，手里抱着的鲜花随着只是打颤。雷响深入她耳朵里，心房里……

"新郎新娘——三鞠躬——……三鞠躬。"阿淑在迷惘里弯腰伸直，伸直弯腰。昨晚上她哭，她妈也哭，将一串经验上得来的教训，拿出来赠给她——什么对老人要忍耐点，对小的要和气，什么事都要让着点——好像生活就是靠容忍和让步支持着！

她焦心的不是在公婆妯娌间的委曲求全。这几年对婚姻问题谁都讨论得热闹，她就不懂那些讨论的道理遇到实际时怎么就不发生关系。她这结婚的实际，并没有因为她多留心报纸上，新文学上，所讨论的婚姻问题，家庭问题，恋爱问题，而减少了问题。

"二十五岁了……"有人问到阿淑的岁数时，她妈总是发愁似的轻轻地回答那问她的人，底下说不清是叹息是啰嗦。

在这旧式家庭里，阿淑算是已经超出应该结婚的年龄很多了，她知道，父母那急着要她出嫁的神情使她太难堪！他们天天在替她选择合适的人家——其实哪里是选择！反对她尽管反对，那只是消极的无奈何的抵抗，她自己明知道是绝对没有机会选择，乃至于接触比较合适，理想的人物！她挣扎了三年，三年的时间不算短，在她父亲看去那更是不可信的长久……

"余家又托人来提了，你和阿淑商量商量吧，我这身体眼见得更糟，这潮湿天……"父亲的话常常说得很响，故意要她听得见，有时在饭桌上脾气或许更坏一点。"这六十块钱，养活这一大家子！养儿养女都不够，还要捐什么钱？干脆饿死！"有时更直接更难堪："这又是谁的新褂子？阿淑，你别学时髦穿了到处走，那是找不着婆婆家的——外面瞎认识什么朋友我可不答应，我们不是那种人家！"……懦弱的母亲低着头装作缝衣："妈劝你将就点……爹身体近来不好……女儿不能在娘家一辈子的……这家子不算坏；差事不错，前妻没有孩子不能算填房……"

理论和实际似乎永不发生关系；理论说婚姻得怎样又怎样，今天阿淑都记不得那许多了。实际呢，只要她点一次头，让一个陌生的，异姓的，异性的人坐在她家里，乃至于她旁边，吃一顿饭的手续，父亲和母亲这两三年——兴许已是五六年来的——难题便突然地在他们是觉得极文明地解决了。

对于阿淑这订婚的疑惧，常使她父亲像小孩子似的自己安慰自己：阿淑这门亲事真是运气呀，说时总希望阿淑听见这话。不知怎样，阿淑听到这话总很可怜父亲，想装出高兴样子来安慰他。母亲更可怜；自从阿淑订婚以来总似乎对她抱歉，常常哑着嗓子说："看我做母亲的这份心上面。"

看做母亲的那份心上面！那天她初次见到那陌生的，异姓的异性的人，那个庸俗的典型触碎她那一点脆弱的爱美的希望，她怔住了，能去寻死，为婚姻失望而自杀么？可以大胆告诉父亲，这婚约是不可能的么？能逃脱这家庭的苦刑（在爱的招牌下的）去冒险，去漂落么？

她没有勇气说什么，她哭了一会儿，妈也流了眼泪，后来妈说：阿淑你这几天瘦了，别哭了，做娘的也只是一份心。……现在一鞠躬，一鞠躬地和幸福作别，事情已经太晚得没有办法了。

吵闹的声浪愈加明显了一阵，伴娘为新娘戴上戒指，又由赞礼的喊了一些命令。

迷离中阿淑开始幻想那外面吵闹的原因：洋车夫打电车吧，汽车轧伤了人吧，学生又请愿，当局派军警弹压吧……但是阿淑想怎么我还如是焦急，现在我该像死人一样了，生活的波澜该沾不上我了，像已经临刑的人。但临刑也好，被迫结婚也好，在电影里到了这种无可奈何的时候总有一个意料不到快慰人心的解脱，不合法，特赦，恋人骑着马星夜奔波地赶到……但谁是她的恋人？除却九哥！学政治法律，讲究新思想的九哥，得着他表妹阿淑结婚的消息不知怎样？他恨由父母把持的婚姻……但谁知道他关心么？他们多少年不来往了，虽然在山东住的时候，他们曾经邻居，两小无猜地整天在一起玩。幻想是不中用的，九哥先就不在北平，两年前他回来过一次，她记得自己遇到九哥扶着一位漂亮的女同学在书店前边，她躲过了九哥的视线，惭愧自己一身不入时的装束，她不愿和九哥的女友做个太难堪的比较。

感到手酸，心酸，浑身打颤，阿淑由一堆人拥簇着退到里面房间休息。女客们在新娘前后彼此寒暄招呼，彼此注意大家的装扮。有几个很不客气在批评新娘子，显然认为不满意。"新娘太单薄点。"一个摺着十几层下颏的胖女人，摇着扇和旁边的六姨说话。阿淑觉到她自己真可以立刻碰得粉碎；这位胖太太像一座石臼，六姨则像一根铁杵横在前面，阿淑两手发抖拉紧了一块丝巾，听老妈在她头上不住地搬弄那几朵绒花。

随着花露水香味进屋子来的，是锡娇和丽丽，六姨的两个女儿，她们的装扮已经招了许多羡慕的眼光。有电影明星细眉的锡娇抓把瓜子嗑着，猩红的嘴唇里露出雪白的牙齿。她暗中扯了她妹妹的衣襟，嘴向一个客人的侧面努了一下。丽丽立刻笑红了脸，拿出一条丝绸手绢蒙住嘴挤出人堆到廊上走，望着已经在席上的男客们。有几个已经提起筷子高高兴兴地在选择肥美的鸡肉，一面讲着笑话，顿时都为着丽丽的笑声，转过脸来，镇住眼看她。丽丽扭一下腰，又摆了一下，软的长衫轻轻展开，露出裹着肉色丝袜的长腿走过另一边去。

年轻的茶房穿着蓝布大褂，肩搭一块桌布，由厨房里出来，两只手拿四碟冷荤，几乎撞住丽丽。闻到花露香味，茶房忘却顾忌地斜过眼看。昨晚他上菜的时候，那唱戏的云娟坐在首席曾对着他笑，两只水钻耳坠，打秋千似的左右晃。他最忘不了云娟旁座的张四爷，抓住她如玉的手臂劝干杯的情形。笑眯眯的带醉的眼，云娟明明是向着正端着大碗三鲜汤的他笑。他记得放平了大碗，心还怦怦地跳。直到晚上他睡不着，躺在院里板凳上乘凉，随口唱几声"孤王……酒醉……"才算松动了些。今天又是这么一个笑嘻嘻的小姐，穿着这一身软，茶房垂下头去拿酒壶，心底似乎恨谁似的一股气。

"逸九你喝一杯什么？"老卢做东这样问。

"我来一杯香桃冰激凌吧。"

"你去拣几块好点心，老孟。"主人又招呼那一个客。午饭问题算是如此解决了。为着天热，又为着起得太晚，老卢看到点心铺前面挂的"卫生冰激凌，咖啡，牛乳，各样点心"这种动人的招牌，便决意里面去消磨时光。约到逸九和老孟来聊天，老卢显然很满意了。

三个人之中，逸九最年少，最摩登。在中学时代就是一口英文，屋子里挂着不是"梨娜"就是"琴妮"的相片，从电影杂志里细心剪下来的，圆一张，方一张，满壁动人的娇憨——他到上海去了两年，跳舞更是出色了，老卢端详着自己的脚，打算找逸九带他到舞场拜老师去。

"哪个电影好，今天下午？"老孟抓一张报纸看。

邻座上两个情人模样男女，对面坐着呆看。男人有很温和的脸，抽着烟没有说话；女人的侧相则颇有动人的轮廓，睫毛长长的活动着，脸上时时浮微笑。她的青纱长衫罩着丰润的肩臂，带着神秘性的淡雅。两人无声地吃着冰激凌，似乎对于一切完全的满足。

老卢、老孟谈着时局，老卢既是机关人员，时常免不了说"我又有个特别的消息，这样看来里面还有原因"，于是一层一层地做更详细原因的检讨，深深地浸入政治波澜里面。

逸九看着女人的睫毛，和浮起的笑涡，想到好几年前同在假山后捉迷藏的琼两条发辫，一个垂前，一个垂后地跳跃。琼已经死了这六七年，谁也没有再提起过她。今天这青长衫的女人，单单叫他心底涌起琼的影子。不可思议的，淡淡的，记忆描着活泼的琼。在极旧式的家庭里淘气，二舅舅提根旱烟管，厉声地出来停止她各种的嬉戏。但是琼只是敛住声音低低地笑。雨下大了，院中满是水，又是琼胆子大，把裤腿卷过膝盖，赤着脚，到水里装摸鱼。不小心她滑倒了，还是逸九去把她抱回来。和琼差不多大小的还有阿淑，住在对门，他们时常在一起玩，逸九忽然记起瘦小，不爱说话的阿淑来。

"听说阿淑快要结婚了，嬷嘱咐到表姨家问候，不知道阿淑要嫁给谁！"他似乎怕到表姨家。这几年的生疏叫他为难，前年他们遇见一次，装束不入时的阿淑倒有种特有的美，一种灵性……奇怪今天这青长衫女人为什么叫他想起这许多……

"逸九，你有相当的聪明，手腕，你又能巴结女人，你也应该来试试，我介绍你见老王。"

倦了的逸九忽然感到苦闷。

老卢手弹着桌边表示不高兴："老孟你少说话，逸九这位大少爷说不定他倒愿意去演电影呢！"种种都有一点落伍的老卢嘲笑着翻翻年少的朋友出气。

青纱长衫的女人和她朋友吃完了，站了起来。男的手托着女人的臂腕，无声地绕过他们三人的茶桌前面，走出门去。老卢、逸九注意到女人有秀美的腿，稳健的步履。两人的融洽，在不言不语中流露出来。

"他们是甜心！"
"愿有情人都成眷属。"
"这女人算好看不？"

三个人同时说出口来，各各有所感触。

午后的热，由窗口外嘘进来，三个朋友吃下许多清凉的东西，更不知做什么好。

"电影院去，咱们去研究一回什么'人生问题''社会问题'吧？"逸九望着桌上的空杯，催促着卢、孟两个走。心里仍然浮着琼的影子。活泼、美丽、健硕，全幻灭在死的幕后，时间一样的向前，计量着死的实在。像今天这样，偶尔地回忆就算是证实琼有过活泼生命的唯一的证据。

东安市场门口洋车像放大的蚂蚁一串，头尾衔接着放在街沿。杨三已不在他寻常停车的地方。

"区里去，好，区里去！咱们到区里说个理去！"就是这样，王康和杨三到底结束了殴打，被两个巡警弹压下来。

刘太太打着油纸伞，端正地坐在洋车上，想金裁缝太不小心了，今天这件绸衫下摆仍然不合适，领也太小，紧得透不了气，想不到今天这样热，早知道还不如穿纱的去。裁缝赶做的活总要出点毛病。实甫现在脾气更坏一点，老嫌女人们麻烦。每次有个应酬你总要听他说一顿的。今天张老太太做整寿，又不比得寻常的场面可以随便……

对面来了浅蓝色衣服的年轻小姐，极时髦的装束使刘太太睁大了眼注意了。

"刘太太哪里去？"蓝衣小姐笑了笑，远远招呼她一声过去了。

"人家的衣服怎么如此合适！"刘太太不耐烦地举着花纸伞。

"呜呜——呜呜……"汽车的喇叭响得震耳。

"打住。"洋车夫紧抓车把，缩住车身前冲的趋势。汽车过去后，由刘太太车旁走出一个巡警，带着两个粗人：一根白绳由一个的臂膀系到另一个的臂上。巡警执着绳端，板着脸走着。一个粗人显然是车夫；手里仍然拉着空车，嘴里咕噜着。很讲究的车身，各件白铜都擦得放亮，后面铜牌上还镌着"卢"字。这又是谁家的车夫，闹出事让巡警拉走。刘太太恨恨地一想车夫们爱肇事的可恶，反正他们到区里去少不了东家设法把他们保出来的……

"靠里！……靠里！"威风的刘家车夫是不耐烦挤在别人车后的——老爷是局长，太太此刻出去阔绰的应酬，洋车又是新打的，两盏灯发出银光……哗啦一下，靠手板在另一个车边擦一下，车已猛冲到前头走了。刘太太的花油纸伞在日光中摇摇荡荡地迎着风，顺着街心溜向北去。

胡同口酸梅汤摊边刚走开了三个挑夫。酸凉的一杯水，短时间地给他们愉快，六只泥泞的脚仍然踏着滚烫的马路行去。卖酸梅汤的老头儿手里正在数着几十枚铜元，一把小鸡毛帚夹在腋下。他翻上两颗黯淡的眼珠，看看过去的花纸伞，知道这是到张家去的客人。他想今天为着张家做寿，客人多，他们的车夫少不得来摊上喝点凉的解渴。

"两吊……三吊！……"他动着他的手指，把一摞铜元收入摊边美人牌香烟的纸盒中。不知道今天这冰够不够使用的，他翻开几重荷叶，和一块灰黑色的破布，仍然用着他黯淡的眼珠向磁缸里的冰块端详了一回。"天不热，喝的人少，天热了，冰又化的太快！"事情哪一件不有为难的地方，他叹口气再翻眼看看过去的汽车。汽车轧起一阵尘土，笼罩着老人和他的摊子。

寒暑表中的水银从早起上升，一直过了九十五度的黑线上。喜棚底下比较阴凉的一片地面上曾聚过各种各色的人物。丁大夫也是其间一个。

丁大夫是张老太太内侄孙，德国学医刚回来不久，麻利，漂亮，现在社会上已经有了声望，和他同席的都借着他是医生的缘故，拿北平市卫生问题做谈料，什么鼠疫，伤寒，预防针，微菌，全在吞咽八宝东瓜，瓦块鱼，锅贴鸡，炒虾仁中间讨论过。

"贵医院有预防针，是好极了。我们过几天要来麻烦请教了。"说话的以为如果微菌听到他有打预防针的决心也皆气馁了。

"欢迎，欢迎。"

厨房送上一碗凉菜。丁大夫踌躇之后决意放弃吃这碗菜的权利。

小孩们都抢了盘子边上放的小冰块，含到嘴里嚼着玩，其他客喜欢这凉菜的也就不少。天实在热！

　　张家几位少奶奶装扮得非常得体，头上都戴朵红花，表示对旧礼教习尚仍然相当遵守的。在院子中盘旋着做主人，各人心里都明白自己今天的体面。好几个星期前就顾虑到的今天，她们所理想到的今天各种成功，已然顺序的，在眼前实现。虽然为着这重要的今天，各人都轮流着觉得受过委屈；生过气；用过心思和手腕；将就过许多不如意的细节。

　　老太太颤巍巍地喘息着，继续维持着她的寿命。杂乱模糊的回忆在脑子里浮沉。兰兰七岁的那年……送阿旭到上海医病的那年真热……生四宝的时候在湖南，于是生育，病痛，兵乱，行旅，婚娶，没秩序，没规则地纷纷在她记忆下掀动。

　　"我给老太太拜寿，您给回一声吧。"

　　这又是谁的声音？这样大！老太太睁开打瞌睡的眼，看一个浓装的妇人对她鞠躬问好。刘太太——谁又是刘太太，真是的！今天客人太多了，好吃劲。老太太扶着赵妈站起来还礼。

　　"别客气了，外边坐吧。"二少奶伴着客人出去。

　　谁又是这刘太太……谁？……老太太模模糊糊地又做了一些猜想，望着门槛又堕入各种的回忆里去。

　　坐在门槛上的小丫头寿儿，看着院里石榴花出神。她巴不得酒席可以快点开完，底下人们可以吃中饭，她肚子里实在饿得慌。一早眼睛所接触的，大部分几乎全是可口的食品，但是她仍然是饿着肚子，坐在老太太门槛上等候呼唤。她极想再到前院去看看热闹，但为想到上次被打的情形，只得竭力忍耐。在饥饿中，有一桩事她仍然没有忘掉她的高兴。因为老太太的整寿大少奶给她一副银镯。虽然为着捶背而酸乏的手臂懒得转动，她仍不时得意地举起手来，晃摇着她的新镯子。

午后的太阳斜到东廊上，后院子暂时沉睡在静寂中。幼兰在书房里和羽哭着闹脾气：

"你们都欺侮我，上次赛球我就没有去看。为什么要去？反正人家也不欢迎我……慧石不肯说，可是我知道你和阿玲在一起玩得上劲。"抽噎的声音微微地由廊上传来。

"等会客人进来了不好看……别哭……你听我说……绝对没有这么回事的。咱们是亲表谁不知道我们亲热，你是我的兰，永远，永远的是我的最爱最爱的……你信我……"

"你在哄骗我，我……我永远不会再信你的了……"

"你又来伤我，你心狠……"

声音微下去，也和缓了许多，又过了一些时候。才有轻轻的笑语声。小丫头仍然饿得慌，仍然坐在门槛上没有敢动，她听着小外孙小姐和羽孙少爷老是吵嘴，哭哭啼啼的，她不懂。一会儿他们又笑着一块儿由书房里出来。

"我到婆婆的里间洗个脸去。寿儿你给我打盆洗脸水去。"

寿儿得着打水的命令，高兴地站起来。什么事也比坐着等老太太睡醒都好一点。

"别忘了晚饭等我一桌吃。"羽说完大步地跑出去。

后院顿时又堕入闷热的静寂里；柳条的影子画上粉墙，太阳的红比得胭脂。墙外天蓝蓝的没有一片云，像戏台上的布景。隐隐地送来小贩子叫卖的声音——卖西瓜的——卖凉席的，一阵一阵。

挑夫提起力气喊他孩子找他媳妇。天快要黑下来，媳妇还坐在门口纳鞋底子；赶着那一点天亮再做完一只。一个月她当家的要穿两双鞋子，有时还不够的，方才当家的回家来说不舒服，睡倒在炕上，这半天也没有醒。她放下鞋底又走到旁边一家小铺里买点生姜，说几句话儿。

断续着呻吟，挑夫开始感到苦痛，不该喝那冰凉东西，早知道这大暑天，还不如喝口热茶！迷惘中他看到茶碗，茶缸，施茶的人家，碗，碟，果子杂乱地绕着大圆篓，他又像看到张家的厨房。不到一刻他肚子里像纠麻绳一般痛，发狂地呕吐使他沉入严重的症候里和死搏斗。

挑夫媳妇失了主意，喊孩子出去到药铺求点药。那边时常夏天是施暑药的……

邻居积渐知道挑夫家里出了事，看过报纸的说许是霍乱，要扎针的。张秃子认得大街东头的西医丁家，他披上小褂子，一边扣纽子，一边跑。丁大夫的门牌挂高高的，新漆大门两扇紧闭着。张秃子找着电铃死命地按，又在门缝里张望了好一会儿，才有人出来开门。什么事？什么事？门房望着张秃子生气，张秃子看着丁宅的门房说，"劳驾——劳驾您大爷，我们'街坊'李挑子中了暑，托我来行点药。"

"丁大夫和管药房先生'出份子去了'没有在家，这里也没有旁人，这事谁又懂得？！"门房吞吞吐吐地说，"还是到对门益年堂打听吧。"大门已经差不多关上。

张秃子又跑了，跑到益年堂，听说一个孩子拿了暑药已经走了。张秃子是信教的，他相信外国医院的药，他又跑到那边医院里打听，等了半天，说那里不是施医院，并且也不收传染病的，医生晚上也都回家了，助手没有得上边话不能随便走开的。

"最好快报告区里，找卫生局里人。"管事的告诉他，但是卫生局又在哪里……

到张秃子失望地走回自己院子里的时候，天已经黑了下来，他听见李大嫂的哭声知道事情不行了。院里磁罐子里还放出浓馥的药味。他顿一下脚，"咱们这命苦的……"他已在想如何去捐募点钱，收殓他朋友的尸体。叫孝子挨家去磕头吧!

　　天黑了下来张宅跨院里更热闹,水月灯底下围着许多孩子,看变戏法的由袍子里捧出一大缸金鱼,一盘子"王母蟠桃"献到老太太面前。孩子们都凑上去验看金鱼的真假。老太太高兴地笑。

　　大爷熟识捧场过的名伶自动地要送戏,正院前边搭着戏台,当差的忙着拦阻外面杂人往里挤,大爷由上海回来,两年中还是第一次——这次碍着母亲整寿的面,不回来太难为情。这几天行市不稳定,工人们听说很活动,本来就不放心走开,并且厂里的老赵靠不住,大爷最记挂……

　　看到院里戏台上正开场,又看廊上的灯,听听厢房各处传来的牌声;风扇声开汽水声,大爷知道一切都圆满地进行,明天事完了,他就可以走了。

　　"伯伯上哪儿去?"游廊对面走出一个清秀的女孩。他怔住了看,慧石——是他兄弟的女儿,已经长的这么大了?大爷伤感着,看他早死兄弟的遗腹女儿:她长得实在像她爸爸……实在像她爸爸……

　　"慧石,是你。长得这样俊,伯伯快认不得了。"

　　慧石只是笑,笑。大伯伯还会说笑话,她觉得太料想不到的事,同时她像被电击一样,触到伯伯眼里蕴住的怜爱,一股心酸抓紧了她的嗓子。

她仍只是笑。

"哪一年毕业？"大伯伯问她。

"明年。"

"毕业了到伯伯那里住。"

"好极了。"

"喜欢上海不？"

她摇摇头："没有北平好。可是可以找事做，倒不错。"

伯伯走了，容易伤感的慧石急忙回到卧室里，想哭一哭，但眼睛湿了几回，也就不哭了，又在镜子前抹点粉笑了笑；她喜欢伯伯对她那和蔼态度。嬷常常不满伯伯和伯母的，常说些不高兴他们的话，但她自己却总觉得喜欢这伯伯的。

也许是骨肉关系有种不可思议的亲热，也许是因为感激知己的心，慧石知道她更喜欢她这伯伯了。

厢房里电话铃响。

"丁宅呀，找丁大夫说话？等一等。"

丁大夫的手气不坏，刚和了一牌三翻，他得意地站起来接电话：

"知道了，知道了，回头就去叫他派车到张宅来接。什么？要暑药的？发痧中暑？叫他到平济医院去吧。"

"天实在热，今天，中暑的一定不少。"五少奶坐在牌桌上抽烟，等丁大夫打电话回来。"下午两点的时候刚刚九十九度啦！"她睁大了眼表示严重。

"往年没有这么热，九十九度的天气在北平真可以的了。"一个客人摇了摇檀香扇，急着想做庄。

咯突一声，丁大夫将电话挂上。

报馆到这时候积渐热闹，排字工人流着汗在机器房里忙着。编辑坐到公事桌上面批阅新闻。本市新闻由各区里送到；编辑略略将张宅名伶送戏一节细细看了看，想到方才同太太在市场吃冰激凌后，遇到街上的打架，又看看那段厮打的新闻，于是很自然地写着"西四牌楼三条胡同卢宅车夫杨三……"新闻里将杨三王康的争斗形容得非常动听，一直到了"扭区成讼"。

再看一些零碎，他不禁注意到挑夫霍乱数小时毙命一节，感到白天去吃冰激凌是件不聪明的事。

　　杨三在热臭的拘留所里发愁，想着主人应该得到他出事的消息了，怎么还没有设法来保他出去。王康则在另一间房子里喂臭虫，苟且地睡觉。

　　"……哪儿呀，我卢宅呀，请王先生说话……"老卢为着洋车被扣已经打了好几个电话了，在晚饭桌他听着太太的埋怨……那杨三真是太没有样子，准是又喝醉了，三天两回闹事。

　　"……对啦，找王先生有要紧事，出去饭局了么，回头请他给卢宅来个电话！别忘了！"

　　这大热晚上难道闷在家里听太太埋怨？杨三又没有回来，还得出去雇车，老卢不耐烦地躺在床上看报，一手抓起一把蒲扇赶开蚊子。

原载1934年5月《学文》1卷1期

模影零篇

钟绿

　　钟绿是我记忆中第一个美人，因为一个人一生见不到几个真正负得起"美人"这称呼的人物，所以我对于钟绿的记忆，珍惜得如同他人私藏一张名画轻易不拿出来给人看，我也就轻易的不和人家讲她。除非是一时什么高兴，使我大胆地，兴奋地，告诉一个朋友，我如何如何的曾经一次看到真正的美人。

　　很小的时候，我常听到一些红颜薄命的故事，老早就印下这种迷信，好像美人一生总是不幸的居多。尤其是，最初叫我知道世界上有所谓美人的，就是一个身世极凄凉的年轻女子。她是我家亲戚，家中传统地认为一个最美的人。虽然她已死了多少年，说起她来，大家总还带着那种感慨，也只有一个美人死后能使人起的那样感慨。说起她，大家总都有一些美感的回忆。我婶娘常记起的是祖母出殡那天，这人穿着白衫来送殡。因为她是个已出嫁过的女子——其实她那时已孀居一年多——照我们乡例，头上缠着白头帕。试想一个静好如花的脸；一个长长窈窕的身材；一身的缟素；借着人家伤痛的丧礼来哭她自己可怜的身世，怎不是一幅绝妙的图画！婶娘说起她时，却还不忘掉提到她的走路如何的有种特有丰神，哭时又如何的辛酸凄惋动人。我那时因为过小，记不起送殡那天看到这素服美人，事后为此不知惆怅了多少回。每当大家晚上闲坐谈到这个人儿时，总害了我竭尽想象力，冥想到了夜深。

也许就是因为关于她，我实在记得不太清楚，仅凭一家人时时的传说，所以这个亲戚美人之为美人，也从未曾在我心里疑问过。过了一些岁月，积渐地，我没有小时候那般理想，事事都有一把怀疑，沙似的挟在里面。我总爱说：绝代佳人，世界上不时总应该有一两个，但是我自己亲眼却没有看见过就是了。这句话直到我遇见了钟绿之后才算是取消了，换了一句：我觉得侥幸，一生中没有疑问地，真正地，见到一个美人。

我到美国××城进入××大学时，钟绿已是离开那学校的旧学生，不过在校里不到一个月的工夫，我就常听到"钟绿"这名字，老学生中间，每一提到校里旧事，总要联想到她。无疑的，她是他们中间最受崇拜的人物。

关于钟绿的体面和她的为人及家世也有不少的神话。一个同学告诉我，钟绿家里本来如何的富有，又一个告诉我，她的父亲是个如何漂亮的军官，哪一年死去的，又一个告诉我，钟绿多么好看，脾气又如何和人家不同。因为着恋爱，又有人告诉我，她和母亲决绝了，自己独立出来艰苦的半工半读，多处流落，却总是那么傲慢、潇洒，穿着得那么漂亮动人。有人还说钟绿母亲是希腊人，是个音乐家，也长得非常好看，她常住在法国及意大利，所以钟绿能通好几国文字。常常的，更有人和我讲了为着恋

148

爱钟绿，几乎到发狂的许多青年的故事。总而言之，关于钟绿的事我实在听得多了，不过当时我听着也只觉到平常，并不十分起劲。

故事中仅有两桩，我却记得非常清楚，深入印象，此后不自觉地便对于钟绿动了好奇心。

一桩是同系中最标致的女同学讲的。她说那一年学校开个盛大艺术的古装表演，中间要用八个女子穿中世纪的尼姑服装。她是监制部的总管，每件衣裳由图案部发出，全由她找人比着裁剪，做好后再找人试服。有一晚，她出去晚饭回来稍迟，到了制衣室门口遇见一个制衣部里人告诉她说，许多衣裳做好正找人试着时，可巧电灯坏了，大家正在到处找来洋蜡点上。

"你猜，"她接着说，"我推开门时看到了什么？……"

她喘口气望着大家笑（听故事的人那时已不止我一个），"你想，你想一间屋子里，高高低低地点了好几根蜡烛；各处射着影子；当中一张桌子上面，默默地，立着那么一个钟绿——美到令人不敢相信的中世纪小尼姑，眼微微地垂下，手中高高擎起一支点亮的长烛。简单静穆，直像一张宗教画！拉着门环，我半天肃然，说不出一句话来！……等到人家笑声震醒我时，我已经记下这个一辈子忘不了的印象。"

自从听了这桩故事之后，钟绿在我心里便也开始有了根据，每次再听到钟绿的名字时，我脑子里便浮起一张图画。隐隐约约地，看到那个古代年轻的尼姑，微微地垂下眼，擎着一支蜡走过。

第二次，我又得到一个对钟绿依稀想象的背影，是由于一个男同学讲的故事里来的。这个脸色清癯的同学平常不爱说话，是个忧郁深思的少年——听说那个为着恋爱钟绿，到南非洲去旅行不再回来的同学，就是他的同房好朋友。有一天雨下得很大，我与他同在画室里工作，天已经渐渐地黑下来，虽然还不到点灯的时候，我收拾好东西坐在窗下看雨，忽然听他说：

"真奇怪，一到下大雨，我总想起钟绿！"

"为什么呢？"我倒有点好奇了。

"因为前年有一次大雨，"他也走到窗边，坐下来望着窗外，"比今天这雨大多了。"他自言自语地眯上眼睛，"天黑得可怕，许多人全在楼上画图，只有我和勃森站在楼下前门口檐底下抽烟。街上一个人没有，树让雨打得像囚犯一样，低头摇曳。一种说不出来的黯淡和寂寞笼罩着整条没生意的街道，和街道旁边不做声的一切。忽然间，我听到背后门环响，门开了，一个人由我身边溜过，一直走下了台阶冲入大雨中去！……那是钟绿……

"我认得是钟绿的背影，那样修长灵活，虽然她用了一块折成三角形的绸巾蒙在她头上，一只手在项下抓紧了那绸巾的前面两角，像个俄国村姑的打扮。勃森说钟绿疯了，我也忍不住要喊她回来。'钟绿你回来听我说！’我好像求她那样恳切，听到声，她居然在雨里回过头来望一望，看见是我，她仰着脸微微一笑，露出一排贝壳似的牙齿。”朋友说时回过头对我笑了一笑，"你真想不到世上真有她那样美的人！不管谁说什么，我总忘不了在那狂风暴雨中，她那样扭头一笑，村姑似的包着三角的头巾。"

这张图画有力地穿过我的意识，我望望雨又望望黑影笼罩的画室。朋友叉着手，正经地又说：

"我就喜欢钟绿的一种纯朴，城市中的味道在她身上总那样的不沾着她本身的天真！那一天，我那个热情的同房朋友在楼窗上也发见了钟绿在雨里，像顽皮的村姑，没有笼头的野马，便用劲地喊。钟绿听到，俯下身子一闪，立刻就跑了。上边劈空的雷电，四围纷披的狂雨，一会儿工夫她就消失在那水雾迷漫之中了……"

"奇怪，"他叹口气，"我总老记着这桩事，钟绿在大风雨里似乎是个很自然的回忆。"

听完这段插话之后，我的想象中就又加了另一个隐约的钟绿。

半年过去了，这半年中这个清癯的朋友和我比较的熟起，时常轻声地来告诉我关于钟绿的消息。她是辗转地由一个城到另一个城，经验不断地跟在她脚边，命运好似总不和她合作，许多事情都不畅意。

　　秋天的时候，有一天我这朋友拿来两封钟绿的来信给我看，笔迹秀劲流丽如见其人，我留下信细读觉到它很有意思。那时我正初次的在夏假中觅工，几次在市城熙熙攘攘中长了见识，更是非常地同情于这流浪的钟绿。

　　"所谓工业艺术你可曾领教过？"她信里发出嘲笑，"你从前常常苦心教我调颜色，一根一根地描出理想的线条，做什么，你知道么？……我想你决不能猜到两三星期以来，我和十几个本来都很活泼的女孩子，低下头都画一些什么……你闭上眼睛，喘口气，让我告诉你！墙上的花纸，好朋友！你能相信么？一束一束的粉红玫瑰花由我们手中散下来，整朵的，半朵的——因为有人开了工厂专为制造这种的美丽！……"

　　"不，不，为什么我要脸红？现在我们都是工业战争的斗士——（多美丽的战争！）——并且你知道，各人有各人不同的报酬；花纸厂的主人今年新买了两个别墅，我们前夜把晚饭减掉一点居然去听音乐了，多谢那一束一束的玫瑰花！……"

　　幽默地，幽默地她写下去那样顽皮的牢骚。又一封：

　　"……好了，这已经是秋天，谢谢上帝，人工的玫瑰也会凋零的。这回任何一束什么花，我也决意不再制造了，那种逼迫人家眼睛堕落的差事，需要我所没有的勇敢，我失败了，不知道在心里哪一部分也受点伤。……

　　"我到乡村里来了，这回是散布知识给村里朴实的人！××书局派我来揽买卖，儿童的书，常识大全，我简直带着'知识'的样本到处走。那可爱的老太太却问我要最新烹调的书，工作到很瘦的妇人要城市生活的小说看——你知道那种穿着晚服去恋爱的城市浪漫！

"我夜里总找回一些矛盾的微笑回到屋里。乡间的老太太都是理想的母亲，我生平没有吃过更多的牛奶，睡过更软的鸭绒被，原来手里提着锄头的农人，都是这样母亲的温柔给培养出来的力量。我爱他们那简单的情绪和生活，好像日和夜，太阳和影子，农作和食睡，夫和妇，儿子和母亲，幸福和辛苦都那样均匀地放在天平的两头。……

"这农村的妩媚，溪流树荫全合了我的意，你更想不到我屋后有个什么宝贝？一口井，老老实实旧式的一口井，早晚我都出去替老太太打水。真的，这样才是日子，虽然山边没有橄榄树，晚上也缺个织布的机杼，不然什么都回到我理想的已往里去。……

"到井边去汲水，你懂得那滋味么？天呀，我的衣裙让风吹得松散，红叶在我头上飞旋，这是秋天，不瞎说，我到井边去汲水去。回来时你看着我把水罐子扛在肩上回来！""

看完信，我心里又来了一个古典的钟绿。

约略是三月的时候，我的朋友手里拿本书，到我桌边来，问我看过这本新出版的书没有，我由抽屉中也扯出一本叫他看。他笑了，说，你知道这个作者就是钟绿的情人。

我高兴地谢了他，我说，"现在我可明白了。"我又翻出书中几行给他看，他看了一遍，放下书默诵了一回，说：

"他是对的，他是对的，这个人实在很可爱，他们完全是了解的。"

此后又过了半个月光景。天气渐渐地暖起来，我晚上在屋子里读书老是开着窗子，窗前一片草地隔着对面远处城市的灯光车马。有个晚上，很夜深了，我觉到冷，刚刚把窗子关上，却听到窗外有人叫我，接着有人拿沙子抛到玻璃上。我赶忙起来一看，原来草地上立着那个清癯的朋友，旁边有个女人立在我的门前。朋友说："你能不能下来，我们有桩事托你。"

我蹑着脚下楼，开了门，在黑影模糊中听我朋友说："钟绿，钟绿她来到这里，太晚没有地方住，我想，或许你可以设法，明天一早她就要走的。"他又低声向我说："我知道你一定愿意认识她。"

这事真是来得非常突兀，听到了那么熟识，却又是那么神话的钟绿，竟然意外地立在我的前边，长长的身影穿着外衣，低低的半顶帽遮着半个脸，我什么也看不清楚。我伸手和她握手，告诉她在校里常听到她。她笑声地答应我说，希望她能使我失望，远不如朋友所讲的她那么坏！

在黑夜里，她的声音像银铃样，轻轻地摇着，末后宽柔温好，带点回响。她又转身谢谢那个朋友，率真地揽住他的肩膀说："百罗，你永远是那么可爱的一个人。"

　　她随了我上楼梯，我只觉到奇怪，钟绿在我心里始终成个古典人物，她的实际的存在在此时反觉得荒诞不可信。

　　我那时是个穷学生，和一个同学住一间不甚大的屋子，恰巧同房的那几天回家去了。我还记得那晚上我在她的书桌上，开了她那盏非常得意的浅黄色灯，还用了我们两人共用的大红浴衣铺在旁边大椅上，预备看书时盖在腿上当毯子享用。屋子的布置本来极简单，我们曾用尽苦心把它收拾得还有几分趣味：衣橱的前面我们用一大幅黑色带金线的旧锦挂上，上面悬着一副我朋友自己刻的金色美人面具，旁边靠墙放两架睡榻，罩着深黄的床幔和一些靠垫，两榻中间隔着一个薄纱的东方式屏风。窗前一边一张书桌，各人有个书架，几件心爱的小古董。

　　整个房子的神气还很舒适，颜色也带点古黯神秘。钟绿进房来，我就请她坐在我们唯一的大椅上，她把帽子外衣脱下，顺手把大红浴衣披在身上说："你真能让我独占这房里唯一的宝座么？"不知为什么，听到这话，我怔了一下，望着灯下披着红衣的她。看她里面本来穿的是一件古铜色衣裳，腰里一根很宽的铜质软带，一边臂上似乎套着两三副细窄的铜镯子，在那红色浴衣掩映之中，黑色古锦之前，我只觉到她由脸至踵有种神韵，一种名贵的气息和光彩，超出寻常所谓美貌或是漂亮。她的脸稍带椭圆，眉目清扬，有点儿南欧曼达娜的味道；眼睛青棕色，虽然甚大，却微微有点羞涩。她的头、脸、耳、鼻、口唇、前颈和两只手，则都像雕刻过的型体！每一面和她一面交接得那样清晰，又那样柔和，让光和影在上面活动着。

　　我的小铜壶里本来烧着茶，我便倒出一杯递给她。这回她却怔了说："真想不到这个时候有人给我茶喝，我这回真的走到中国了。"我笑了说："百罗告诉我你喜欢到井里汲水，好，我就喜欢泡茶。各人有她传统的嗜好，不容易改掉。"就在那时候，她的两唇微微地一抿，像朵花，由含苞到开放，毫无痕迹地轻轻地张开，露出那一排贝壳般的牙齿，我默默地在心里说，我这一生总可以说真正的见过一个称得起美人的人物了。

　　"你知道，"我说，"学校里谁都喜欢说起你，你在我心里简直是个神话人物，不，简直是古典人物；今天你的来，到现在我还信不过这事的实在性！"

　　她说："一生里事大半都好像做梦。这两年来我飘泊惯了，今天和明天的事多半是不相连续的多；本来现实本身就是一串不一定能连续而连续起来的荒诞。什么事我现在都能相信得过，尤其是此刻，夜这么晚，我把一个从来未曾遇见过的人的清静打断了，坐在她屋里，喝她几千里以外寄来的茶！"

　　那天晚上，她在我屋子里不只喝了我的茶，并且在我的书架上搬弄了我的书，我的许多相片，问了我一大堆的话，告诉我她有个朋友喜欢中国的诗——我知道那就是那青年作家，她的情人，可是我没有问她。她就在我屋子中间小小灯光下愉悦地活动着，一会儿立在洛阳造像的墨拓前默了一会儿，停一刻又走过，用手指柔和地，顺着那金色面具的轮廓上抹下来，她搬弄我桌上的唐陶俑和图章，又问我壁上铜剑的铭文。纯净的型和线似乎都在引逗起她的兴趣。

一会儿她倦了，无意中伸个懒腰，慢慢地将身上束的腰带解下，自然地，活泼地，一件一件将自己的衣服脱下，裸露出她雕刻般惊人的美丽。我看着她耐性地，细致地，解除臂上的铜镯，又用刷子刷她细柔的头发，来回地走到浴室里洗面又走出来。她的美当然不用讲，我惊讶的是她所有举动，全个体态，都是那样的有个性，奏着韵律。我心里想，自然舞蹈班中几个美体的同学，和我们人体画班中最得意的两个模特，明蒂和苏茜，她们的美实不过是些浅显的柔和及妍丽而已，同钟绿真无法比较得来。我忍不住兴趣地直爽地笑对钟绿说：

"钟绿你长得实在太美了，你自己知道么？"

她忽然转过来看了我一眼，好脾气地笑起来，坐到我床上。

"你知道你是个很古怪的小孩子么？"她伸手抚着我的头后（那时我的头是低着的，似乎倒有点难为情起来），"老实告诉你，当百罗告诉我，要我住在一个中国姑娘的房里时，我倒有些害怕，我想着不知道我们要谈多少孔夫子的道德，东方的政治；我怕我的行为或许会触犯你们谨严的佛教！"

这次她说完，却是我打个呵欠，倒在床上好笑。

她说："你在这里原来住得还真自由。"

　　我问她是否指此刻我们不拘束的行动讲。我说那是因为时候到底是半夜了，房东太太在梦里也无从干涉，其实她才是个极宗教的信徒，我平日极平常的画稿，拿回家来还曾经惊着她的腼腆。男朋友从来只到过我楼梯底下的，就是在楼梯边上坐着，到了十点半，她也一定咳嗽的。

　　钟绿笑了说："你的意思是从孔子庙到自由神中间并无多大距离！"

　　那时我睡在床上和她谈天，屋子里仅点一盏小灯。她披上睡衣，替我开了窗，才回到床上抱着膝盖抽烟，在一小闪光底下，她努着嘴喷出一个一个的烟圈，我又疑心我在做梦。

　　"我顶希望有一天到中国来，"她说，手里搬弄床前我的夹旗袍，"我还没有看见东方的莲花是什么样子。我顶爱坐帆船了。"

　　我说，"我和你约好了，过几年你来，挑个山茶花开遍了的时节，我给你披上一件长袍，我一定请你坐我家乡里最浪漫的帆船。"

　　"如果是个月夜，我还可以替你弹一曲希腊的弦琴。"

　　"也许那时候你更愿意死在你的爱人怀里！如果你的他也来。"我逗着她。

　　她忽然很正经地却用最柔和的声音说："我希望有这福气。"

就这样说笑着，我蒙眬地睡去。

到天亮时，我觉得有人推我，睁开了眼，看她已经穿好了衣裳，收拾好皮包，俯身下来和我作别。

"再见了，好朋友，"她又淘气地抚着我的头，"就算你做个梦吧。现在你信不信昨夜答应过人，要请她坐帆船？"

可不就像一个梦，我眯着两只眼，问她为何起得这样早。她告诉我要赶六点十分的车到乡下去，约略一个月后，或许回来，那时一定再来看我。她不让我起来送她，无论如何要我答应她，等她一走就闭上眼睛再睡。

于是在天色微明中，我只再看到她歪着一顶帽子，倚在屏风旁边妩媚地一笑，便转身走出去了。一个月以后，她没有回来，其实等到一年半后，我离开××时，她也没有再来过这城的。我同她的友谊就仅仅限于那么一个短短的半夜，所以那天晚上是我第一次，也就是最末次，会见了钟绿。但是即使以后我没有再得到关于她的种种悲惨的消息，我也知道我是永远不能忘记她的。

那个晚上以后，我又得到她的消息时，约在半年以后，百罗告诉我说：

"钟绿快要出嫁了。她这种的恋爱真能使人相信人生还有点意义，世界上还有一点美存在。这一对情人上礼拜堂去，的确要算上帝的荣耀。"

　　我好笑忧郁的百罗说这种话，却是私下里也的确相信钟绿披上长纱会是一个奇美的新娘。那时候我也很知道一点新郎的样子和脾气，并且由作品里我更知道他留给钟绿的情绪，私下里很觉到钟绿幸福。至于他们的结婚，我倒觉得很平凡；我不时叹息，想象到钟绿无条件地跟着自然规律走，慢慢地变成一个妻子，一个母亲，渐渐离开她现在的样子，变老，变丑，到了我们从她脸上，身上再也看不出她现在的雕刻般的奇迹来。

　　谁知道事情偏不这样的经过，钟绿的爱人竟在结婚的前一星期骤然死去，听说钟绿那时正在试着嫁衣，得着电话没有把衣服换下，便到医院里晕死过去在她未婚新郎的胸口上。当我得到这个消息时，钟绿已经到法国去了两个月，她的情人也已葬在他们本来要结婚的礼拜堂后面。

　　因为这消息，我却时常想起钟绿试装中世纪尼姑的故事，有点儿迷信预兆。美人自古薄命的话，更好像有了凭据。但是最使我悲恸的消息，还在此后两年多。

　　当我回国以后，正在家乡游历的时候，我接到百罗一封长信，我真是没有想到钟绿竟死在一条帆船上。关于这一点，我始终疑心这个场面，多少有点钟绿自己的安排，并不见得完全出自偶然。那天晚上对着一江清流，茫茫暮霭，我独立在岸边山坡上，看无数小帆船顺风飘过，忍不住泪下如雨，坐下哭了。

　　我耳朵里似乎还听见钟绿银铃似的温柔的声音说："就算你做个梦，现在你信不信昨夜答应过请人坐帆船？"

原载1935年6月16日《大公报·文艺副刊》第156期

喜欢你
是寂静的

王臣 作品

林徽因传

湖南文艺出版社
HUNAN LITERATURE AND ART PUBLISHING HOUSE

博集天卷
CS·BOOKY

图书在版编目（CIP）数据

喜欢你是寂静的：林徽因传 / 王臣著 . —长沙：湖南文艺
出版社，2012.3
ISBN 978-7-5404-5373-2

Ⅰ. ①喜…　Ⅱ. ①王…　Ⅲ. ①林徽因（1904～1955）–传记
Ⅳ. ① K826.16

中国版本图书馆 CIP 数据核字（2012）第 023331 号

上架建议：文学·人物传记

喜欢你是寂静的：林徽因传

作　　者：王　臣
出 版 人：刘清华
责任编辑：丁丽丹　刘诗哲
监　　制：蔡明菲　潘　良
策划编辑：柳　易
文案编辑：温雅卿
封面设计：韩　捷 SARTORI
版式设计：李　洁
出版发行：湖南文艺出版社
　　　　　（长沙市雨花区东二环一段 508 号　邮编：410014）
网　　址：www.hnwy.net
印　　刷：北京嘉业印刷厂
经　　销：新华书店
开　　本：880mm×1270mm　1/32
字　　数：310 千字
印　　张：13
版　　次：2012 年 3 月第 1 版
印　　次：2014 年 10 月第 5 次印刷
书　　号：ISBN 978-7-5404-5373-2
定　　价：32.80 元

（若有质量问题，请致电质量监督电话：010-84409925）

喜欢你是寂静的

／林徽因传／

目录
CONTENTS

世间女子，纷丽多姿。

独独有她，哀艳如诗。

林徽因。最令人怀念的民国女子。

关于她，才情、容貌、人生际遇，样样都令世人称道。她写得一手好诗，为人低蕴沉静。又长得极美，且颇有气韵。立在一处，便似深谷中一朵独自开谢的白兰。极惹目。是美人。是才女。因此，众人看过去，仿佛世间种种好处一时间都落在她身上。

也因此，她注定是讨男子喜欢，亦注定是会遭人嫉妒的，尤其是女人。徐志摩爱她。梁思成爱她。金岳霖也爱她。又有女子如冰心、凌淑华惊才绝艳之民国才女，无一不对林徽因心存几分芥蒂。即便如此，她们依然忍不住会去赞她。

冰心说："林徽因俏，陆小曼不俏。"连美人陆小曼都入不了冰心的眼，但林徽因，即便冰心对她心存芥蒂，也仍旧忍不住赞一句她俏。

凌淑华也是。更不愿去赞她，但依然说了她一句"可惜因为人长得漂亮
又能说话，被男朋友们宠得很难再进步"。

对女子来说，大约被同为女子的人说漂亮才是令人真正得意的漂
亮。甚至包括梁思成的续弦林洙，她在说起林徽因时，也是赞叹备
至。身份如此特殊的林洙，要说她对林徽因不存分毫妒忌，实在不能
令人信服。

但她还是说："我承认一个人瘦到她那样很难说是美人，但是即
使是到现在我仍旧认为，她是我一生中所见到的最美、最有风度的女
子。"林徽因，她女子之秀丽娟美，之清雅娴静，皆胜人几分。

是为女子，她，就好比而今的林青霞和胡因梦。人美，有才，好人
缘。不论谁见了，都会忍不住要赞她几句。亦有人说生得漂亮不如活得
漂亮。说得好。林徽因，则是将两样占得满满当当。以清丽之姿将一世
杳渺光阴活得极热烈、极丰盛、极漂亮。

从北总布胡同的"太太客厅"，到西南联大她与丈夫梁思成一起
脱坯和泥筑建的屋宅，再到她患病时煎熬五年困苦闭封却依旧未曾懈怠
建筑研究片刻的李庄生涯。林徽因，一步一步，走得铿锵、热烈，又哀
艳、笃定。但寸寸皆是庄严并令人钦佩的。

为林徽因立传，实在是一件美好的事。世间所有的书写，或因一念
之喜，或因一念之悲，或因一句叹念，或因一句咏吟，抑或不经意间植

种内心的一粒微情之种。皆起自刹那的缘。这一本书，也不过是缘起于那一句绝艳于世的"你是人间的四月天"。

　　林徽因去世之后，她的儿子梁从诫写过一篇题为《倏忽人间四月天》的文章来忆念母亲。那首《你是人间的四月天》亦正是林徽因在梁从诫出生之后欣喜所作。林徽因是美人，是才女，而终归根本，许正如梁从诫所说，她，不过是一位简单女子。梁思成的淑静之妻，梁从诫的温柔母亲。

　　懂得爱与被爱。知足。珍重。步步丰盈。

　　人间四月。
　　她立在柳下花前。
　　看世景流转。
　　明净，清绝，如深谷幽兰。

　　我说你是人间的四月天；
　　笑响点亮了四面风；轻灵
　　在春的光艳中交舞着变。

　　你是四月早天里的云烟，
　　黄昏吹着风的软，星子在
　　无意中闪，细雨点洒在花前。

那轻，那娉婷，你是，鲜妍
百花的冠冕你戴着，你是
天真，庄严，你是夜夜的月圆。

雪化后那片鹅黄，你像；新鲜
初放芽的绿，你是；柔嫩喜悦
水光浮动着你梦期待中白莲。

你是一树一树的花开，是燕
在梁间呢喃，——你是爱，是暖，
是希望，你是人间的四月天！

真真是"人在光天化日里，不落色境"。

世间女子，独她最好。

是为纪念。

王臣
二〇一一年十月

倾谈二

人生如初尘落定

01 ¯ 人间

林徽因。

世间女子万千，独她最好。

写林徽因，当从《诗经》起。从那一首《诗经·大雅·文王之
什·思齐》始，穿过烟雨迷蒙之江南，去追忆。"徽因"二字之缘起，
便在于当中那一句"大姒嗣徽音，则百斯男"。

思齐大任，文王之母，
思媚周姜，京室之妇。
大姒嗣徽音，则百斯男。

"大姒嗣徽音"，"大姒"，乃周文王之妃。"徽"，美也。"徽
音"，即美音，寓意贞静之性、贤德之行。以"徽音"二字做她的名，

的确是再适合不过了。她出生时，是晴天丽日。1904年，在中国历史上最后一次科举考试7月的上个月，亦即6月10日，她出生在浙江杭州陆官巷的祖父林孝恂家中。

虽祖籍是福建闽县（而今的福州），但林徽因在《纪念志摩去世四周年》一文当中，称杭州是她的"一半家乡"。这一份乡关情意，自与她在杭州出生有关，更重要的，则是祖父给予她的恩情。"徽因"一名起初便是祖父为她取下的。

彼时，"徽因"二字尚不是而今看到的样子，而是完整依照《诗经》所取，叫做"徽音"。直到1935年，林徽因开始在报纸、杂志发表文学作品时，为与当时的一名叫林微音的男性作家的名字区分开来，方改"徽音"为"徽因"。

民国才女如冰心、庐隐、苏雪林、凌淑华等，皆出身名门，都是千金。林徽因亦如此。林徽因根系福建闽侯林氏，旧年林氏是望族。林氏至林徽因祖父林孝恂这一支已式微，沦为布衣，但林孝恂勤奋，于光绪年间考中进士，与康有为同科，之后授职翰林院编修，亦算是林氏家族重新振兴之标志。

因林孝恂起于寒微，家底薄，在京为官压力极大，有意请求外放。因此，在翰林院年度甄别考试当中故意写错一个字。能入翰林院任职的人必是有大才学的人，书写错字是绝不可能发生的。出现此种情况，通常便是官员暗示上级自己有离京意向。

　　林孝恂因此方才离京来到南方，出任金华、海宁等地方官员，最后落居杭州，当了杭州知府。林孝恂虽在封建旧朝为官，但其人极开明。

　　晚清时，社会风气日渐开放，林孝恂更是新旧不拒，中外兼学。他尤重视后辈教育，且不分男女，一视同仁。他在杭州府上设立了家塾，分国学和新学两斋，教育子侄。并请了国学大师林琴甫讲授国学，新派名流林白水讲授新学，甚至请了洋人和日本人来教习英文与日文。

　　如是。林家子女皆受到了极好的教育。林徽因的父亲林长民是长子，生于1876年，字宗孟，号"桂林一枝室主人"，因晚年家中院落里栽有栝树两株，自谓"双栝老人"。

　　林长民极聪慧，又极好学。青年时曾两赴日本留学，并顺利毕业于早稻田大学。在清末这样一个政治环境极复杂的年代生并活，林长民心中日渐怀有改革社会的政治抱负。他不仅有才学，也擅社交。因此，广结政界名流。

　　关于林长民的形貌，被誉为"晚近掌故史料之巨擘"的徐一士曾评说道："（他）躯干短小，而英发之慨呈于眉宇。貌癯而气腴，美髯飘动，益形其精神之健旺，言语则简括有力。"想来，应当是极有正气的男子。

　　可惜的是，林长民最终未能完全实现自己的政治理想，政坛失意之后，便携女儿林徽因远赴英伦，周游欧洲。回国后，他被推为中国首席代表出席世界国联总会，后接任福建大学校长。民国十四年，任宪法起草委员会委员长。之后入奉军郭松龄幕，参加反张作霖战争，在苏家屯中流弹身亡。

林长民娶妻三房。元配叶氏与林长民是指腹为婚，但她英年病逝，未能给林长民留下子女。叶氏去后，林长民续娶何雪媛。何雪媛为林长民诞下两女一子，后来幼子么女接连夭折，仅有长女长大成人。她便是林徽因。

何雪媛虽容貌端正，但因出身商贾小家，不善女工和持家，又没有文化，且脾气乖张，与林长民甚为不合。因何雪媛嫁入林家十年仍未给林家添男丁，林长民方才取了第三房程桂林。

程桂林入林家之后，接连为林长民诞下一女四子，深得林长民欢心。这给林徽因的母亲何雪媛带来十分沉重的打击。原本性格不讨人喜的何雪媛脾气愈加焦躁暴烈，与女儿亦不和睦。这也给林徽因的童年生活罩上一层阴影。

林徽因的儿子梁从诫在忆念母亲的文章里写过："她爱父亲，却恨他对自己母亲的无情；她爱自己的母亲，却又恨她不争气；她以长姐真挚的感情，爱着几个异母的弟妹，然而，那个半封建家庭中扭曲了的人际关系却在精神上深深地伤害过她。"写得令人哀伤。

　　或许是个体内心腐朽，或许根本便是时代的缘故。无论如何，在这样一个环境、人心皆极混乱的年代里，林徽因依旧心持明媚光束，穿过幽暗时光，长成了一个内心清明、内核强大的倾世女子。

　　而她之所长成为如斯女子。与祖父林孝恂有关，与父亲林长民有关，与母亲何雪媛有关。与徐志摩有关，与梁思成有关，与金岳霖有关。甚至与泰戈尔有关，与凌淑华有关，与冰心有关，与沈从文有关，与费正清、费慰梅有关。

　　那是一个极坏的时代。
　　清朝末年。兵燹连天，祸乱绵绵。
　　又是一个极好的时代。
　　民国初年，百花齐放，星火不绝。

　　是来来去去。
　　是离离合合。
　　是缘起缘灭。

　　犹似史册里那一段三国硝烟。
　　英雄美人，连枝盛开。
　　热烈，嚣艳。

　　于是，1904年，京剧大师程砚秋出生，文学大师巴金出生。就连在遥远的南美洲，因低吟那句"我喜欢你是寂静的"而惊艳了世人的著名诗人巴勃鲁·聂鲁达也在这一年来到这浊浊人世间。而她，林徽因，女子清素如是，似春日栀子，不早，不晚，与诸君相携，悄然含苞，出现在世人眼前。

默然静待她的人间四月天。

02 ˉ 哀艳

哀艳是童年。

杭州。蔡官巷。林徽因的童年便与祖父母一起居于此处。1909年，林徽因五岁，随祖父母由杭州陆官巷迁居杭州蔡官巷的那一处宅院。白墙黛瓦。院中栽有枇杷、海棠。看过去，也是极佳美的一个住处。

彼时，林家是大家庭，对于林孝恂而言，可谓是儿孙满堂。林徽因正是与表兄弟、表姐妹数人一起在杭州度过了童年时光。

大姑母林泽民是林家兄弟姐妹七人当中最擅诗书的。彼时，林泽民虽已外嫁，但与娘家亲近，时常住在娘家。也是得了这样的好机缘，林徽因和众表兄弟姐妹受到了林泽民最好的发蒙教育，自是幸运的。

那时候，林长民时常在外忙于政事，与林徽因在一起的时间是极少的。林徽因身边只有母亲、二娘（程桂林）和众家亲戚。母亲性子不好，对程桂林心存芥蒂，使林徽因本应单纯愉悦的童年也因此有了几分晦暗。

1911年，林徽因祖母游氏病逝，因祖父身体极不好，母亲亦不识字，弟妹尚年幼，姑母也非时时在旁。所以，自此林徽因便开始代祖父给父亲写家信。令人心惜。

林徽因的童年过得不悠闲，却匆忙。天降一颗慧心藏纳她身，也是没有办法的事情。家庭环境复杂，林徽因自幼便看惯人情冷暖、世态炎凉。又有母亲日日对生活持有尖锐意见，较之寻常女童，她便就多出一分超越年龄的成熟心思。

后来，林家离开杭州，几度迁徙。1912年，林家迁居上海，住在虹口区金益里。林徽因入爱国小学就读。彼时，林长民奔波于北京。次年，母亲何雪媛携妹妹（后夭折）先去了北京。到1914年，林徽因才随年迈的祖父一起赴京。不久，林孝恂病逝。

1915年，袁世凯称帝之后，林家再度搬迁，移居天津英租界红道路，后又辗转重回北京，住在南府口御沟河边织女桥西。1916年，林徽因与众姐妹齐入英国教会资办的培华女中读书，开始了自己一段全新的生命旅程。林徽因日后出色的英语便得益于在培华女中的学习。

至1917年，张勋复辟，林家再度移居天津一段时间，唯林徽因随父留京。直到这一年的8月，他们方才定居北京。辗转。迁徙。林徽因生在一个不安的年代，惴惴度过了最清脆的那几年。

三年后。1920年。林徽因十六岁。

是年春日。林长民政坛失意，被派去考察宪制，实是闲差。其实，至此，林长民已然心知自己在政坛已难再有大的作为。这一段光阴，对于林长民而言是晦涩的，也实在是天命自有定数。林徽因也因此机缘被父亲带出国外，开始了独属于她的爽丽人生。

彼时，林徽因亦不知，这一趟行旅对于她而言，意义重大。但林长民有意为林徽因指引人生行路方向。因此，行前，林长民便在信中嘱咐女儿：

我此次远游携汝同行。第一要汝多观览诸国事物增长见识，第二要汝近我身边能领悟我的胸次怀抱。……第三要汝暂时离开家庭烦琐生活，得扩大眼光养成将来改良社会见解与能力。

4月，林徽因随父亲在上海登上去往法国的邮船。一路海航旅程给林徽因留下了极深刻的印象。无垠之广天。空阔之深海。她时时便立在船头甲板上，远眺大洋的彼端。彼时，她亦在心中隐隐埋种下一个念头。她理应要成为这广天广地之间的绝好女子，理应不能庸碌一生。

是，她是果真会丰盛而热烈地度过这一生的。

　　5月7日，邮船抵达法国，但林长民父女转道去了英国伦敦，居住在阿门二十七号。两个月之后，林徽因随父亲漫游欧洲大陆。从巴黎到日内瓦，从罗马到柏林。谁人知，一个弱小女子，就这样在漫长行途中，日渐长成了铿锵热烈的样子。

　　9月，父女二人回到伦敦。林徽因以极好的成绩考入了St.Mary's College（圣玛丽学院）学习。这一个9月，看上去极平常，但对林徽因而言又很不寻常。这不单单与她入学有关，更与那个原本在美国却突然在这个9月漂洋过海来到伦敦的热烈男子有关。

　　他，便是徐志摩。

　　旅居伦敦近两年的时光，实在是极佳美的。周边集聚的人皆是极风趣极有才华的人。林长民德高望重，纵使远在英伦，所交之人依然是在各自圈子里身份煊赫的人物。其中便包括浙江海宁富商徐申如之子徐志摩。

　　是年10月，林徽因遇见徐志摩。

　　徐申如希望儿子徐志摩能够子承父业，遂将他送至美国哥伦比亚大学留学。徐志摩本意亦是希望学成归家，但时日长久之后，他的意志发生转变，对经济学兴趣渐丧，却迷恋哲学家罗素至不可自拔。因此，在即将拿到哥伦比亚大学博士学位的时候，他却义无反顾只身去往英国，意欲投奔罗素门下，做罗素门生。

但徐志摩运气极差。他来到英国之时，恰逢罗素去往中国之日。与罗素擦肩，令他极失望。此时，他结识了作家狄更斯，恰似万般黑暗中的一束暖光。在狄更斯的介绍下，徐志摩辗转来到了康桥皇家学院学习。于此落定。

那日，他来到林家拜访林长民。敲门而入，与林长民相见。有些人只三两句话，便知道彼此是要成为贴心人的。林长民和徐志摩便是如此，纵使二人年岁相差不少。林徽因后来曾回忆说："不用说他和我父亲最谈得来，虽然他们年岁上差别不算少。"

他们之间甚至有段私趣掌故。说是二人曾互写情书。林长民以有室男子苣冬自称，徐志摩则扮演已婚少妇仲昭。鱼雁往返，倾诉思情。只是后来见着她，他再来林家时，心思已全然落在了她的身上。

那日，她梳着两条及肩小辫，着一身素雅衣裳，安静立在父亲身后，凝视门前来客。凝视他，徐志摩。彼时，徐志摩一眼就看到了她。那是一种怎样的初始印象，微细之处，世人难知。但可猜想，徐志摩心中定是极欢悦的。不用说话，只静默看她，就欢喜难捺的那一种。

所有的爱，大约都是生发于一种不经意的微喜。譬如他与她，初见在伦敦的冽冽日光下。那一见，他的心便就被她攫住，不能自拔。

有些人，
天性倜傥风流。

一旦爱住，
管他春夏秋冬，
日居月诸，
时岁荣枯。

这一年，她十六岁，他二十四岁。

03 ˉ 伦敦

　　徐志摩。与他相识相知的时日，是林徽因在伦敦最好的记忆片段之一。纵日后多年，再忆及当年往事，两人心中还都是温柔至极的。那时光，温柔似梦中白莲，却实在皎洁得耀眼。

　　她犹记得那次，他雨后看虹带给自己的浪漫惊动。是缓缓慢慢，却又浩浩荡荡。那日，她从姐夫也是徐志摩同学的温源宁口中得知，徐志摩竟曾头顶大雨跑去温源宁的宿舍喊他看虹。彼时，温源宁只觉得眼下这男子是果真与旁人不同的，心极挚纯。

　　他骨子里便不时会流出一种虚华的浪漫冲动。而那浪漫却又是极深稳沉实的。似是与常人冲茶饮水、穿衣行路一般，是很自然也是理所应当的事。也就在那一晚，林徽因抑制不住心中的好奇，便惴惴跑去问他怎就能判定那雨后必有彩虹之时，不想他答道：

"完全诗意的信仰。"

不是所有的浪漫都令人着迷，亦不是所有的诗意都值得回忆。但一切自他处散发出来，便总令林徽因觉得是格外不同的。彼时，她不过是十六七岁的素衣少女，是春日栀子，蓬勃芳香。如此年纪，孤寂一人在异国他乡，心中所缺，往往便只是一个温柔怀抱，或是浪漫依靠。

父亲依旧是极忙碌的，并不能时时伴她左右，与她闲话。那段时日，对于林徽因而言，时而如春草温柔，时而也似荒野寂寞。正如她日后给沈从文写的信中所言：

我独自坐在一间顶大的书房里看雨，那是英国的不断的雨。我爸爸到瑞士国联开会去，我能在楼上嗅到顶下层楼下厨房里炸牛腰子同洋咸肉，到晚上又是在顶大的饭厅里（点着一盏顶暗的灯）独自坐着（垂着两条不着地的腿同刚刚垂肩的发辫），一个人吃饭一面咬着手指头哭——闷到实在不能不哭！理想的我老希望着生活有点浪漫的发生，或是有个人叩下门走进来坐在我对面同我谈话，或是同我同坐在楼上炉边给我讲故事，最要紧的还是有个人要来爱我。我做着所有女孩做的梦。而实际上却只是天天落雨又落雨，我从不认识一个男朋友，从没有一个浪漫聪明的人走来同我玩——实际生活上所认识的人从没有一个像我所想象的浪漫人物，却还加上一大堆人事上的纠纷。

恰逢此时，他便来了。

徐志摩兼具林徽因少女时期孤自独处时分对亲密伴侣的所有向往：浪漫、匆忙、温柔、诗意、潇洒、自若。且，热烈。于是，那一晚，她与他讨论雨后的虹、康桥的梦。并在闺阁隐秘角落，深夜阒寂时分，写下那一首《那一晚》。来回想，并纪念。

> 那一晚我的船推出了河心，
> 澄蓝的天上托着密密的星。
> 那一晚你的手牵着我的手，
> 迷惘的星夜封锁起重愁。
> 那一晚你和我分定了方向，
> 两人各认取个生活的模样。
> 到如今我的船仍然在海面飘，
> 细弱的桅杆常在风涛里摇。
> 到如今太阳只在我背后徘徊，
> 层层的阴影留守在我周围。
> 到如今我还记着那一晚的天，
> 星光、眼泪、白茫茫的江边！
> 到如今我还想念你岸上的耕种：
> 红花儿黄花儿朵朵的生动。
>
> 那一天我希望要走到了顶层，
> 蜜一般酿出那记忆的滋润。

那一天我要挎上带羽翼的箭，
望着你花园里射一个满弦。
那一天你要听到鸟般的歌唱，
那便是我静候着你的赞赏。
那一天你要看到零乱的花影，
那便是我私闯入当年的边境！

在古老沧桑又自由浪漫的欧洲大陆，林徽因和徐志摩的情来情往，看过去原本是极妥帖极美妙的。只是，天不遂人愿。世事美好的背后，总有另外的人孤自在失去和伤痛当中煎熬，并且悲苦至无可救药。在林徽因和徐志摩的关系里，失意的是张幼仪。

徐志摩家中的妻。

与林徽因相识之时，徐志摩已是人夫，亦是人父。徐志摩与妻子张幼仪早在1915年便已结为夫妻。那一年，张幼仪一如而今的林徽因，亦不过只有十六岁。

张幼仪是上海宝山县罗店巨富张润之的次女。张润之有八子二女，张幼仪排行第八。宝山张家是名门望族，因此张幼仪与徐志摩亦可谓门当户对。但这桩婚事因是父母之命家庭包办，所以，二人全无感情基础。徐志摩对张幼仪更是极冷淡。

感情事，向来是全无道理可言。爱与被爱皆是极难预料的事。碧玉女子会爱上粗野莽夫，书香子弟亦可能沉迷烟花之地。而看上去极匹配的偶傥公子、妙丽小姐许一生一世也难生发出半点情之涟漪。徐志摩对张幼仪，便是如此。

不喜欢便是不喜欢了。

若是徐志摩果真能够弃道德、信义、原则于不顾，而与林徽因爱成眷属，倒也令人无话可说。他就是对她这样爱了，对发妻寡情伤她至极深之处了，甘愿做一回恶人了。但他却又没有。他与她终究也没有。

一来，他不是漠视伦理道德的人，他有君子操守，心知自己已是有家室有妻子的人，于是，他后来甚至写书信一封寄回国内，恳请妻子来英国陪读，以此断绝自己岔出的念想。

1920年，张幼仪果真应丈夫徐志摩请求，迢迢抵达马赛港，后辗转至伦敦。当张幼仪真正出现在徐志摩面前时，他又悔了。张幼仪曾回忆自己当年抵达马赛时的境况道：

我斜倚着船舷，不耐烦地等着上岸，然后看到徐志摩站在东张西望的人群里，就在这时候，我的心凉了一大截……他是那堆接船的人当中唯一露出不想到那儿来的表情的人。

张幼仪抵达伦敦的次年9月，林徽因与父亲的伦敦寓所租期便满。

10月，林徽因便随同父亲回国。张幼仪和林徽因之间的取舍，大约是徐志摩那一世所作的极艰难的选择之一。但正是林徽因的突然回国，让徐志摩越发确证了自己对林徽因无可撼摇之感情。

彼时，他是真真将一颗心都放置在林徽因那一头，不管不顾。于是，徐志摩最后终究败给了心中对林徽因炽烈的爱。1922年，徐志摩在德国柏林和张幼仪协议离婚。

友人胡适曾在徐志摩去世之后缩写的《追悼志摩》一文中写道：

他正式向他的夫人提出离婚，他告诉她，他们不应该继续他们的没有爱情没有自由的结婚生活了。他提议"自由之偿还自由"，他认为这是"彼此重见生命之曙光，不世之荣业"。他说："故转夜为日，转地狱为天堂，直指顾间事矣……彼此尊重人格，自由离婚，止绝苦痛，始兆幸福，皆在此矣。"

二来，林徽因对徐志摩与徐志摩对林徽因的情，又实在是有些不同。这亦是让徐志摩心知自己予林徽因的那份情之前路渺茫。

这一段感情，之于林徽因，是少女之温暖初梦。粉色。洁净。无限广阔。所谓友人之上，爱亦未满。之于徐志摩，是成年男子久觅不得之爱情理想。无色。蓬勃。无可拔除之诱惑。

道如今：

康桥如故。

云如故。

唯爱已非故。

04 ˉ 他城

感情事里不分对错，但总有一个先来后到。

在与张幼仪离婚之后，徐志摩亦追慕林徽因而回国。至此处，便要提及在林徽因的情路当中起到至关重要作用的一个人，梁启超。

梁启超身份特殊，他是徐志摩的恩师。徐志摩1915年结婚之后便离开浙江前往北京求学，先后到天津北洋大学、北京大学等处学习。1918年夏日，经友人张君劢引荐，拜梁启超为师。徐志摩深得恩师梁启超所喜，是年8月，梁启超便为徐志摩安排赴美留学。

得知徐志摩为林徽因离婚并为林徽因辗转回国等相关事宜之后，梁启超曾以训教弟子为由致信徐志摩。大意即是望徐志摩行事多思虑，不可以一己之私乐容旁人痛苦，亦不可沉迷男女情爱之幻境徒增烦恼和苦痛，要懂得看开、放下。语词恳切，令人感动。

但徐志摩并未有如梁启超预料之良好回应。徐志摩回信说：

我知我之甘冒世之不韪，竭全力以斗者，非特求免凶惨之苦痛，实求良心之安顿，求人格之确立，求灵魂之救度耳。人谁不求庸德？人谁不安现成？人谁不畏艰险？然且有突围而出者，夫岂得已而然哉？

告知恩师自己并非只顾自己私乐致使他人痛苦，是要真真与内心一致地生活。又有极洒然的两句话说：

我将于茫茫人海之中访我唯一灵魂之伴侣。
得之，我幸；不得，我命。
如此而已。

好一句"得之，我幸；不得，我命"。徐志摩，人是良人，但与林徽因相见相识却非在良时。他之所以不听恩师言劝，也是另有隐情。这隐情便是：彼时，林徽因已与梁启超的长子，清俊爽直亦沉稳信实的梁思成，相爱。

且这一段姻事，与梁启超亦有莫大关联。也因此，徐志摩心知，恩师此番训劝亦有徇私的嫌疑。正是梁启超早早看中这小女子，暗中促成她与梁思成相识，方才有了这二人后来的佳美故事。但梁启超所为，亦仅止于此。一如他自己在二人成婚之后与女儿梁思顺的信中所言：

我对于你们的婚姻，得意得了不得，我觉得我的方法好极了，由我留心观察看定一个人，给你们介绍，最后的决定在你们自己，我想这真是理想的婚姻制度。……徽因又是我的第二回的成功。

一切缘来缘去皆是有因。彼时，在伦敦，与徐志摩一起谈诗书、论学法，漫游英伦，不是不浪漫的。也不是相遇得早了。大约只是，他靠近她的情势凶猛了，惊了她，甚至吓了她。而他因她弃张幼仪而去之行径，又真真是深刻地伤了她。

这绝不是林徽因想要的。

自幼便在目睹双亲极深爱又极绝望的感情关系里度过的林徽因，是断然无法接受，因了她的缘故，断送了张幼仪对徐志摩所有的情之寄望和爱之企图。她是极分明又极智慧的女子，内心所持的道德准绳是绝不可能认同徐志摩因旁人弃元配的做法的。

如是二三，林徽因对徐志摩的些微幻念终究是要崩塌散灭的。而此时，她回国，继续入培华女中就读。恰逢此时，重遇了多年未见的那个极端正沉稳的男子，梁思成。

彼时，林徽因不是不记得梁思成的，只是未有他对她的印象那般深刻铭心。重逢再见时，她脑中亦仅能隐约浮现出国前夕匆匆一会时那个沉默不语的少年。而他，经那匆匆一见，便将她在内心深处雕成了一朵不枯香花。

梁思成，1901年出生在日本，长林徽因三岁。自幼体弱，但长得极俊秀，是极优秀的。十一岁时，他才随父母回国。回国之后便入清华就读。学业优秀不说，足球踢得好，也擅跳高。在各领域都算是出类拔萃。加上性格爽直，也风趣，所以，人缘亦好。

两个人要在一起，并长久相伴，性情相合是极重要的一件事。林徽因之所以能和梁思成相恋、相伴并最后结发相守，两人沉稳和静的性情是极关键的。与梁思成在一起，林徽因觉得极舒适。一个眼神，一个动作，他皆能懂得。

他亦彬彬有礼，给予林徽因的爱，是深缓宁静、温柔有致的，不激烈无压迫，在一种自由舒畅的环境里生发壮大。也因此，让林徽因极为受用。他予她呵护，她还他温柔。他予她情，她还他信。他予她山盟海誓，她还他长相厮守。

所谓"琴瑟之好"，大约就是如此了。

· 二人热恋时，常常会在北海公园幽会。彼时，北海公园坐落了新筑建成的松坡图书馆。时值梁启超任馆长，梁思成便从父亲处得来一把钥匙，占得了这个幽谧之地，用来与林徽因浓情独处。那一段时光，真真是极温柔曼妙的。

只是后来，徐志摩果真践行了自己的爱之理念，不管不顾，依旧试图与她走得近些，更近些。因此，徐志摩按捺不住心中情动，时常也会寻到松坡图书馆来找林徽因。直到，梁思成终究心有芥蒂，在与林徽因独处时贴便条于门上，明言勿扰。

一段情，总是需要一个契机来突破，去往更深处。林梁二人情定终身，与梁思成的一场车祸关联极大。

1923年五九国耻日前夕，梁思成与弟弟梁思永骑摩托车上街参加国耻示威游行。不想，骑车行至长安街时，被国务院权贵金永炎的汽车所撞，梁思成重伤。弟弟梁思永伤轻，不几日便出院。但梁思成极不幸，经此一劫，落下残疾。

因筋骨大伤，梁思成的左腿日渐比右腿短了小小一截，成为终生的遗憾。但他也不是运命极坏，经此一难，那个世人皆赞叹仰慕的女子竟日日守在他身边，悉心照料，心无忌顾，情愈深，爱亦愈浓。极有可能是在那时，她隐隐在心中生发了与之相依白头的意思。

两人的关系，至此，算是真正确定了下来。

这一年，她住进他的城。

05⁻ 三友

计划终不及变化幻变莫测。

梁思成原本计划1923年赴美留学，但因车祸无奈推迟。而也因此，林徽因便有时间修满她的中学课业，亦因此，在印度诗人拉宾德拉纳特·泰戈尔访华期间，她有幸参与陪同。

1924年4月，泰戈尔来到中国。

我旅行的时间很长，
旅途也是很长的。

天刚破晓，
我就驱车起行，
穿遍广漠的世界。

在许多星球之上，
留下辙痕。

离你最近的地方，
路途最远，
最简单的音调，
需要最艰苦的练习。

旅客要在每个生人门口敲叩，
才能敲到自己的家门，
人要在外面到处漂流，
最后才能走到最深的内殿。

我的眼睛向空阔处四望，
最后才合上眼说："你原来住在这里！"
这句问话和呼唤"呵，在哪儿呢？"
融化在千般的泪泉里，
和你保证的回答"我在这里！"的洪流，
一同泛滥了全世界。

　　自泰戈尔《吉檀迦利》。平静叙述，无限深意。正是泰戈尔作品当中此种清寂又深阔的意境令世人着迷。而这为之着迷的人里，自然包括林徽因、徐志摩等当时一批进步文艺青年。

拉宾德拉纳特·泰戈尔，1861年出生于印度加尔各答。1913年因抒情诗集《吉檀迦利》获诺贝尔文学奖，成为第一位获得诺贝尔文学奖的亚洲人。当泰戈尔的秘书恩厚之在北京与徐志摩等人谈及泰戈尔有意访华时，众人惊喜。

后来，便由徐志摩与主张将外界思想家观点介绍入中国的讲学社商谈泰戈尔访华事宜。是年4月，泰戈尔终于来华抵沪。此次访华，徐志摩起到了至关重要的促成作用。当日接待的人亦都是文化名流。

徐志摩担任泰戈尔访华期间的翻译。又因讲谈社是由林徽因的父亲林长民和梁思成的父亲梁启超共同策划的组织，所以，在这一年的4月12日泰戈尔抵华之日，到5月30日泰戈尔返印期间，徐志摩与林徽因有了极为难得的相处时机。

4月23日，泰戈尔来到北京，林徽因参与了接待工作。25日，林徽因与其他名流一起陪同泰戈尔游北海。26日，陪同游法源寺。27日，陪同游故宫。28日，游天坛。等等。

这段时间，林徽因陪同泰戈尔的行程安排得极满。彼时，徐志摩与林徽因之间的事已跌入流言，被人谣传。但林徽因大度，丝毫不惧，依旧在此期间与徐志摩坦然来往。令人赞叹。

游天坛那日，泰戈尔有演讲，但演讲地点后被临时更换至先农坛。那日演讲，林徽因、徐志摩似金童玉女一般左右陪同泰戈尔的情形可谓是一帧妙丽景致。后来，更有人曾用一段令人极心动的话描述过当日的场景：

> 林小姐人艳如花，和老诗人挟臂而行。加上长袍白面、郊寒岛瘦的徐志摩，有如苍松竹海的一幅三友图。徐志摩的翻译，用了中国语汇中最美的修辞，以硖石官话出之，便是一首首的小诗，飞瀑流泉，淙淙可听。

透过此小段文字，凝想当日旧景，实在美妙。

5月8日，泰戈尔六十四岁诞辰。众人为泰戈尔在北京协和小礼堂举办了一场极特别的祝寿会。当日，胡适当主持，梁启超发表祝寿演说，最后泰戈尔亲致谢辞。众人另有名画、古瓷数件赠与泰戈尔，并赠泰戈尔一个中国名和刻有名字的印章一枚，曰"竺震旦"。

大家知道泰戈尔喜欢看自己写的戏剧。所以，当晚，便由林徽因等人主演了泰戈尔根据《摩诃婆罗多》书中的一段故事改写成的诗剧《齐德拉》。林徽因饰演女主角齐德拉公主，另有徐志摩、林长民等人参与演出。

此事，当时的北平《晨报·副刊》曾有如下报道：

> 林宗孟（按，即林长民）君头发半白还有登台演剧的兴趣和勇气，真算难得。父女合演，空前美谈。第五幕爱神与春神谐谈，林徐的滑稽

神态，有独到之处。林女士徽音，态度音吐，并极佳妙。

后来，又在开明戏院演出了《洛神》。泰戈尔访华一事，虽受到了如梁启超、林长民、徐志摩、胡适等人的热忱招待，但因彼时社会环境极复杂，所以也不免受到奚落和反对。事事皆是如此，不存在例外。

在这段时间里，林徽因和徐志摩的频繁接触，致使徐志摩几度难捺心中情动，甚至将内心的那些情爱之脉络悉数告知泰戈尔。他是依然心有不甘，想从梁思成的手里将她夺走的。泰戈尔亦曾因此替徐志摩与林徽因谈及此事，但皆被林徽因婉拒。

她是再清明磊落不过的女子了。知进，知退。知何事该，知何事不该。她心里清楚，这一世大约是不能再移心于他人了。她如何能效仿父亲，如何能效仿徐志摩，得新欢，弃旧爱。更何况，她将那喜欢与爱的区别理得极清晰、极分明。

5月20日，泰戈尔离京赴太原。

徐志摩是翻译，自然随行。临行前，徐志摩从林徽因处得到消息，不久，她便会随梁思成一起赴美留学。那日，徐志摩与泰戈尔秘书恩厚之同坐于车厢座位的一处，见窗外人群熙攘，独有她，清凌凌的水一般立在一旁，不拥不挤，亦不做声，只是微微向他笑，向他们笑。刹那，他便觉心痛如损毁，碎在哀伤的时辰里。

那时，他在车厢里写了下面的话，想要给，却终究没有给出。被恩厚之好意拦下，最后作罢。他不怪她，她真的是爱不了他。他写：

我真不知道我要说的是甚么话。我已经好几次提起笔来想写，但是每次总是写不成篇。这两日我的头脑总是昏沉沉的，开着眼却只见大前晚模糊的凄清的月色，照着我们不愿意的车辆，迟迟的向荒野里退缩。离别！怎么的能叫人相信？我想着了就要发疯。这么多的丝，谁能割得断？我的眼前又黑了！

他亦实在太爱她。爱到想及她，便觉目盲、心抽搐、日光暗淡。他亦明白，她这一走，他便就彻底失去了，再渺茫的机会也不会有了。谁不曾爱过那样一个人，爱到以为这一世再不会有另外的人可以让自己爱得能够超越了。

我们都是给过心的。

你给了她。
她给了他。

倾谈二 人生如离合盛宴

06 ˉ 留学

　　世间苦甘，倾身亲历，方知其真味。

　　1924年6月，因车祸耽搁一年的梁思成欲起程赴美，恰此时的林徽因也完成了在培华女中的中学学业。于是，这一双人正好两两相伴，同赴彼岸。7月底抵达，9月前往美国宾夕法尼亚大学就读。

　　在入宾夕法尼亚大学就读之前，二人利用7、8月暑假时间先在康奈尔大学补习了几门功课。林徽因选修户外写生和高等代数两门学科，梁思成选择了户外写生、三角和水彩静物的课程。9月，两人正式入宾夕法尼亚大学读书。

　　林徽因和梁思成入学之前便已立志要献身建筑。林徽因有此念头始于1920年与父亲旅居伦敦之时。当时公寓的女房东即是一名建筑师。她与林徽因的接触，让少女时期的林徽因第一次感受到了建筑艺术的魅力，并心向往之。而梁思成有此念头，则是因了林徽因的缘故。

梁思成曾这般对朋友说过：

当我第一次去拜访林徽因时，她刚从英国回来，在交谈中，她谈到以后要学建筑。我当时连建筑是什么还不知道，徽因告诉我，那是包括艺术和工程技术为一体的一门学科。因为我喜爱绘画，所以我也选择了接着这个专业。

两个人相爱，已是不易。若能在一起，便是难得。假如又脾性互补，就更好。再若，脾性互补又志趣相投，那总会是成为一段佳话的。这林徽因与梁思成二人，便是如此。

建筑是二人的一致理想和追求，极难得。林徽因感性，一如众家小女子，脾气琐碎，因为鹤立鸡群，于是又难免任性。梁思成，却恰恰是个沉着理性，又有极好脾气的人。两人也偶尔会吵吵闹闹，但正是在三言两语之龃龉牵系之中，情意便越发深浓。

只是略有遗憾，因建筑系学生须常常熬夜作图，考虑到女生的体质，当时的建筑系便不招女生。但林徽因还是选了与建筑相关的美术系，并选修了建筑系的课程。因此，二人依然常常做伴上课。

宾夕法尼亚大学是全美最好的三所大学之一，无论是硬件环境还是学风都是非常好的。在这样优质的环境当中，二人学业精进，亦过得自由快乐。彼此相扶相助，度过了几年共生的时光。

所谓"共生"，是因这几年在两人情之欢爱之喜的背后，亦藏匿着旁人所不能体悟的艰辛和痛楚。而这艰辛和痛楚源自两人至亲的相继离世，亦是对二人长久互爱的最大考验。但他们终是一一度过去了。再回看时，彼岸之密布荆棘亦已温柔良顺，恰似此地的她与他，执手漫过蔷薇花丛。

起先是1924年9月，梁思成的母亲、梁启超的夫人李惠仙因乳癌病逝。二人赴美之前，李夫人已是重病在身。但李夫人终未因己身之私绊儿于跟前。直到病逝，也未召回儿子让他床前尽孝。这是梁思成的一处痛，亦是二人的第一难。

次年，1925年12月，林徽因的父亲林长民也因战乱异乡遇难。彼时，政治环境复杂，社会环境混乱，政治理想破灭的林长民未寻得理想着落。当时军阀混战，1925年发生直奉战争。林长民入奉军郭松龄部做幕僚，12月参与郭松龄反张作霖兵变时遇难，在苏家屯中流弹身亡。

此为林徽因的一处痛，是二人的第二难。

林徽因是从梁启超写给梁思成的信中得知的。此事对林徽因刺激极大，林徽因数次欲弃学回国，但被梁启超阻止。梁启超实在是个极好的人，对林徽因视为己出，是真真正正毫无保留地对她好。梁启超曾在信里说：

我和林叔的关系，她是知道的，林叔的女儿，就是我的女儿，何况更加以你们两个的关系。我从今以后，把她和思庄（按，梁启超二女儿）一样看待，在无可慰藉之中，我愿意她领受我这种十二分的同情，度过她目前的苦境。

林长民平生廉洁，死后只留下三百余元现钱。林徽因及她在国内的母亲均因此断了经济来源。但有梁启超在，他不会亏待了他们母女二人。虽当时梁家并不是极宽裕，但梁启超仍用自己每月两千元的薪水资助林徽因母亲，并承担了林徽因在外留学的全部费用。

而此时，梁启超成为这一双人最后亦是最重要的精神支柱。也只有在念及尚有他在，这一对年轻人，心里才会得到勇气，略微踏实。如是度过了两年。

1927年6月，林徽因于宾夕法尼亚大学美术学院毕业，获得学士学位，并成为建筑系的建筑设计课兼任讲师。梁思成获得宾夕法尼亚大学建筑硕士学位。

毕业至是年9月，林徽因和梁思成一起在Paul.P.Crade（保罗.P.柯雷.德）建筑事务所实习。后林徽因又进耶鲁大学戏剧学院，师从G.P.帕克教授，成为我国第一位在国外学习舞台美术的学生。

那年，她随他一起来到这异国，尚是娇矜小姐。而经年之后，两人相持相伴，执手患难，她亦已长成为茁壮铿锵的女子。正如她与他之间日渐深刻的羁绊,终于到了要幻化结果的时日。

是年12月18日,双方家庭在北京为二人举行了订婚仪式。次年3月21日,她与他结婚。婚礼在加拿大渥太华梁思成的二姐梁思庄家中举行。林徽因上下打点亲力亲为,为这一生一世至为重要的日子,劳碌不止,真真是辛苦并欢喜愉悦的。

当时,林徽因还特地为自己设计了一套东方式的结婚礼服,领口袖口配有宽条彩边,头饰镶有嵌珠,且左右各有两条彩缎垂落。妆饰极美。当地报纸报道之后,引起了一阵不小的轰动。人人皆知,有东方女子,佳美如是。

回看她与他之间的情事,恰似梁思成之弟梁思永当年所笑撰而出的那一副对联。

上联:林小姐千妆万扮始出来。
下联:梁公子一等再等终成配。

横批:诚心诚意。

07 ¯ 旅行

且将新火试新茶。

诗酒趁年华。

那年，二人结婚后，梁启超曾写信给这一双人，言辞极温煦感人。老人说：

……一家的冢嗣，成此大礼，老人欣悦情怀可想而知。尤其令我喜欢者，我以素来偏爱女孩之人，今又添了一位法律上的女儿，其可爱与我原有的女儿们相等，真是我全生涯中极愉快的一件事。你们结婚后，我有两件新希望：头一件你们俩体子都不甚好，希望因生理变化作用，在将来健康上开一新纪元。第二件你们俩从前都有小孩子脾气，爱吵嘴，现在完全成人了，希望全变成大人样子，处处互相体贴，造成终身和睦安乐的基础。这两种希望，我想总能达到的。

二人亦是循着老人的希望在做，在生活，在往遥远的路途上走。1928年春末夏初时节，林徽因和梁思成依照梁启超指定的大约路线，兼以考察欧洲建筑，开始了欧洲蜜月之旅。

依照梁启超的嘱咐，两人先到英国。再往瑞典、挪威。后入德国，经瑞士，往意大利。最后至法国，或是西班牙。并说"中间最好能腾出点时间和金钱到土耳其一行，看看回教的建筑和美术，附带着看看土耳其革命后的政治"，以此来完成这一场蜜月旅行。

在英国。

去了圣保罗大教堂。圣保罗大教堂，建于604年，17世纪末完筑。英国第一大教堂，世界第五大教堂。圣保罗大教堂是少数集设计、建筑于一人，而非历经多位设计、建筑师的教堂之一，它出自著名建筑师Christopher Wren（即英国著名设计大师和建筑家克里斯托弗·雷恩爵士）之手。

去了海德公园。昔日亨利八世的养鹿场、查理一世的赛车和赛马场。公园的水晶宫让林徽因印象深刻。她说："从这座建筑，我看到了引发新的、时代的审美观念最初的心理原因，这个时代存在着一种新的精神、新的建筑，必须具有共生的美学基础，水晶宫是一个大变革的时代标志。"

在德国。

去了圣彼得堡大教堂。世界上最高的教堂之一，中世纪哥特式建筑艺术的杰出代表作。建筑时间从1248年到1880年，耗时632年。教堂中央有两座尖塔，周围林立小尖塔无数。极壮观。

去了爱因斯坦天文台。去了包豪斯学院。包豪斯学院以专门培养建筑师著称。学院建筑结构以不对称的形式表达出一种时间和空间的和谐性。林徽因极喜欢，当时便说学院的建筑群终有一日将会蜚声世界。日后，在她去往东北大学教学时便曾以此为案例，讲给学生听。

在瑞士。

去了阿尔卑斯山和日内瓦。日内瓦极富艺术气质。山水环绕，古迹遍布，令人忘返。有罗讷河穿城而过，河中又有卢梭岛，岛上筑有大师卢梭的铜像。亦有"钟表之都"的美誉。它是往来游人皆会慕名拜访之地。

在意大利。

去了角斗场。林徽因后来谈及角斗场时曾说："罗马最伟大的纪念物是角斗场，是表达文化具体精神的东西，文艺复兴以来，与以后的建筑观念中，最重要的一部分，就是建筑的纪念性。"去了威尼斯，并由水路抵达法国。

在法国。

去了凡尔赛宫。它位于法国巴黎西南郊外伊夫林省省会凡尔赛镇。昔日法王路易十三的狩猎行宫，日后作为法兰西宫廷，共长达107年。是西方古典主义建筑的杰出代表作，1979年被联合国列入《世界文化遗产名录》。

去了卢浮宫。法国最大的王宫建筑。世界上最古老、最大、最著名的博物馆之一。举世闻名的"艺术殿堂"，收藏有无数艺术奇珍。当中最著名的自然是有"卢浮宫三宝"美誉的三件艺术作品：米洛斯岛的《维纳斯》、古希腊的《萨莫色雷斯的胜利女神》和达·芬奇的名画《蒙娜丽莎》。

在西班牙。

去了阿尔罕布拉宫。西班牙的著名故宫，中世纪摩尔人在西班牙建立的格拉纳达王国的王宫。"阿尔罕布拉"，阿拉伯语意为"红堡"，为摩尔人留存在西班牙所有古迹中的精华，有"宫殿之城"和"世界奇迹"之称。

阿尔罕布拉宫始建于13世纪阿赫马尔王及其继承人统治期间。1492年摩尔人被逐出西班牙后，建筑物开始荒废。1828年在斐迪南七世资助下，经建筑师何塞·孔特雷拉斯与其子、孙三代进行了长期的修缮与复建，才恢复原有风貌。

以上行迹，二人留下的相关文字极少，唯有照片、水彩画、速写画若干。最终只有照片和一张水彩画被保存下来。仅有西班牙阿尔罕布拉宫的游历过程，曾在林徽因和学生的谈话中被提起。

林徽因说，那日他们抵达西班牙格拉纳达市时已是下午，错过了去往郊区参观阿尔罕布拉宫的旅游末班车。二人难捺心中热望，便雇了一辆马车，前往阿尔罕布拉宫。遗憾的是，当他们抵达时，已经闭宫。

但二人仍未放弃，与守门人几番沟通交涉之后，守门人被这一对来自东方的夫妻之热忱打动，同意他们入宫参观，并愿意亲自陪同做他们的导游，实在令他们二人感动又意外。关于当时二人所见之宫殿景致，学者陈学勇曾在其著作当中作如下描述：

长方形的主体石榴院和狮子院互相垂直矗立在不高的山上，俯视着浓郁树丛和蜿蜒红墙。石榴院用于朝觐，狮子院供妃嫔居住，一肃穆，一奢华。游人散尽，石榴院内长条水池涟漪闪烁，波动着天上的群星。周围月色氤氲，给他们以梦幻般的游仙感受。狮子院十二个石狮，个个生气勃勃又似躁动不安。

筑建宫殿时格拉纳达小国正遭受西班牙君主强加的屈辱，林徽因欣赏眼前的王宫，它在精致、富丽中给人一种忧郁的气息。

那日，二人游览完毕之后，从格拉纳达郊外返程时已是月朗星稀。借那清明月光，再回望古老的阿尔罕布拉宫，林徽因忽自竟觉哀伤。那是一种难以言表的感怀。大约如她所言，只有词帝李煜的那一阕《破阵子》才能将之表达得透彻，表达得淋漓。

四十年来家国，三千里地山河；
凤阁龙楼连霄汉，玉树琼枝作烟萝。
几曾识干戈？

一旦归为臣虏，沉腰潘鬓消磨。
最是仓皇辞庙日，教坊犹奏别离歌。
垂泪对宫娥。

1928年3月13日，梁启超因病致电报给二人，望二人早日回国相伴。于是，两人中断原本丰富更甚的旅行计划，辗转至莫斯科，乘火车回国。

08 ⁻ 故园

旅途之上难得遇知音一二。

回国的旅程是漫长的。要穿越那极广袤的西伯利亚，才能抵达中国北方。幸运的是，从莫斯科乘西伯利亚火车回国时，梁思成、林徽因夫妇结识了来自美国欲往中国一探古国文明风致的美国夫妇：查理斯和孟德利卡·查尔德夫妇。

后来，这对美国夫妇曾在1980年的时候，专门为此次与梁林夫妇相识相知的际遇撰文数千字来纪念。他们说，当日见二人时，他们立在喧嚣、拥挤、粗鲁的人群里，极特别。仿佛周身有光，是那么耀目。让人一眼便会注意到，并令人难忘。

两队人一路做伴，互慰寂寥，经沈阳、大连、天津抵达北平。缘，甚是妙。缘来之时，隔绝不断；缘去之日，亦是守留不得。虽然此去经年，两对人终生亦未再见。但这一趟旅程，给美国夫妇留下了终生无法淡灭的印象。

8月，林徽因与梁思成回到家中。

与林徽因已暌违四年的梁启超再见这妙丽的儿媳时，仍是赞不绝口。他说："新娘子非常大方，又非常亲热，不解作从前旧家庭虚伪的神容，又没有新时髦的讨厌习气，和我们家的孩子像同一个模型铸出来。"可见，梁启超对林徽因是喜爱至极的。

梁启超一生磊落，待人待事总求周全。在儿子和儿媳回国之前，他便已经考虑到回国之后二人的工作安置问题。于是，便为儿子、儿媳的工作奔波了好一阵子。

当时，他为梁思成提供了两个选择。一个是去清华大学，一个是去东北大学。但关于增设建筑图案讲座让梁思成任教一事，清华大学的校长不便擅自做主，需要学校评议会投票。因此，入清华并不是一件容易的事。

而此时，东北大学正在创办中国第一个建筑系，邀请同是毕业于宾夕法尼亚大学的杨廷宝任系主任，但杨廷宝恰巧在此之前已经接受了一家公司的聘请，不愿失信反悔，所以，思虑再三，便向东北大学推荐了学弟梁思成。因此，东北大学对梁思成任教一事极热忱殷切。

在此情形之下，梁启超再三权衡利弊，心里便有了数。但因儿子尚未归来，机会亦不会长久等待，因此当机立断便替儿子作了决定，受聘于东北大学，任教建筑系。

回国之后，梁思成在北平稍作停留，便马不停蹄赶赴沈阳筹组东北大学建筑系。林徽因则赶往福州看望母亲。母亲在父亲去世之后便离开了北平，回到福州老家。8、9月暑期过后，方才携母亲回到沈阳，与梁思成在东北大学建筑系会合。

林徽因在福州时，受到父亲当年创办的私立法政专科学校同人的热烈欢迎。当时，她应邀为福州乌石山第一中学做了题为"建筑与文学"的演讲，另为仓前山英华中学做了题为"园林建筑艺术"的演讲，并为叔父林天民设计了福州东街文艺剧场。

此行之后，林徽因再没有能够回到故乡。那一座文艺剧场，也成为林徽因留给故乡的唯一纪念。而今，连这一座剧场亦不复存在。时光是沧桑决绝极严酷的。经年之后，人已不是那人，物亦已不是那物，贮存于心的牵念也极可能变得稀薄、脆弱，不堪重负。

彼时，东北大学建筑系因刚创办，所以只有他们夫妇二人。林徽因讲授雕饰史和建筑设计，后来又讲专业英语。两人采用的完全是英美式的教学方法，极受学生欢迎。

林徽因知识渊博，口才一流。有时犀利，有时温柔。对待学生总是竭尽心力，虽体弱，却仍旧不辞劳苦时常熬夜指导学生作图。谁人能料到，那么娇弱的身躯里深藏着无限铿锵的力量。令人钦赞。

沈阳亦是古城。古建筑尤其是清代的皇室陵寝颇多。林徽因重视实地考察，所以教学时，常常将学生带到昭陵和沈阳故宫实地授课。除此之外，她与梁思成也经常外出，一处接一处地考察。所以，那段时间虽平静快乐，但也是辛苦的。

11月，夫妻二人接到电报，说父亲梁启超病重入院，有生命危险。此时，梁启超已虚弱至无法坐起伏案工作。

其实，早在林长民去世之时，梁启超的身体便已出现病征，时常尿中带血。直到1928年早春，梁启超方才在协和医院查出自己有一个肾发生了病变。3月，梁启超做了手术，切除了发生病变的肾。不想，身体未见好转，仍一直恶化，直到无法工作。

次年1月，梁启超病危。1月19日，病逝。

林徽因和梁思成最后的精神支柱失去了。当时，林徽因伤痛似疾，已身怀六甲，却仍旧悉心料理丧事，唯恐旁人不能做得周全。因她知，梁启超之于她，犹似生身之父，恩重如山。而今，他去了，这世间，除了母亲和丈夫，她再无可依之人了。

关于梁启超之死，直到1971年，梁思成竟从当年手术的知情人士口中得到一个令人心碎的真相，是极残忍的说法。

梁思成得知，当年，梁启超在协和医院确诊之后，被告知右侧的肾脏坏死需要切除。不料在手术执行之时，护士粗心地将手术的切口线画错地方，标在了梁启超身体左侧。而执刀医生亦未细心察看，致使左侧的健康肾脏被切除，坏死肾脏却没有摘除。因此，梁启超方才治而不愈，身体每况愈下，终致五旬早逝。

令人憾恨。

梁启超后事结束之后，林徽因和梁思成回到沈阳。林徽因身怀六甲仍负累工作，并设计了东北大学"白山黑水"的校徽图案。到这年夏日，建筑系终于增添了三名教职员，分担了林梁夫妻二人的重担。他们分别是陈植、童雋和蔡方荫，亦都是宾夕法尼亚大学的优秀毕业生。

是年8月，林徽因回到北平，在协和医院生下了长女。为纪念已故的梁启超"饮冰室"书房雅号，取名再冰。

09 ˉ 志摩

女子成母，是新生。

林徽因做了母亲之后，亦是焕然。无奈身子也弱了更多，愈加不宜生活在东北寒冷干燥的气候环境当中。并因常与烟不离手的男子一起工作，终致感染了肺结核病。因此，她不得不停止工作，于1930年的冬天在梁思成陪同之下回到北平，定居静养。

起初，他们在梁思成大姐的家中短暂借住，后搬入东城米粮胡同。胡适、傅斯年、陈垣皆居于此处。但因租得的住房狭窄拥挤，不久再度搬迁，移居至北总布胡同三号院。

这是一套二进四合院，有房间拢共四十余间。里院与外院之间隔着垂花门，院里栽丁香、海棠、马缨花。窗户皆换上由林徽因亲自设计的木格窗棂，窗纸亦被换成透光的玻璃。客厅里挂着梁启超手书的条幅，上书"清水出芙蓉，天然去雕饰；白鸥没浩荡，万里谁能驯"四句，可谓家中的一佳美景致。

此时，林徽因与徐志摩方才重新开始交往走动。在此之前，数年未见的两人仅在梁启超病重徐志摩去探望之时见过一次，林徽因回到沈阳之后两人相去甚远，几无交际。

而今，两人重聚，已隔时甚久。虽然林徽因在徐志摩眼中，依旧是极佳美的女子，但彼此境遇亦已不似从前。林徽因已身为人母。徐志摩亦再婚，妻子是当时名满京华的美人陆小曼。因与徐志摩相爱之时，陆小曼尚是王庚发妻。所以二人相爱，承受了极大的社会舆论压力。

在林徽因出国后不久，徐志摩与陆小曼结识。大约也是一眼看过去，便觉得彼此处处好。所以，两人迅速坠入爱河。

1925年，徐志摩任北京大学教授。3月，因与陆小曼相恋一事遭受非议，在压力之下他选择辞职漫游欧洲，舒缓内心的不安情绪。彼时，陆小曼尚未离异，亦处于在这段感情里不知何去何从的艰难境地。当时，徐志摩虽远赴欧洲，但依旧约定跟陆小曼纸上谈情。

那时，徐志摩写：

我有你什么都不要了。文章、事业、荣耀，我都不要了。诗、美术、哲学，我都想丢了。有你我什么都有，抱住你，就比抱住整个宇宙。

实在是个热烈的人。《爱眉小札》便是在这如火焚心的热情之下诞生的。人在爱时，总是会变成孩童。喜形于色，爱形于色。直接、赤裸，极是纯真。在陆小曼与丈夫离婚之后，徐志摩不管不顾，立刻向陆小曼求婚。爱之真切浓烈，汹涌于世。

但陆小曼自由、活泼、大胆的孤行烈性为传统礼教所不容。徐志摩的父母对这个儿媳极不满意，勉强答应婚事也有严苛条件作前提：一是要求徐志摩请老师梁启超证婚；二是不予经济支持；三是婚后必须南下，住在老家硖石。

1926年8月14日，徐志摩和陆小曼在北京北海公园举行了订婚仪式，逾百位朋友均到场庆贺，虽对这桩婚事予以庆贺，私下皆各自心中有所评断。是年10月3日，两人举办结婚典礼，梁启超证婚，胡适当介绍人。

彼时，身体康健的梁启超对这桩婚事亦是不满，出任证婚人更是碍于胡适和张彭春的反复说情。梁启超对徐志摩行事冲动的性子甚是不悦，对陆小曼的为人也颇有微词。因此，婚礼当日，梁启超便在致证婚辞的同时，做了一件震惊满座的事。

他严厉训斥了徐志摩和陆小曼，说道："徐志摩，你这个人性情浮躁，所以在学问方面没有成就；你这个人用情不专，以致离婚再娶……

以后务要痛改前非，重新做人。"又说，"你们都是离过婚，重又结婚的……祝你们这次是最后一次的结婚！"

梁启超是真真关心徐志摩，一如他日后所说：

我又看着他找到这样的一个人做伴侣，怕他将来痛苦更无限，所以对于那个人当头一棒，盼望她能有觉悟（但恐难），免得她将来把志摩弄死，但恐不过是我极痴的婆心罢了。

而事实上，正如梁启超所预料的一般，陆小曼到底是负了徐志摩的痴心满满。婚后，陆小曼一如从前，挥金如土。徐志摩父母对儿媳不满，因此经济上不愿给予支持，在徐志摩母亲去世之后，父亲与他之间的关系更加紧张。

当时，身兼数职的徐志摩被陆小曼的开销弄得极疲惫。即便如此，陆小曼并未收敛。原本疾病缠身的她，甚而吸上了鸦片。虽吸食鸦片是为治病，但毕竟有昂贵代价。因此，徐志摩的生活日渐窘困。与陆小曼定居上海之后，景况一如徐志摩所言，甚至已至"穷得寸步难移"的地步。令人歔欷。

即便如此，徐志摩依旧眷恋陆小曼。他心里不是不失望的，亦有人前来相劝，说不如离婚少些折磨的好。但徐志摩不愿意。他说："我不能因为只顾自己而丢了她。"说得令人心碎。虽那生活已破损，虽那往日温柔的光已暗灭。

说什么以往，
骷髅的磷光。

在林徽因回到北平定居北总布胡同三号院之后，徐志摩常来走动。此时，对林徽因之感情，大约亦已升华。再不局限于浊世男欢女爱之诉求上，而是一个伴。一个可执手走过长路，不弃不离之旅伴。是莫逆之交，是可信的知心人。相处融洽。

1931年2月，林徽因肺结核病病情恶化，被迫移居香山疗养。徐志摩依然时时在伴，亦常常与众友人来看望林徽因。彼时，徐志摩与梁思成相处亦很好。看上去，极好的三个人。

原以为，这一切会久长。

10　斯人

　　我是天空里的一片云，
偶尔投影在你的波心——
　　　你不必讶异，
更无须欢喜——
在转瞬间消灭了踪影。

　　你我相逢在黑夜的海上，
你有你的，我有我的，方向；
　　　你记得也好，
　　　最好你忘掉，
在这交会时互放的光亮！

　　都说这首《偶然》是徐志摩写给林徽因的。不是不可信的。只是，
纵是林徽因也没有料到，这样一个风华绝世的男子，会有一日离她而

去，绝世而走。没有告别。

1931年9月下旬，林徽因结束了香山疗养的日子，回到城中，回到了北总布胡同，依然会常见到徐志摩。直到11月10日。那日，林徽因应邀出席欢迎英国女作家凯瑟琳·曼斯菲尔德的姐夫柏雷博士的茶会。所以，当晚林徽因不在家，而梁思成亦恰巧因事外出。

待林徽因回家之后，却被用人告知徐志摩刚刚来过。因家中无人，喝了一壶茶，便走了。走前留了一张字条给林徽因，上书："定明早六时飞行，此去存亡未卜……"

见此留言，林徽因有些慌，于是便致电徐志摩，询问情况。接到林徽因电话，心知对方挂虑，于是徐志摩便作了稳妥解释。告别之时，林徽因提及自己19日晚在北平协和小礼堂的演讲，徐志摩听后说自己是定然要去的。

而这一通电话，不想竟成为二人最后的对谈。林徽因从徐志摩处得到了一个永生无法兑现的诺言。世间情来情往，最哀伤的，亦不过如此。

11日离京之前，徐志摩还去看望了冰心、凌淑华等一众友人。当日，便乘张学良的专机飞抵南京。在友人张歆海、韩湘眉夫妇处稍作停留后，于13日乘车到上海。旅途总是疲惫，徐志摩辗转到家时，竟惊觉心中无期许。

1930年上半年时，徐志摩在上海光华大学和南京中央大学任教，后光华大学闹风潮，徐志摩离职。1931年2月，应胡适邀请，徐志摩去北京大学任教，并兼任北京女子大学的教授。工作量不可谓不大。因此，他便不得不时常南北往返。

在彼时交通远不如今发达的年代，徐志摩一季当中往返可多达八次。这亦给原本极窘困的家不得已又增大了开支。因此，这一回徐志摩回家本是劝陆小曼随他移居北平，不料陆小曼坚决不肯，致使两人发生争执。

17日，徐志摩将再次返京。18日乘车到南京，因当日京津地区戒严，列车通行不便。于是，徐志摩便决定乘飞机回北平。恰口袋中有一张前些日子友人保君建送的免费机票。19日，徐志摩搭乘中国航空公司"济南"号飞机北上返京。

19日，10点10分，飞机抵达徐州加油站。彼时，窗外尚是朗朗晴天，飞机上乘客只他一人，他独自望出去，广天广地之间，入目皆是明媚，只一切落入他眼里，却映出沧桑。

是一种自心底生发的孤凉。

10点20分，飞机继续飞往北平。不料，至山东省党家庄一带时，忽遇大雾，进退不能，致使飞机触山顶倾覆，机身着火，机油四溢，熊熊不能遏止。两名飞行员和唯一的乘客徐志摩，皆遇难身亡。

彼时，徐志摩行前致电报于林徽因，告知飞机理应抵达的时间，因此当日，林徽因和梁思成便在机场等候接机。不想过了约定的时间，仍迟迟不见航班抵达。直到次日，众亲友才自《晨报》得知飞机失事的消息。21日《新闻报》确证了徐志摩的身份。林徽因闻讯，当场昏厥。

失去他，她便失去了一部分世界。

十一月十九日我们的好朋友，许多人都爱戴的新诗人，徐志摩突兀的，不可信的，惨酷的，在飞机上遇险而死去。这消息在二十日的早上像一根针刺猛触到许多朋友的心上，顿使那一早的天墨一般地昏黑，哀恸的咽哽锁住每一个人的嗓子。

志摩……死……谁曾将这两个句子联在一处想过！他是那样活泼的一个人，那样刚刚站在壮年的顶峰上的一个人。朋友们常常惊讶他的活动，他那像小孩般的精神和认真，谁又会想到他死？

突然的，他闯出我们这共同的世界，沉入永远的静寂，不给我们一点预告，一点准备，或是一个最后希望的余地。这种几乎近于忍心的决绝，那一天不知震麻了多少朋友的心？现在那不能否认的事实，仍然无情地挡住我们前面。任凭我们多苦楚的哀悼他的惨死，多迫切的希冀能够仍然接触到他原来的音容，事实是不会为体贴我们这悲念而有些许更改；而他也再不会为不忍我们这伤悼而有些许活动的可能！这难堪的永远静寂和消沉便是死的最残酷处。

文字摘自林徽因12月7日发表于北平《晨报》的《悼志摩》一文。他若离去，真真是后会无期。犹似当年的父亲，去时，匆匆急急，不留半点余地。不过刹那，便将她隔绝在这天地。

发文前一日。即12月6日，徐志摩丧礼之后，北平文化界举行了徐志摩追悼会。会场即由梁思成和林徽因夫妇二人布置，与会人数多达两百五十余人。令人心绝的是，徐志摩去后，陆小曼竟拒绝认领徐志摩的遗体。

于是，徐志摩的第一任妻子张幼仪后来回顾徐志摩一生所遇之女子，提及林徽因时，她说："如果她（按，林徽因）爱徐志摩，为什么在他离婚后，还任他晃来晃去？那叫做爱吗？"提及陆小曼时，她说："人们说陆小曼爱他，可我看了她在他死后的作为（拒绝认领遗体）后，我不认为那叫爱，爱代表善尽责任，履行义务。"

善尽责任，履行义务。说得极好。

林徽因不是不爱徐志摩的。只是这爱，又与寻常所谈论的，的确有着差别。所以，张幼仪又说："在他一辈子遇到的几个女人里面，说不定我最爱他。"读书时，读至此处，见张幼仪这番话时，心中遽然烈痛。

是要有多少的勇气和力量，这一世才能安稳、静好，温柔度过。是要有多少的真善，这一生才能得一终局之圆满。新月才子徐志摩，独行一世，以爱为食。终年，却不想成了人群里最孤寂、最寥落的那一个。

　　轻轻的我走了，
　　　　正如我轻轻的来；
　　我轻轻的招手，
　　　　作别西天的云彩。

　　……

　　悄悄的我走了，
　　　　正如我悄悄的来；
　　我挥一挥衣袖，
　　　　不带走一片云彩。

11 ˉ 旧书

徐志摩去世之后，关于徐志摩的生前日记、书信及文章之争夺，众友人之间竟有了不小的干戈。最终，徐志摩的文章几经颠簸争夺，究竟散落何处，分藏于何人之手，却无可明细，实在是一件极糊涂的事。

徐志摩生前有个存放旧文稿的箱，后人传称为"文字因缘箱"，也被叫做"八宝箱"。徐志摩遽然离世之后，这个箱子便成了他三十几年在这世上匆急走过的唯一证据。

当中，除了徐志摩的文稿，最令人关注的便是他的日记，以及与几位友人之间的信件。牵扯包括胡适等在内的名人极多。而这里面，又尤以与林徽因、陆小曼有关的日记、信函内容最令世人好奇。

因诗人本人极重视这些文件，所以便将它们一并藏放于箱内，对这箱亦是颇在意的。他想着，这些文件或许可在他作古之后供为他作传之人参详，应该也是与自己生平相关的珍贵材料。甚至，徐志摩曾亲自交代过友人凌淑华，希望她能在自己死后为自己作传。

旧时，名人都有记日记之习惯，对写信一事也甚是上心的。大约是在乎自己的名声，想身后能对世人有一个完满交代。名声对人总是重要的，对名人更是。因此，徐志摩自然极重视自己的一切私密文件。

这个箱子原本是徐志摩随身携带，但在与陆小曼相恋引起舆论压力辞工出游欧洲之时，托付给了凌淑华代为保管。二人相识于泰戈尔来华之际，彼此性情相识，很谈得来，所以彼此互引为知己。徐志摩对凌淑华极是信任。

徐志摩回国之后，并未立即从凌淑华处取回箱子。直到六年后，沈从文在与徐志摩的一次对谈当中方才得知，此箱已回到他自己手中，而这之前是否从凌淑华处辗转他人再回来，未可知。

据凌淑华自己回忆，当中曾有一次托付于徐志摩的学生卞之琳，但卞之琳矢口否认并确定是凌淑华记错。所以之后，有人反复确证，便猜测，当中凌淑华所转交之人可能是林徽因挚友金岳霖的女友，一个叫做 Lilian Tailor（莉莲·泰勒，下同）的美国女子。

当时，因徐志摩常往返于上海、北平，开销极大，所以在北平时常借宿于胡适家中。因此，箱子随身辗转便有不便之处，所以他便又一次将此箱托付于凌淑华处。

不想数月后，徐志摩离世。

在他离开之后，胡适等人打算为徐志摩出版文集。胡适先是编辑"徐志摩遗著目录"，打算先出版徐志摩的"书信集"。所以，胡适便写信给凌淑华，索要徐志摩的"八宝箱"。胡适亲自索要，凌淑华心知，此箱日后是再无法安稳藏于她处了。

于是，凌淑华便将徐志摩的箱子辗转交付胡适，但信中凌淑华表示，此箱日后当归徐志摩的遗孀陆小曼所有。但胡适并没有交给陆小曼，而是全部转到林徽因手中。自然，胡适未必有交付林徽因保存的意思，许只是托付她整理编目罢了。

不久，林徽因就听闻凌淑华并未将徐志摩遗稿完整交与胡适，而是私藏了几本极私密的情感日记。这几本日记里便有徐志摩用英文写作的与林徽因自己密切相关的"康桥日记"。林徽因聪明，日后用箱内的陆小曼的日记换回了"康桥日记"。

但换回的日记依旧是不完整的。林徽因发现自己拿回的日记残缺，内容恰巧截断于自己与徐志摩相遇前夕。如此一来，林徽因甚是不悦，对凌淑华很是不满，甚至对凌淑华的为人产生了消极怀疑。此时，凌淑华一方对林徽因也芥蒂渐生。

无奈之下，林徽因只能向德高望重的胡适求助。胡适亦觉得凌淑华的极不配合令徐志摩遗稿整理以及出版工作困难重重。因此，胡适便再次致信凌淑华，信中措辞委婉，但要求是极明确的。

碍于胡适的地位和情面，凌淑华终究不得不将剩余的半册"康桥日记"交出。虽如此，她亦心中委屈，觉得此事当中自己的处境被大家逼迫得十分艰难。不想，凌淑华此次交出的日记仍然被截去四页，这不仅令林徽因大为恼火，也让胡适非常不悦。

至于，这被凌淑华截去的四页最终是否被林徽因和胡适要回，抑或最终归宿置于何处，皆未可知。但至此时，徐志摩的"八宝箱"遗稿的争夺之事大体上告一段落。

而这以后，关于徐志摩"八宝箱"内的遗稿终局，历来都被人传说胡适悉数交了林徽因保管，而林徽因在辞世之前全部焚毁。但卞之琳后来曾撰文说：

我1982年为一卷本《徐志摩选集》写序，仅就听林徽因当年争到的一部分而言，说过物随人非（她于1955年病逝），确知在"文化大革命"时期终于消失了，倒不是出于红卫兵的打、砸、抢。这是我当时特向金岳霖（按，梁思成、林徽因夫妇的知音密友）探听到的下落。

林徽因的儿子梁从诫则又是另一番说法。梁从诫在为纪念母亲所写的《倏忽人间四月天》一文中说：

……顺带提到所谓徐志摩遗存的"日记"问题。……我确知，抗战期间当我们全家颠沛于西南诸省时，父母仅有的几件行李中是没有这份文献的。抗战之后，我家原存放在北平、天津的文物、书信等已大部分在沦陷期间丢失，少量残存中也没有此件。新中国成立初期，母亲曾自己处理过一些旧信、旧稿，其中也肯定不含此件。因此，几位权威人士关于这份"日记"最后去向的种种说法和猜测，我不知道有什么事实根据。

世事如斯，雾里来，云里去。

真真是虚实难辨，也无须辨。

人生总要有一两个悬念、一两个谜题。如此，方能留给这漫漫沧桑人世些微未尽之美，才真真算是活出了道法来。

12ˉ知己

金岳霖。

林徽因的蓝颜知己。徐志摩去后，她还有金岳霖。写林徽因是不能不提及金岳霖的。若是谈及林徽因生命里至关重要的男子，那么除了丈夫梁思成和挚友徐志摩，金岳霖则是第三个与之确有亲密关联的男子。而他与她，是真真坦诚相对的知音。

金岳霖，生于1895年8月26日。年长林徽因九岁。字龙荪，祖籍是浙江诸暨，出生、成长于湖南长沙。

他是中国著名的哲学家、逻辑学家。从事哲学和逻辑学的教学、研究和组织领导工作，是最早把现代逻辑系统地介绍到中国来的逻辑学家之一。他把西方哲学与中国哲学相结合，建立了独特的哲学体系，培养了一大批有较高素养的哲学和逻辑学专门人才。而今，仍设立有金岳霖学术基金会。

金岳霖的祖父金聘之是旧朝官员，顶戴三品。后到湖南做官，追随张之洞办起洋务运动，曾经先后担任湖南省铁路总办和黑龙江漠河金矿总办。如是，金岳霖亦是出身于高门大户。

金岳霖是个极具爱国情怀的人，虽日后在外留学多年，饱蘸西方之墨，但亦不能成为阻碍。据说，1911年辛亥革命爆发那日，金岳霖立刻剪去长辫。1915年袁世凯接受丧权辱国之日本"二十一条"时，金岳霖又不禁独自痛哭。彼时，他不过只是弱冠年纪。

1914年9月，金岳霖从清华大学毕业，官费留美，入宾夕法尼亚大学读商业科，成为林徽因学长，虽这时距离林徽因入校尚有十年之遥。三年之后，金岳霖从宾夕法尼亚大学毕业，入哥伦比亚大学读政治学。与他同时就读于哥伦比亚大学的还有宋子文、蒋梦麟等人。

回国之后，金岳霖致力于哲学、逻辑学的研究教育工作，贡献卓著。纵如此，他与寻常刻板严肃之学者形象又是截然不同的。金岳霖其人风流儒雅，又极开朗幽默。

金岳霖是徐志摩挚友，曾与徐志摩共同创办《政治学报》，也是徐志摩与张幼仪离婚时的作证人，更是徐志摩与陆小曼的伴婚人，可见他与徐志摩感情匪浅。因此，认识林徽因便是一件极自然的事情。初识林徽因，大约是在1931年金岳霖移居北总布胡同二号院与林徽因为邻的时候。

当时，林徽因已与梁思成结合多年。金岳霖气质不俗，旅居海外近十年，日常生活亦有西化痕迹，譬如用餐多以西餐为主，一口流利英语更是不在话下。同时，又精通国学，可谓满腹经纶。如此男子，势必令女子心动。

甚至在1925年的11月，那个叫做Lilian Tailor的美国女子为追随金岳霖而来到中国。与之同居，体验未有婚姻束缚的家庭生活。与Lilian Tailor的恋情，书面资料极少，但世间恋事皆有始终，不以情爱存在，亦会因生死相绝。金岳霖恢复单身的时间，不可知。

但有一点，是可以肯定的。那便是，在徐志摩去世之前，林徽因和金岳霖之间，应该就已建立起了深厚友谊。而这一份友谊之厚重，应是不轻于林徽因和徐志摩的情谊的。

因此，1931年徐志摩猝然离世之后，金岳霖的相伴给了林徽因极大的情感慰藉。这世间男子，有几人会看重自己，又有几人惜爱自己犹如生命。林徽因知道，梁思成一定是。徐志摩可能是。而金岳霖，大约除了梁思成，亦没有男子能做到如他疼惜自己那般了。

世人皆说，金岳霖爱林徽因至终身不娶，也不是不可信的。

又有男子如是。林徽因爱过的有几人。说她爱梁思成，是真切无疑的。说她爱徐志摩，众口不一，至少别有隐情。但说她爱金岳霖，则又是梁思成之外，唯一可以确证的。

金岳霖又与梁思成相处极好，友谊深厚。据说当时金岳霖每日除早饭在自家吃之外，中午和晚上都和梁家人一起用餐。可见，他与梁家夫妇感情之妥帖融洽。

1932年6月，梁思成前往河北宝坻县考察。至此时，金岳霖与林徽因相处已是时日长久。与如斯倾世的好女子朝夕会面，心中情动是极自然的事。日日累积下来，金岳霖便觉纵是自己对心中恋慕之女子无欲无求，但这心底情意的表达，他觉得是极重要的，是理应让林徽因知晓的。他深觉林徽因有权利知道自己被他爱慕一事。

于是，他便找了时间与林徽因说了心底的话。

却也不做期许不做顾盼，只是表达。将那爱，告知于她。仅此而已。坦荡君子之风令人敬佩。倒是林徽因一时无措。因金岳霖不知，眼下这孤艳的女子，竟也不经意间对自己心有柔慕。她见他，亦是满满的好。

一生一世，谁不曾爱过几个人，甚至心里同时住进一两人。说一个人会虔诚至不见那人之外的世间男女，恐令人怀疑。至少，有一些瞬间会为途经的佳美之人心动。此时，林徽因也是极赤诚的，知道心里对金岳霖生了爱，虽有困惑，却不对梁思成做丝毫隐瞒。

据梁思成回忆：

我们住在东总布胡同的时候，老金就住在我们家的后院，但另有旁门出入。可能是1931年，我从宝坻调查回来，徽因见到我哭丧着脸说，她苦恼极了，因为她同时爱上了两个人，不知怎么办才好。她和我谈话时一点不像妻子对丈夫谈话，却像个小妹妹在请哥哥拿主意。听到这事我半天说不出话，一种无法形容的痛苦紧紧地抓住了我，我感到血液也凝固了，连呼吸都困难。但我感谢徽因，她没有把我当一个傻丈夫，她对我是坦白和信任的。我想了一夜该怎办？我问自己，徽因到底和我幸福还是和老金一起幸福？我把自己、老金和徽因三个人反复放在天平上衡量。我觉得尽管自己在文学艺术各方面有一定的修养，但我缺少老金那哲学家的头脑，我认为自己不如老金。于是第二天，我把想了一夜的结论告诉徽因。我说她是自由的，如果她选择了老金，祝愿他们永远幸福。我们都哭了。当徽因把我的话告诉老金时，老金的回答是："看来思成是真正爱你的，我不能去伤害一个真正爱你的人。我应该退出。"从那次谈话以后，我再没有和徽因谈过这件事。因为我知道老金是个说到做到的人，徽因也是个诚实的人。后来，事实证明了这一点，我们三个人始终是好朋友。我自己在工作上遇到难题也常去请教老金，甚至连我和徽因吵架也常要老金来"仲裁"，因为他总是那么理性，把我们因为情绪激动而搞糊涂的问题分析得一清二楚。

浮世间，人与人之间的信任，愈来愈稀，愈来愈薄。即便要令你相信世间果真有如此高洁之人，亦很困难。但金岳霖、梁思成、林徽因真真就是那杀伐危险的年代当中最特殊的存在。

林金二人生情一事，犹似酷烈考验。不想金岳霖若松、梁思成如竹、林徽因似梅，果断地将这世间终极复杂难辨之男女情事整理得疏疏朗朗，清清透透。这不是常人可轻易具备的品格。令人痴赞。此事之后，三人友谊终生不断，深阔绵长。

在这以后，虽因世道变迁，两家人皆几次颠沛移居，却又都总尽量比邻做伴，患难相扶。因三人知道，这世间芸芸众生，可与之对谈引为友人者极为难得，而可称为知己的人更是难觅。

抗战时期，生活艰辛，国难家难，实无甚可乐之事。这一段时间，之于一个疾病缠身的弱质女子，不可谓不是巨大挑战。也因此，林徽因常常郁郁寡欢。梁思成是内敛沉默之人，难出巧言。此时，极具智慧又有好口才的金岳霖，便成为林徽因重要的精神支柱。

林徽因曾在写与友人的信中这样描述金岳霖："我们亲爱的老金，于他具有特色，富于表现力的英语能力和丰富的幽默感，以及无论遇到什么事都能处变不惊的本领，总是在人意想不到的地方为朋友们保留着一片温暖的笑。"林徽因甚至说，金岳霖的笑，在某种程度上帮她熬过了战争。

鲁迅先生说得极是：
人生得一知己足矣，斯世当以同怀视之。

金岳霖身体好，长寿。因此，他这一生陆续送走了许多同辈友人，当中自然包括早逝于他的林徽因和梁思成。据说，在林徽因离世之后，有一年，金岳霖在北京饭店宴请亲朋。而那一日在旁人眼里实在寻常，金岳霖亦未言明所庆贺之事为何。直到众人齐聚之后，金岳霖方才开口："今天是林徽因的生日。"

不知何故，读书读到这个细节，酸楚盈心。

在梁林夫妇二人先后作古之后，金岳霖与他们的子女相处依然极好。甚至，金岳霖晚年一直与梁从诫同住。而梁从诫也一如幼时那般，唤他"金爸"。两人相依，直至金岳霖去世。逝世之后，梁从诫亦将他与父母葬于一处。自成圆满。

有如斯知己。

疼她，爱她，护她。
只相伴，不占有。

林徽因这一生也无憾了。

13 沙龙

文人有文人生活之妙趣。

北总布胡同实在是一条颇有文化趣致的胡同。且不说诸多文化界名人曾栖居于此，纵使寻常路人经过此处，也会被流传于世的发生在其中的掌故妙事所牵引，心有顾念。

二号院，金岳霖家的客厅人称"湖南饭店"。每周六都有聚会，来此小聚的亦都是文化界名流。因金岳霖出生于湖南，湖南口音极重，且聚会这日又提供饭食和精致餐点，因此他家的客厅便被友人们戏称为"湖南饭店"。而三号院，林徽因家的客厅，则更是闻名于京城。

林徽因家的客厅叫做"太太客厅"。

彼时，在京城，欧游回国的文人带回了一种西方的"文艺沙龙"，定期或不定期地举办一些文坛艺界的小聚会。盛行一时。在众多的文艺沙龙里，朱光潜、梁宗岱在北平著名的茶轩"来今雨轩"举办的每月一次的集会，和林徽因家"太太客厅"里的雅聚是最知名的两处。

无论是在"来今雨轩"还是自家的"太太客厅"，林徽因始终都是中心人物之一。她满腹才情自不用说，天性又极开朗，极好的口才让林徽因看上去颇有演说家的天赋。秀口一吐，便是一部美丽的书。

当时，林徽因的身体健康虽已被肺病严重侵蚀，但生活依然优渥。香山休养之后，身体有不少好转。于是，重回北总布胡同之后，林徽因的日常交际亦渐渐恢复了正常。"太太客厅"里的沙龙雅聚便是林徽因最重要的交际活动之一。

较之于别处多有明确主题的沙龙而言，"太太客厅"里的交流和清谈则要自由得多，即兴得多，亦更有人情味得多。文学、政治、经济、哲学、音乐以至地方风俗无所不谈。读书、吟诗、谈论、辩争，无一不令来客觉得尽兴、快活。

诸多来客也不只是如沈从文一般的作家，亦有研究哲学的金岳霖，研究经济学的陈岱孙，研究政治学的钱端升，研究考古学的李济，研究艺术学的邓叔存，各界名流皆是常客。

有时，政治学家张奚若、社会学家陶孟和等人也会携夫人一起前来做客。甚至，连梁思成的妹妹、侄女等人都会带上若干女同学一起凑热闹，多数大约也都是想一睹当时各界名流之风采。客人里亦包括后文将提及的来自美国的费正清与费慰梅夫妇俩。

是沙龙雅聚，因此，往往路人立在梁家附近便能听得"太太客厅"里传出笑语欢声阵阵。虽众人皆一开口便妙语连珠，但每当林徽因一加入，在座的人往往当即都成了陪衬，无一不寂声静听。听这"林下美人"秀口之下，话江山、话美人、话穹宇乾坤。

正如她的美国朋友后来所写：

每个老朋友都会记得，徽因是怎样滔滔不绝地垄断了整个谈话。她的健谈是人所共知的，然而使人叹服的是她也同样擅长写作，她的谈话和她的著作一样充满了创造性。话题从诙谐的轶事到敏锐的分析，从明智的忠告到突发的愤怒，从发狂的热情到深刻的蔑视，几乎无所不包，她总是聚会的中心人物。当她侃侃而谈的时候，爱慕者总是为她那天马行空般的灵感中所迸发出来的精辟警语而倾倒。

除此之外，学者陈学勇说，"林徽因在'太太客厅'阐释别具慧眼的见解，对北方文坛产生了不着文字的影响"。是，她也在自己的"太太客厅"里约见一些自己欣赏的青年作家。对晚生之提携可谓不遗余力，令人感动。

当年在座的那些晚生当中，有一人大约是终生不能将林徽因遗忘。一如他自己所言，林徽因对他的影响终生不能淡灭——"在我心坎上，总有一座龛位，里面供着林徽因"。他便是带着地图旅行的著名记者、翻译家、作家萧乾先生。

彼时，初识林徽因，萧乾是初出茅庐的大学生。在结识林徽因之前，萧乾曾在沈从文主持编辑的《大公报·文艺副刊》上发表了一篇小说《蚕》。作品发表时，刊登在报纸极不起眼的角落。即便如此，这篇小说依然被林徽因细细看在眼中。

后来，林徽因在写给沈从文的信中，夸赞了萧乾的文章。林徽因说："萧乾先生文章甚有味儿，我喜欢。"并让沈从文下次来家中时也邀请萧乾同行，希望能够与他一见。

林徽因的邀约对于萧乾而言，是莫大的荣幸。见林徽因之前，萧乾心尚惴惴，大约是平常对盛名在外的林徽因怀想甚多，而今真有机会将要亲见，竟不自觉十分紧张。直至那日亲临"太太客厅"，亲见她时，方知想象之狭仄无力。她优雅地立在那里，只微笑，不言语。真真是"林下美人"，令世间男子皆难以抗拒。

当时的林徽因虽已身患重病，面上却全无病容，依旧极是精神抖擞。加上她常与友人骑马，因此，便总能见她身着一套利落又铿锵的骑马装。那日，萧乾看过去，但觉眼前女子之潇洒是连男子亦不可相比的。

见到萧乾时，林徽因只一句"你是用感情写作的，这很难得"，便让萧乾激动至不能言语。萧乾后来说，之于他，"那次茶会，就像在刚起步的马驹子的后腿上，亲切地抽了那么一鞭"。而林徽因当年的风采，亦只有萧乾写得最精微最妥帖。

萧乾在《才女林徽因》一文里这样写道：

我后来心里常想：倘若这位述而不作的小姐能像18世纪英国的约翰逊博士那样，身边也有一位博斯韦尔，把她那些充满机智、饶有风趣的话一一记载下来，那该是多么精彩的一部书啊！她从不拐弯抹角、模棱两可。这样纯学术的批评，也从来没有人记仇。我常常折服于徽因过人的艺术悟性。

林徽因生平文学著作数量不多，却屡现精品。若如萧乾所言，当真有人将她当年的妙语记录，定然亦可成一部传世之书。萧乾先生所言，诚非虚语。

14 ˉ 有行

我说你是人间的四月天；
笑响点亮了四面风；轻灵
在春的光艳中交舞着变。

你是四月早天里的云烟，
黄昏吹着风的软，星子在
无意中闪，细雨点洒在花前。

那轻，那娉婷，你是，鲜妍
百花的冠冕你戴着，你是
天真，庄严，你是夜夜的月圆。

雪化后那片鹅黄，你像；新鲜
初放芽的绿，你是；柔嫩喜悦

水光浮动着你梦期待中白莲。

你是一树一树的花开，是燕
在梁间呢喃，——你是爱，是暖，
是希望，你是人间的四月天！

1932年8月4日，梁从诫出生。林徽因的这首经典诗作《你是人间的四月天》便是在儿子出生不久之后写给儿子的。彼时，林徽因已是文坛知名的女诗人、女作家。

诗歌创作方面。

1931年秋天在香山养病之时，林徽因开始诗歌创作。在此之前，她只在1924年的《晨报副镌》上发表过一篇奥斯卡·王尔德的童话《夜莺与玫瑰》的译文。

林徽因起初发表作品时，署过笔名"尺棰"。除此之外，均使用的本名林徽音，但因本名曾被误刊为"林微音"，而恰巧当时海派男作家林微音亦活跃于文坛，所以后来为了有所区别，她便正式更名"林徽因"。这后来流芳于世的三个字，正式在此时诞生。

谁爱这不息的变幻，她的行径？
催一阵急雨，抹一天云霞，月亮，
星光，日影，在在都是她的花样，

更不容峰峦与江海偷一刻安定。

骄傲的，她奉着那荒唐的使命：

看花放蕊树凋零，娇娃做了娘；

叫河流凝成冰雪，天地变了相；

都市喧哗，再寂成广漠的夜静！

虽说千万年在她掌握中操纵，

她不曾遗忘一丝毫发的卑微。

难怪她笑永恒是人们造的谎，

来抚慰恋爱的消失，死亡的痛。

但谁又能参透这幻化的轮回，

谁又大胆的爱过这伟大的变幻？

是为林徽因又一首经典诗作《谁爱这不息的变幻》。她写，"永恒是人们造的谎，来抚慰恋爱的消失，死亡的痛"。字字渗入爱之肌理，淡静叙述当中，别有一番深刻意蕴在。令人赞叹。

后来，有人将林徽因称为"新月诗人"，虽林徽因的诗歌创作受徐志摩影响较大，但林徽因本人似乎对此定位并不满意。而这，也实在是可以理解的。

新月诗派是活跃于二十世纪二三十年代的一个文学流派。认真地提倡和实验新诗"格律化"，所以也被称做"格律诗派"。

新月派前期主要是以新月社俱乐部为中心的社交团体，前期新月派诗人指以徐志摩、闻一多为中心的《晨报副刊·诗刊》诗人群体。后期新月派是指以新月书店和《新月》月刊为阵地的知识分子群，后期新月派诗人则是指集合在《新月》月刊和《诗刊》周围的诗人群体。

新月派虽提倡新诗格律，但林徽因开始创作诗歌时，新月诗派已近风消云散，而后期的新月派的格律主张越发逼仄，较为死板。但林徽因的诗歌并非如此，她强烈的个人风格使得其诗歌的辨识度极高，在讲究格律的前提下又十分潇洒自由，艺术成就较其他诗人要高得多。

关于写诗，她在《究竟怎么一回事》一文中写道：

写诗究竟是怎么一回事？

写诗，或可说是要抓紧一种一时闪动的力量。一面跟着潜意识浮沉，摸索自己内心所萦回，所着重的情感——喜悦，哀思，幽怨，恋情，或深，或浅，或缠绵，或热烈，又一方面顺着直觉，认识，辨味，在眼前或记忆里官感所触遇的意象——颜色，形体，声音，动静，或细致，或亲切，或雄伟，或诡异；再一方面又追着理智探讨，剖析，理会这些不同的性质，不同分量，流转不定的情感意象所互相融会，交错策动而发生的感念；然后以语言文字(运用其声音意义)经营，描画，表达这内心意象，情绪，理解在同时间或不同时间里，适应或矛盾的所共起的波澜。

写诗，或又可说是自己情感的，主观的，所体验了解到的；和理智的客观的所体察辨别到的，同时达到一个程度，腾沸横溢，不分宾主地互相起了一种作用，由于本能的冲动，凭着一种天赋的兴趣和灵巧，驾驭一串有声音，有图画，有情感的言语，来表现这内心与外物息息相关的联系，及其所发生的悟理或境界。

写诗，或又可以说是若不知其所以然的，灵巧的，诚挚的，在传译给理想的同情者，自己内心所流动的情感穿过繁复的意象时，被理智所窥探而由直觉与意识分着记取的符录！一方面似是惨淡经营——至少是专诚致意；一方面似是借力于平时不经意的准备，"下笔有神"的妙手偶然拈来。忠于情感，又忠于意象，更忠于那一串刹那间内心整体闪动的感悟。

写诗，或又可说是经过若干潜意识的酝酿，突如其来的，在生活中意识到那么凑巧的一顷刻小小时间；凑巧的，灵异的，不能自己的，流动着一片浓挚或深沉的情感，敛聚着重重繁复演变的情绪，更或凝定入一种单纯超卓的意境，而又本能地迫着你要刻画一种适合的表情。这表情积极的，像要流泪叹息或歌唱欢呼，舞蹈演述；消极的，又像要幽独静处，沉思自语。换句话说，这两者合一，便是一面要天真奔放，热情地自白去邀同情和了解，同时又要寂寞沉默，孤僻地自守来保持悠然自得的完美和严肃！

短短小文，林徽因的见解之独到、思想之深刻，以及对于诗歌创作的天赋一览无余。林徽因写诗，潇洒任性，甚至写一首，丢一首，全然不去刻意经营。虽这给后人为她编书造成困扰，但她的为人行事之别有风致，多年后去追忆，依旧可感可触。

小说创作方面。

林徽因的小说作品主要有《窘》《九十九度中》和《模影零篇》等少数几篇传世。《窘》是林徽因的第一篇小说，发表在1931年11月的《新月》第3卷第9期上。行文清简流畅，运笔成熟，对人物心理刻画尤其到位，细密又含蓄蕴藉，十分出色。

故事写的是一段洛丽塔式的情感生发和延展。中年教授维杉爱上了朋友的女儿芝。因年龄悬殊和辈分差异，这份感情带给他巨大压力，令他极为窘迫。最终，维杉选择了逃避，离开了北平。

小说纹路与林徽因和徐志摩当年的伦敦邂逅有相近之处，因此亦无可避免地令人遐想。一如小说里的维杉和芝。一个深爱如誓，一个却懵懂不知。并且，令人欷歔的是，在林徽因的小说发表不过几个月之后，徐志摩便遇难离世。

另一篇《九十九度中》，亦是林徽因的名篇。小说将乱世里的日常生活切割再重组，破碎之中充满意趣。用李健吾评论它的话便是："作者把一天的形形色色披露在我们眼前，没有组织，却有组织；没有条理，却有条理；没有故事，却有故事，而且那样多的故事；没有技巧，却处处透露匠心。"

再有就是小说《模影零篇》，是由四个短篇《钟绿》《吉公》《文珍》《绣绣》组成。因四篇作品的主人公都有生活原型参照，遂成系列。亦是于微处着笔，展露人性固守与突破之挣扎。一篇一篇读下来，看似温静，实则激烈。看似清淡，实则绚烂。但皆极深邃。

散文、剧本及其他创作方面。

林徽因最知名的散文大约便是徐志摩去世之后所焚心撰写的那篇《悼志摩》了。哀恸赤忱，恰如她当年评价萧乾的《蚕》一般，真真是"用感情写作的"，写得热烈深挚。林徽因的散文总共不过六七篇。大约包括《悼志摩》《蛛丝和梅花》《窗子以外》《山西通信》《惟其是脆嫩》《究竟怎么一回事》《纪念志摩去世四周年》等。

林徽因虽然正式的散文作品极少，但她的文学素养和艺术气质无可避免地渗透到她的建筑学术文章当中，当中的若干片段，写得一样文采斐然，全无寻常学术文章之刻板艰涩，写得极动情。

而她剧本创作的数量则更是少之又少，而今发现的，仅有一个未完成的剧本残篇《梅真同他们》。在剧本创作尚不如今成熟的民国时期，林徽因的《梅真同他们》已算是极难得的作品。可谓是"未完成的杰作"。

当年，看过林徽因剧本的美学大家朱光潜先生曾这样评论此剧本："现在话剧中仍留有不少的'文明戏'的恶趣，一般人往往认不清

Dramatic（按，戏剧性）与Theatrical（按，剧场性）的分别，只求看一个'闹台戏'，林徽因女士的轻描淡写是闷热天气中的一剂清凉散。"

另有林徽因写给亲友的书信存世若干，皆是私信。文学价值自然是有的，但最可贵的是林徽因书信的存世给后人为她立传提供了极宝贵的一些材料和证据。这当中，方可读到最真的亦是最动人的那个林徽因。

谈论林徽因的文学创作，不得不提及当时北平极重要的一个文学流派：京派。京派文学文风淳朴，贴近底层人民的生活，在现实主义的创作中融入浪漫主义，表现主观个性和悲悯情怀。在叙述中融入诗性的追求，在写实中弥漫着浪漫的气息，是京派小说文体的突出特征。

形成于特殊时期的京派文学作家们，主要以接手的《大公报·文艺副刊》和先后出刊的杂志《学文》《水星》《文学杂志》为创作园地。聚集了包括周作人、沈从文、废名、凌淑华、朱光潜、萧乾、李健吾、卞之琳、何其芳和林徽因等诸多作家。

虽林徽因较之周作人、沈从文等文学大师尚少建树，但其活跃程度也是令人瞩目的。因此，萧乾先生后来这样说到林徽因之于京派文学的地位："她又写，又编，又评，又鼓励大家。我甚至觉得她是京派的灵魂。"赞誉虽重，却也不为过。

林徽因一生文学作品数量不多，诗作六十余首，散文小说数篇，未完成剧本有一。基本都是文学中的经典，实在难得。正是这为数不多的作品，让林徽因在文坛占得一席之地，且得盛名。

这些作品，构筑成一方寂静之地，是独属林徽因的"苏州园林"。纵稀疏，却葱郁，任热爱林徽因的青年们悉心守护，至死不渝。

关于她的文学创作，大约便是这样了。

15 ˉ 志意

　　林徽因，她一生匆急又忙碌。从夜晚到清晨，再从晨光熹微到灯火阑珊。每一步，都走得凛冽铿锵，但在那朝不保夕的年代，亦走得极艰难。但世间，除了生死，大约也没有别的事情可以成为她觅逐信仰之阻碍。

　　梁从诫出生不久之后，林徽因便开始她的建筑考察工作，开始了她的建筑学术生涯。文学她是热爱的，亦是她时刻不忘倾力贡献的。在30年代，大至创刊办报，小至鼓励青年作家，与之在"太太客厅"交流倾谈。但，建筑学，才是她的根基理想和毕生事业。

　　在1932年8月产下梁从诫之前，梁思成已分别于该年4月和6月进行过两次野外建筑考察。当时，林徽因怀有身孕，因此都未能伴行参加，令她觉得甚是遗憾。

梁思成之所以能够条件齐备地带领团队外出考察，得益于"中国营造学社"的资力。当时，梁思成任中国营造学社的法式部主任。法式部的工作就是从实物调查入手，对古建筑进行测绘、制图、分析鉴定。林徽因当时则在中国营造学社担任梁思成的校理。

中国营造学社始建于1929年，原名叫中国营造学会（下文简称"营造社"），是一个旨在研究建筑文献的学术团体。创建人是朱启钤。朱启钤，字桂辛，号蠖园，祖籍贵州开州（今贵州开阳），1872年11月12日生于河南信阳。1964年2月26日卒于北京。原中国北洋政府官员，古建筑学家，工艺美术家。

朱启钤曾经手修建中山公园，大约便是始于那个时间，他对建筑艺术产生了极浓厚的兴趣。后又在南京的江南图书馆遇到北宋土木建筑家李诫编纂的《营造法式》一书，大为震惊。正是因为《营造法式》，朱启钤方决定，将余生奉献给古建筑研究，并于日后创建了"中国营造学社"。

说到朱启钤和营造社，便要提及当年梁思成与林徽因从东北大学双双离职回到北平一事。自然，主因是林徽因病情恶化，须回北平治疗静养。但当时营造社对梁林夫妻二人的热忱邀请，亦有极大的促动作用。

因朱启钤早年曾拥戴袁世凯复辟，个人声誉不佳，所以，起初夫妻二人对参加营造社一事甚为犹豫。但朱启钤其人对建筑事业有着旁人所不能相比的投身决心，态度亦极端肃、诚恳。因此，1931年9月，大约是林徽因病情好转从香山返回北总布胡同的时间前后，夫妻二人终于决定辞去东北大学的职务，应邀加入。

串联起朱启钤和营造社，以及营造社和梁林夫妇的关键所在，皆是李诚的《营造法式》一书。梁林夫妇当年自留学宾夕法尼亚立志投身建筑学始，便对李诚和他的《营造法式》推崇备至。

他们二人当年的婚礼便为纪念李诚定在了3月21日。3月21日是李诚的碑上唯一留下的日子。后又给儿子取名"从诫"，也是寓意期望他能"效法李诫"，亦能在建筑事业上有所承继。自然，取名是初衷，但日后对梁从诫的教育依然是开放并自由的。

在林徽因8月产下梁从诫之后，身体亦有好转，休息不久，便难抑心中热情，与梁思成一起去往北平郊区考察。他们去的地方是北平西山北部寿安山南麓。

此处有一卧佛寺。

· 那日，梁林夫妇入山。老远便总闻回响，似幻听。许是那尊石佛睡得沉实，发出鼾声来相迎。往日里，他只是静默地卧在山林深处，寂静无声。不管人世霜风雪雨，不管浮尘石火电光。而今日，这人间有极好的一男一女来此深山探访，连卧佛的心都惊动了。

寺庙住持叫智宽。智宽和尚形容淡静又慈祥。夫妻二人曾在京郊小游时与智宽和尚结识，时隔半年有余，见到这对佳美夫妻叩门入寺，智宽和尚心里很是欢喜。

当日寿安山热闹，游山的人极多。虽看过去亦成景致，但智宽说，自先师以每年一百元的租金，将寺庙租给基督教青年会之后，山里便总不得清净，而今也成了困扰。倒是林徽因看得深刻些，凡事皆有两面的。也因了这个缘故，至少庙里香火旺些，也让更多人知道了这里。

寺庙始建于唐代贞观年间，初名"兜率寺"。元代延祐七年扩建，到至顺二年完工，改称"大昭孝寺"，后又改名"洪庆寺"。明代宣德、正统年间重修，改称"寿安禅寺"。崇祯年间，改称"永安寺"。清代雍正时期，再次重修，并称之为"十方普觉寺"。但因寺中有一座檀木雕刻而成的卧佛，所以俗称"卧佛寺"。

林徽因曾在据此考察后写成的《平郊建筑杂录》一文中，如此评说此寺庙建筑特色：

这种平面布置，在唐宋时代很是平常，敦煌画壁里的伽蓝都是如此布置，在日本各地也有飞鸟平安时代这种的遗例。在北平一带（别处如何未得详究），却只剩这一处唐式平面了。……卧佛寺各部殿宇的立面（外观）和断面（内部结构）却都是清式中极规矩的结构，用不着细讲。

在当时，寺庙周围环境的确已遭到破坏，譬如放生池周围的白石栏杆，而今已被拆下叠成台阶，成了游人下池嬉耍的石级。所以，林徽因又在文章中感慨："'保存古物'，在许多人听去当是一句极迂腐的废话。'这年头！这年头！'每个时代都有些人在没奈何时，喊着这句话出出气。"

从卧佛寺出来之后，二人驱车前往香山之南的法海寺。此寺不大，甚至是极不起眼的，但这座小寺的寺门令梁林夫妇二人产生了极大兴趣。寺门形状奇特，呈圆拱形，门上有小型白塔一座，较为罕见。二人详细考察完毕，方才踏上回程。

路上，途经三座石龛，落在林徽因眼中亦是别有一番趣意。在林徽因心中，建筑当中的一砖一瓦皆是灵动的，禅意的，别有内蕴的。更是一种生命的存在，一种美学的存在。

用她自己的语言便是："这些美的存在，在建筑审美者的眼里，都能引起特异的感觉，在'诗意'、'画意'之外，还使人感到一种'建筑意'的愉快。"所谓"建筑意"，大约就是林徽因认为人们能够感知到的，关于建筑内在的某些独特的生命寓意。

倾谈四

人生如焚心取暖

16ˉ工事

心持梦想的女子，坚硬如水。

她一生都活得热烈丰盛，又清朗如江川。时时都握着手里的初衷和梦想，在迢迢远路之上，所眷注的便是只是一心一念的，"建筑"这一件事。她最想做好的，除了那深广虚缈的爱，便就只是它了。

自1932年起，林徽因一生历经大小建筑考察活动数十次，而这当中，有几次对她来说是极重要的。1933年便有两次重要考察，分别是9月在山西大同的考察和11月在河北正定的考察。

是年9月。林徽因和梁思成，以及建筑学家刘敦桢、莫宗江等人一起去往山西大同。来此处，要考察之处不多，但很明确，考察点亦极具代表性，即华严寺、云冈石窟和善化寺三处。

华严寺位于大同市内，是佛教华严宗的寺庙。寺庙大殿始建于辽代清宁八年，即1062。是迄今为止已发现的形体最大的古建筑。当中辽代铸造的佛像也都保存得较为完好。华严寺的薄伽教藏殿内置放经书的书橱亦是现存最古老的。

而与河南洛阳龙门石窟、甘肃敦煌莫高窟、甘肃天水麦积山石窟齐名的云冈石窟更是极具古建筑研究价值。

它创建于北魏时期，历时五十年，动用四万余人方才筑造完成。石窟位于山西省大同市以西十六公里处的武周山南麓。依山而凿，东西绵延约一公里，气势恢弘，内容丰富。现存主要洞窟四十五个，大小窟龛两百五十二个，造像五万一千余尊。其中，昙曜五窟布局设计严谨统一，是中国佛教艺术第一个巅峰时期的经典杰作。

当时，林徽因等人克服了各种困难，熬忍了数日辛苦，方才完成了建筑史上对云冈石窟的第一次系统研究。大至洞窟的布置、构造及筑造年代，小到石窟当中的塔、柱、阑额、斗拱、踏步、藻井等各种微细之处的特征和背景，巨细无遗。

关于云冈石窟的考察结论，他们在后来发表的《云冈石窟中所表现的北魏建筑》一文当中这样总结道：

云冈石窟乃西域印度佛教艺术大规模侵入中国的实证。但观其结果，在建筑上并未动摇中国基本结构。在雕刻上只强烈地触动了中国雕刻艺术的新创造——其精神、气魄、格调，根本保持着中国固有的。而最后却在装饰花纹上，输给中国以大量的新题材、新变化、新刻法，散布流传直至今日，的确是个值得注意的现象。

继而，又对位于山西大同城内西南隅——面积一万四千多平方米的善化寺——进行了考察。善化寺是现存较为完整的一个辽金时代建筑组群。

它始建于唐代。唐玄宗时称"开元寺"。五代末晋初年，改名"大普恩寺"，俗称"南寺"。辽代末保大二年寺庙大部毁于兵燹，金初重修。历时十五年方才竣工。元代仍名"普恩寺"，已颇具规模。明代再次修缮，正统十年始更称今名"善化寺"。

寺内存有泥塑、壁画、碑记等各种珍贵文物，其中金代泥塑的造型极优美，亦颇有个性。尤其是当中的"二十四天王像"，或袒膊赤足，披纱衣似来自天竺国土；或身着铠甲，衬皮毛以抵御北国寒风。形态各异，生动至极，甚是精美。

大同的若干古建筑考察事宜结束之后不过两个月，林徽因等一行人又再次起程，去往河北正定。前一年4月，因林徽因有孕，所以梁思成已与同好一起去正定考察过一次。当时，确知的宋辽时期古建筑已多达十四处。

此行有一掌故。据说，当时一行人考察隆兴寺时，其中一座摩尼殿的筑建年代无法考证，于是梁思成便凭靠自己的学识与已掌握的资料判断，此建筑的筑建时间最晚是造于北宋时期。到1978年摩尼殿大修时，专家发现新的史料，证明此殿筑建时间果真便是北宋时期的1052年。可见，梁思成在建筑学上的造诣是极深的。

关于梁思成对古建筑之痴迷，林徽因曾在《闲谈关于古代建筑的一点消息》一文中说："我只得笑着说阿弥陀佛，他所倾心的幸而不是电影明星。"可见他实在是"建筑痴儿"。

林徽因自己又何尝不是。在林徽因心中，草木可有情，顽石亦性灵。每一次考察，她皆是以心测绘，以爱度量。在与一砖一瓦的亲昵当中，自己亦好似回到古老年代，见证旧时光里的嶙峋古道或是荒芜塞外。

以极挚诚的态度，雕刻、建筑着自己的人生美学。

17ˉ莫逆

友谊这件事，是极深奥的。

林徽因一生所遇之男女。与之朝夕不离、生死相依者，有梁思成。与之缘浅错爱、纯真相扶者，有徐志摩。与之爱于微处、恩情不绝者，有金岳霖。他们自是她命里极重要的，亦皆是与她有男女之欢恋情爱牵系的。

唯独那两个人，是真真隔绝了浮世欲情，心无杂念与她相待、相知、相守的人。是真正将友谊生发至纯粹境地的两个人。这种情谊，自与她和金岳霖的不同，与她和徐志摩的亦有差别，更是与她和梁思成的截然相迥。

他们便是，费正清与费慰梅。

费正清（原名"John King Fairbank"）与费慰梅（原名"Wilma Denio Canon"）是美国人。费正清来自美国的南达科他州，费慰梅来自马萨诸塞州。两人都是痴迷中国文化至不能自抑。亦是因此，他们相知相爱，并最终决定要在中国举办他们的婚礼，以示纪念。

于是1932年，二人先后来到中国，并在这年夏秋之交，在北平举行了结婚典礼。仪式虽是简单依照西方的模样，但他们心知，从这以后，他们与这方水土的关联自浅而深，再不能切断。而他们与中国的渊源是真真终生未绝。直到暮年，二人依旧心念着北平的风物人情。

当中，他们最怀念的便是梁思成与林徽因。

梁林夫妇与他们的美国友人相识在那一年的一场美术展览会上，一如当年他们穿越欧亚大陆回家时在莫斯科遇到查理斯和孟德利卡·查尔德夫妇那般。而今，这对美国夫妇亦是在人群中一眼看到他们。梁思成与林徽因，始终是庸扰的人群里，最清雅的那一对。

费正清一直在为自己的博士论文《中美贸易关系发展史》收集材料，费慰梅则深为山东武梁祠的汉代拓片所着迷。而梁林夫妇的谈吐和不凡之学识，实在令这对美国夫妇钦佩至不能言表。

几番交谈下来，两对夫妇之间那种莫可名状的亲密感油然而生。在这新旧更替的土地上，梁思成和林徽因无疑是走在最前面的，于是，从某种程度上来说，他们亦是较孤独的。所以，他们始终都渴望有进步的人能够与之分享心念之潮动。

这一种渴念和牵系，之于费氏夫妇亦是如此。

当时，费氏夫妇住在西总布胡同二十一号，距离林徽因家不过数百米之遥。略夸张地说两家比邻，亦不为过。相识之后，又由于距离实在近得很，因此，费氏夫妇便常常忍不住去往林徽因家。一来二去，真真便应了那句"朝夕过从，遂成莫逆"。

费慰梅与林徽因的感情极好，时常在闲时骑单车去往北总布胡同，与林徽因一起闲话倾谈、饮茶共食，亦常常一起相伴骑马。她与丈夫费正清自然也是"太太客厅"文人雅聚之常客。可见，林徽因一家对于费氏夫妇吸引之大。

人以群分，大约也是有几分道理的。所以，林徽因后来在写给费慰梅的信中坦陈心意，写道："自从你们两人来到我们身边，并向我注入了新的活力和对生活以及总体上对未来的新看法以来，我变得更加年轻活泼和有朝气了。"

费正清晚年亦在《费正清对华回忆录》里说道：

我们在中国（或者在别的地方）最亲密的朋友便是梁思成和他的妻子林徽因，他们是两个把中国的文化传统和盎格鲁撒克逊的文化传统结合起来的人。要客观地描述非常亲密的朋友倒不是容易的。中国对我们产生巨大的影响，而梁氏夫妇在我们旅居中国的经历中起着重要的作用。如果把维尔马和我当做沟通中美两国文化的中间人加以报道，那么该报道必须把他们包括进去，此外还需要包括他们的亲密的朋友和邻居金岳霖教授。

虽然当时费氏夫妇给闭塞保守的林徽因母亲和林家仆人造成了困扰，但到底是用自己的人格魅力打消了他们心中对"洋人"的芥蒂。林徽因也毫无避讳极坦诚地与费慰梅提及心中对徐志摩和金岳霖的态度，甚至情意。

关于两对夫妇之间来往的若干事宜，费慰梅曾在专门为梁林夫妇撰著的《梁思成与林徽因》一书当中细致写道：

随着我们友谊的加深，我经常骑自行车或坐人力车在天黑时到梁家去。一个仆人把天井入口处红漆的双扇大门的门闩打开，我就穿过小花园去找到徽因。在起居室一个暖和的角落里坐下并泡上两杯热茶，我们就赶快开始叙述我们各自为对方保留的故事和想法。我们有时分析和比较中国和美国的不同价值观和生活方式，但接着我们就转向我们在文学、艺术和冒险方面的许多共同兴趣，把关于对方不认识的朋友的追忆告诉对方。

天才的诗人徐志摩当然是其中的一个。她不时对我谈起他，从来没有停止说话来思念他。我时常想，她对我用流利的英语进行的题材广泛、充满激情的谈话可能就是他们之间生动对话的回声，那在她作为一个小女孩在伦敦时就为她打开一个更广阔的世界。

徐志摩的朋友、大家都叫他"老金"的哲学家金岳霖，实际上是梁家一个后加入的成员，就住在隔壁一座小房子里。梁氏夫妇的起居室有一扇小门，经由"老金"的小院子通向他的房子。通过这扇门，他常常被找来参加梁氏夫妇的聚会。到星期六的下午老金在家里和老朋友们在一起的时候，流向就倒过来了。在这种时候，梁氏夫妇就穿过他的小院子，进入他的内室，和客人混在一起，·这些人也都是他们的密友。

所谓"莫逆"，《庄子·大宗师》曰："（子祀、子舆、子犁、子来）四人相视而笑，莫逆于心，遂相与为友。"是心如一，念如一，情至深，意至深的友人。费氏夫妇与梁林夫妇便是如此。这份友谊渗透至彼此的生活微处、工作困境、前途险时、未来暗冷或明暖之日。

一点一滴，都是深刻的，铭心的。

1934年，林徽因最重要的考察行旅则是与梁思成在他们的美国朋友费正清、费慰梅夫妇的陪同下共同完成的晋汾之旅。而这场旅行，亦成为两对夫妇之间珍贵友谊之最佳美的回忆印证。友人之间，总要共同经历一两件事，以雕刻于时光深处，供一生一世去忆念。

18 ˉ 晋汾

来说说梁林夫妇与费氏夫妇的那一次晋汾之旅。

1934年8月，梁思成和林徽因准备邀请费氏夫妇去北戴河避暑之时，费氏夫妇也发出邀请，希望二人能够相伴一起去往山西汾阳城外的峪道河边消夏。

因梁林夫妇计划不久之后去山西赵城考察，赵城距离汾阳不远，一番思虑之后，梁林夫妇便决定放弃自己的北戴河避暑计划，转而与费氏夫妇一起去往山西汾阳的峪道河。

峪道河旁，有一个由小磨坊组成的村落，是个清净美妙之地。每年夏日，此处都是绿杨荫郁，又有溪水流经，风景佳美，实在是个避暑的好地方。费氏夫妇便住在当中一间已被他们的传教士友人购置的磨坊里等候梁林夫妇的到来。那处，正如费慰梅自己在《梁思成与林徽因》一书中写的一般：

　　一道从附近山上奔泻而下的溪流，穿过长满了白杨的山谷、斑驳的树荫，汩汩流过磨坊的厚石墙，在华北炎热的夏季，磨坊内自有一股清凉。

　　不日，梁林夫妇便抵达了这一处幽静之地。四周美景令林徽因甚觉欢喜，后来她在此期间创作的散文《山西通信》里写道：

　　居然到了山西，天是透明的蓝，白云更流动得使人可以忘记很多的事，单单在一点什么感情底下，打滴溜转；更不用说到那山山水水，小堡垒，村落，反映着夕阳的一角庙，一座塔！景物是美得到处使人心慌心痛……

　　当时，费氏夫妇还特别将费正清的一名助手请来当做向导。但此人狭隘，对村野之妙并无兴趣，甚至将当地村民低看一等，虽也会说一些费氏夫妇不知晓的掌故来佯装欢喜，但到底气场是不对的。所以，梁林夫妇一到，他便顺势离开汾阳，回了北平。

　　梁思成心思缜密，亦时时不忘建筑考察一事。入定不久，便四处走动，对附近寺庙作了一轮简单考察。尔后，又拟订了一个考察计划，准备从省城太原出发，一路南下，至赵城去考察。途经八个县城，因此，行旅并不轻松。

虽有费氏夫妇伴行，但计划不如变化，前途困阻不断。

林徽因一行人少将心思集中于政治，因此对当时政局之细微变化并没有及时掌握清楚。当时，山西军阀阎锡山为抵制南京政府军北上，在军队北上的必经之路上铺设了窄轨铁路阻断标准轨距的火车进入。而林徽因等人对此毫不知情。得到消息时，一行人已准备就绪，将要出发。因此，一时间，来不及也不打算再更改计划。

他们从传教士手中租来汽车一辆，却不想天公亦不作美，瓢泼大雨将黄土马路淋至泥泞，烂不堪行。汽车已然无法行进，四人便只能将行李搬入临近的一座庙。次日，租了两辆驴车，又雇了船再走水路过河，终向介休行进了约二十五公里。

当日黄昏时分，终于见着之前听闻的阎锡山铺设的窄轨铁路。场面极恶劣，路轨旧损歪扭，高低不平，不成样子。大路完全无法通行，只能从轨道旁的一条逼仄小路狭行通过。如是颠簸再三，几人都一一开始疲乏。最终，只能再次止步，寻找旅店投宿。

第二天，他们发现能助他们穿过那些窄仄小路南下的交通工具只有车身同样窄小的人力车。但此时，多数车夫都因战争需要被征调他方，所剩无几。庆幸的是，在旅店老板的协助下，一行人最终找到了三位车夫，得到三辆人力车。

如此，走了大约十四里。日暮时分，四人注意到了附近的一座门楼。起初便想夜里住宿的地方可算勉强解决。不料，待一行人将行李搬入楼门之时，发现已有一群士兵睡在当中，且兵士们对四位不速之客十分恼火，吵嚷不停。直至领军的一名少校前来制止。

少校见眼下四人皆看上去极斯文，又听了梁思成的解释，一时间竟对四人钦佩起来，之后更是热心地在一家私人住宅里弄到一间颇精致的房间给四人住宿。这桩事，算是这一艰难路途之上，因祸得福，意外拾得的一个好处。令四人难忘。

第二天，继续南行。

只是，当时的路面情况可谓"惨烈"。坑洼不平，泥泞难行，碎石垃圾几乎铺满南行的路面。而四人所雇用之人力车到底耗费的是人力，车夫精力有限，因此，进程十分缓慢。夜幕降临时，距离下一站霍州县依旧遥遥相聚十二公里。

此时，他们可以做的事情只有一件，充满绝望地逼迫自己前行。到底是天无绝人之路，深夜抵达霍州时，城门竟尚开着，似是一早便迎在这里，专候着四人的抵达。入城之后，四人已疲惫至极，林徽因身体不好，更是寸步难再行。

一路上的费用已远超计划之外，但当时，几人急需休息并补充能量，庆幸费氏夫妇找人问到了传教站的地址，登门借助。抵达霍州传教站后，接待四人的是一对夫妇，带着六个孩子一起生活。传教站环境极整洁，又有热心夫妇在伴，令四人深觉温暖。这感觉，实在久违。

至此，四人终于可以安稳休息两日。在霍州县两日里，他们休息之余，仍旧考察了不少地方。譬如，太清观、文庙、东西福昌寺、火星圣母庙、县政府大堂、北门外桥及铁牛等处。两日之后，四人重新起程，去往此行的最后一站——赵城。

抵达赵城之后，四人依旧是住在费氏夫妇求助的当地传教士所安排的住处。一路上，始终不得不依靠这对美国友人寻找传教士的帮助令梁思成和林徽因心中甚为不安。因这行旅所经之地，到底是在中国。

在此行终点赵城一带，梁思成和林徽因主要考察的目的地是霍山山脉南麓的广胜寺。广胜寺分上下两寺，于东汉建和元年创建，初名俱卢舍寺，唐代改称今名。大历四年重修。元大德七年地震毁坏后重建。明清两代又予以补葺，始成现状。

起初，吸引梁林夫妇来此处考察的主要原因，是1933年此寺宋版藏经的发现。得此消息之后，梁思成认为藏经之地广胜寺建筑很可能也是建于宋代。但经二人考察，并非如此。虽然寺庙的始建年代较早，但中间曾遭地震破坏殆尽，彼时二人得见之广胜寺建筑则是元末明初时期重建而成。令梁思成颇以为憾。

但寺中的琉璃宝塔依旧让二人深觉惊艳。

数日考察完毕之后，四人起程返回峪道河。继而，回京休养。此行考察之困难百出，令身有病患的林徽因与跛足的梁思成元气大伤。但当中依然是意趣甚多，收获亦不小。日后的回忆，仍旧总是佳美的。两对友人的情意更是在这一路辛苦之后，愈加深刻。

费正清后来说："我们的友谊是在艰难时刻同甘共苦所结成的，在空旷道路上的历险使我们四个人在难以忍受的环境中相依为命，不分主客。"

在山西考察的过程当中，林徽因创作的散文名篇《山西通信》，刊登在两年后即1936年8月25日的《大公报·文艺副刊》上。文章融汇了林徽因自己对这一趟晋汾建筑考察之行旅的各种细微感受，或伤感，或喜欢。

此次晋汾之旅的始末经过，大概即是如此。

19 ˉ 不安

30年代初，梁林夫妇加入营造社之后，林徽因成为梁思成建筑研究工作上最重要的同伴。无论是大小建筑的考察，还是建筑学著作的撰写，林徽因都给予了梁思成最大限度的帮助。

1934年，梁思成的第一部单行本著作《清式营造则例》由中国营造学社出版。此书，是梁思成建筑学研究事业的一个标志性成果。因此，它之于梁思成而言，所蕴涵的意义自是非同一般。而正是诸多成果日渐累积之下，梁思成越发清晰地知道，林徽因之于自己，是多么的重要。

后来人说，没有旧年旧日的林徽因，亦不会有梁思成日后的成就。此说不为过。梁思成自己亦曾坦诚说道："我不能不感谢徽因，她以伟大的自我牺牲来支持我。"在《清式营造则例》的《序言》当中也说：

内子林徽因在本书上为我分担的工作，除《绪论》外，自开始到脱稿以后数次的增修删改，在照片之摄制及选择，图版之分配上，我实指不出彼此分工区域，最后更精心校读增削。所以至少说她便是这书一半的著者才对。

在《清式营造则例》出版之后，梁思成的工作任务愈加繁重起来。之后，中央研究院交给营造社一项测绘故宫建筑群的任务。如此重要的任务自然是由梁思成全权负责。因任务规模庞大，完成它需要的时间跨度较大，到后来，抗日战争爆发，测绘和整理工作便不得不中断。

1935年年初，在梁思成就山东曲阜的孔庙修缮和养护一事忙碌时，林徽因的肺结核病不幸复发。林徽因不得不接受医生建议去往北戴河疗养，如此一来，梁思成的工作亦多少受到影响。

但令梁思成欣慰的是，有医生叮嘱再三，妻子终于可以不得不停下手边一切琐碎工事，安稳休息。虽最终她并未依照医生所说的卧床三年，但亦保证至少半年不再忙碌。梁思成时常劝说她身体弱，勿操劳，勿担忧，勿时时挂记世间不绝之人事。而今，这桩最重的心事也算有所纾解。

林徽因是内心有川海的女子，创作欲念是极旺盛的。因此，若是要她真真"闲住"，万事不理，是不可能的。因此，在这期间，她虽对身体的问题有所顾忌，没有出行考察古建筑，却在文学创作上建树不小。

是年6月，林徽因在《文艺月刊》第7卷第6期上发表了诗作《吊玮德》。随后，小说《模影零篇：钟绿》《吉公》，诗《城楼上》以及散文《纪念志摩去世四周年》发表在《大公报·文艺副刊》上。并有未发表诗作《灵感》一篇，日后也被收录在她的诗集里。

林徽因深迷北戴河佳美风景，也曾试图邀请费氏夫妇小住，但碍于梁思成的二娘王桂荃不悦，最终作罢。王桂荃是梁启超的第一任夫人李惠仙来到梁家时的陪嫁丫鬟。后由李惠仙做主，嫁给梁启超做妾。她在两家也是极重要的人物。

王桂荃是思想保守之人，费氏夫妇要是去往北戴河与梁林夫妇同住，都是年轻男女，因此，王桂荃以为十分不妥。也就不了了之。

正待林徽因疗养数月身体好转之时，政局愈加动荡，世人愈加不安。是年11月21日，日本下令将天津的《大公报》停刊，以一份新的报纸《联合亚洲先驱报》强行取而代之。报社不少社员被强行劳作，于是也依照旧例继续给林徽因寄赠样报。

·据《新文学史料》1999年第2期第165页记，当时，林徽因收到报纸读了社论之后，可谓怒发冲冠。得知又有近五十名老社员留下，林徽因忍不住当场厉声责问："难道他们不知道他们在做什么？"身旁的梁思成亦气愤至直接将报纸丢入火炉。

此一桩事是有所昭示的。

往后的日子大概将要不一样了。

彼时，林徽因也是隐隐知道的。但她心中尚有明光，尚怀揣热烈希望，只是不安。不想，待她疗养结束回到北总布胡同之后，不顺心的事，接踵而至，委实不少。总是令她那么为难，这生活。

她有一个同父异母的弟弟林恒。林恒是林徽因二娘程桂林所生，这一种与生俱来的血缘羁绊，让成年后的林恒受到了尴尬的亲人待遇。姐姐林徽因对他并无芥蒂，那原本即是上一辈的事，林徽因思想开放进步，绝对不会因为与他们本身并无关系的老人旧事续恨。但林徽因的母亲何雪媛，并不如此。

何雪媛思想陈旧，性情亦远不如女儿讨喜，她对程桂林的怨恨深入骨血。在林徽因从北戴河回到北平之后，林恒为了报考清华大学机械系，便在姐姐家中备考复习。而何雪媛自林徽因回国去福建老家将母亲接到身边之后，便一直与林徽因和梁思成同住。林恒的到来，令何雪媛极不称心。

母亲对林恒的态度不和善，如此一来，便让林徽因陷入一个为难的处境。林恒心中亦是明白的，知道大娘对自己心存芥蒂，但长姐林徽因待他委实又无可挑剔，是极贴心。林恒亦无法，唯能在大娘的脸色之下，时时念着长姐的好，来度过这段时光。

1935年12月9日，"一二·九"运动爆发。北平六千余学生游行示威。一时间，大街小巷皆充斥着"反对华北自治"、"停止内战一致对外"、"打倒日本帝国主义"等政治口号。随之，各地学生皆群起响应，声势浩大。

梁思成同父异母的妹妹梁思懿是"一二·九"运动中的学生骨干，是燕大学生领袖，当时被称为"燕京三杰"之一。1933年，她考入燕京大学医学预备班，原本打算三年之后入协和医学院学医。但后来为参加革命，转入燕京大学历史系，并自1935下半年始投身学生运动。

12月9日当天，梁思懿便遭官兵毒打，随时面临被捕的危险。幸得长兄嫂相救，将她藏于家中，并安全送往南方。

此时，冀察政务委员会因学生游行示威被迫延期成立，"一二·九"运动推向高潮。但坏事不绝，林恒突然失踪。因国民政府对学生运动残酷镇压，不少学生受伤住院，甚至丧生。彼时的林恒正是血气方刚的烈性少年，因此也参与到运动当中，被打昏在西城地区。

当林徽因一行人找到弟弟林恒时，林恒已失踪长达十二小时。彼时，林恒身体虚弱，林徽因再一次陷入濒临绝望的惶恐当中。她与林恒感情极深，守在危在旦夕的弟弟身旁时，一阵一阵的恐惧感将她覆没。

那恐惧，多年前得知父亲去世时，亦曾有。

  经此一劫，林恒康复之后，便毅然决定放弃报考清华大学机械系，改投考空军学院。人生世事总是如此难料。彼一时，风清月朗，天宽地阔。此一时，则是山荒水浩，啸海风涛。

20ˉ微光

　　早在1931年9月18日，日本制造"柳条湖事件"，日本驻中国东北地区的关东军突然袭击沈阳，以武力攻击东北，发动了对中国东北的战争。当时林徽因虽已返回北平，远在香山疗养，但当"九一八"事变的消息传到北平时，林徽因心中剧痛。

　　当年离开东北大学，除了林徽因身患顽疾和营造社之邀，日军的侵略动作成为他们请辞东北大学的第三个原因。林徽因是断然无法与敌人共生一处的。她是烈性女子，长期处于险境，她也不知自己是否会做出肆意的举动，闯出祸来牵累亲友。

　　本以为，离开沈阳，可得安宁。

　　不想，日本国野心膨胀，愈加猖狂。"一二·九"运动之后，北平危机的消息漫传，之后，包括诸多文人在内的各界人士皆开始有所行动，欲离北京。几所国立大学也纷纷准备南迁。但中国营造学社的领头人朱启钤并无此意。梁思成权衡再三，毅然决定将营造社的珍贵资料和收藏进行转移，以防落入敌手。

梁林夫妇，包括各界友人，皆面临着去留的选择。

此时，挚友费氏夫妇在华的学业正好结束，又逢此乱世，二人便决定在是年圣诞返回美国。被迫与梁林夫妇分离，费氏二人心痛至极。费正清后来回忆这段往事时说：

让我们把中国的艰辛工作暂时丢下了。我们切身体验到既宽慰又内疚，心中不免百感交集：那么多的美国人已把自己的思想感情跟他们的不太幸运的中国朋友联结在一起了。

跟像梁氏夫妇那样的朋友告别，确实是极端痛苦而难忘的。我们彼此互相切磋琢磨，我们也竭尽全力彼此相互接济。菲利斯（按，林徽因的英文名字）已成为我们两口子最亲密的朋友。我们的分手告别真是十分令人心碎。

在"一二·九"运动之后，日本政府置事实于不顾，竟出面否认对华北的侵略意图。虽是幌子，虽日军将要攻入北平的消息开始漫传，但客观上到底让北平得到了极为短暂的宁静。

这段时间，林徽因迫使自己将心思置于文学创作当中，以求在文字当中寻找最后的慰藉。以为，如此或可疗愈内心伤痛，得片刻安心。

虽沉重家务和家中人事变迁之纷扰皆令林徽因身心疲乏，譬如弟弟林恒的事、梁思成妹妹梁思懿（梁家排行老七）的事，以及梁思成长姐梁思顺（梁家排行老大）与林徽因不和等各种纷杂琐事皆给她带来不小困扰，但她依然在用尽心力持守最初之梦想。

1936年，林徽因先后创作发表了诗歌、散文、小说和评论十余篇。当中包括她的名诗《记忆》《静院》《八月的忧愁》，散文名篇《究竟怎么一回事》等诸多作品。

她写《微光》：

街上没有光，没有灯，
店廊上一角挂着有一盏；
他和她把他们一家的运命
含糊的，全数交给这黯淡。

街上没有光，没有灯，
店窗上，斜角，照着有半盏。
合家大小朴实的脑袋，
并排儿，熟睡在土炕上。

外边有雪夜；有泥泞；

沙锅里有不够明日的米粮；
小屋，静守住这微光，
缺乏着生活上需要的各样。

缺的是把干柴；是杯水；麦面……
为这吃的喝的，本说不到信仰，——
生活已然，固定的，单靠气力，
在肩臂上边，来支持那生的胆量。

明天，又明天，又明天……
一切都限定了，谁还说希望，——
即使是做梦，在梦里，闪着，
仍旧是这一粒孤勇的光亮？

街角里有盏灯，有点光，
挂在店廊；照在窗槛；
他和她，把他们一家的运命
明白的，全数交给这凄惨。

这凄惨。

她是写给：

战争。

贫民。

绝望。

运命。

和，时代。

倾谈五 — 人生如陌上阴天

21¯伽蓝

是，世道已乱。

只是，她尚未将自己逼至孤绝的境地。心中仍有微细希望，仍旧惦念昔日之理想。她知道，一场无法避免的灾难即将来临。但她仍旧在想，再远行，走一回。哪怕是做最后的纪念。因此，在抗战爆发之前，林徽因和梁思成仍旧在危机四伏的艰险条件下，坚持进行了几次较重要的古建筑考察。

1936年5月28日，林徽因与梁思成去往河南洛阳，会同先期抵达的刘敦桢和陈达明等人，欲一起考察著名的龙门石窟。

龙门石窟，著名三大石刻艺术宝库之一，位于河南省洛阳市南郊12公里处的伊河两岸。经过自北魏至北宋400余年的开凿，至今仍存有窟龛2100多个，造像10万余尊，碑刻题记3600余品。数量之多，居中国各大石窟之首。龙门石窟之雄奇，令林徽因震惊。

她说：

我现在是坐在最大的露天石窟龙门下面，那九座最大的佛像，或坐姿或立姿，或静止或活动，都瞪着我（我也瞪着他们）……我被只有在这种盛大场面才会产生的恐惧感压倒了。

另据说，考察龙门石窟时，发生了一件令人极苦恼的事，事虽恼人，但日后倒成了忆念旧事之谈资。当时，大约是气候环境诸多因素使然，林徽因一行人所入住的旅馆竟遍布跳蚤。据梁思成回忆说："我们回到旅店铺上自备的床单，但不一会儿就落上一层沙土，掸去不久又落一层，如是者三四次，最后才发现原来是成千上万的跳蚤。"

林徽因也曾在写给梁思成妹妹梁思庄的信中说到此事。她说："整天被跳蚤咬得慌，坐在三等火车中又不好意思伸手在身上各处乱抓，结果浑身是包。"

考察完龙门石窟之后，一行人去了关羽墓。关羽墓，在关林，位于洛阳市南郊八公里处，是一个布局严整之古建筑群。关林总面积约百亩左右，古柏苍郁，殿宇堂皇，隆冢巨碑，景致幽然。当中藏有非常珍贵且极具考察价值的石刻艺术品，令林徽因等人惊喜不已。

之后，他们便顺势又去了开封。

在开封。古都城市，总有一种无可驱散的陈旧气场，且宁静。开封亦是如此。虽行途入住的地方依旧是肮脏且臭，但身处古都的林徽因心中仍有欢喜。他们先后考察了当地宋代的繁塔、铁塔和龙亭等处，而后去往山东济南，考察了历城、章丘、临沂、益都、潍县、长清、泰安、慈阳、济宁、邹县、滕县等地。

令林徽因难忘的，是历城柳埠青龙山麓的古代名刹神通寺，当中一座四门塔建于隋代大业七年，外形与云冈浮雕类似。另有泰山脚下泰安城内的岱庙是此行考察一大收获，它是泰山最大、最完整的古建筑群，为道教神府，是历代帝王举行封禅大典和祭祀泰山神的地方。

日本人曾说中国已不存在唐代木构建筑，若想一睹唐代木构建筑之风采，唯有奈良可见。但梁思成和林徽因不信。带着寻觅唐代木构建筑之信念，他们在史籍资料当中寻到了蛛丝马迹，并决定去往据判断最有可能存有唐代木构的山西五台山，一探究竟。

次年6月，梁林夫妻和莫宗江、纪玉堂一起去往五台山，寻找极有可能存在唐代木构建筑的佛光寺。

去往太原途经榆次时，坐在火车上，林徽因发现远处一座庙宇，并迅速判断出该庙不寻常，始建年代久远，应当折去考察一番。于是，一行人便临时下车去往了林徽因所见之寺庙。

寺庙叫永寿寺，亦有不小规模，但年代久远，而今只剩一座雨花宫，雨花宫建于宋代大中祥符元年，即1008年。该建筑在1949年之后被拆除。因此，当年林徽因等人留下的照片和测绘数据与考察所得相关资料便独一无二。弥足珍贵。

而后，一行人按原计划继续前往太原，目的地是五台山佛光寺。佛光寺位于五台县城东北六十华里，始建于北魏时期。抵达佛光寺后，果真发现有唐代木构建筑数处，以及不少泥塑、石刻、壁画、墨迹。另有魏唐时期的墓塔、石雕等，皆为珍贵的历史文物。

这一天，是1937年7月7日。

在他们考察完毕离开五台山至代县休息那几日，林徽因才看到报纸，得知在他们发现国内已知最古老木构建筑之时，竟是抗日战争全面爆发之日。

梁思成后来说："七月十五日傍晚，我们在辛苦工作一天之后得到了一捆报纸，那是从太原带过来的，因为公路被水淹延迟了几天。当我们回到帐篷里躺在帆布床上读报的时候，赫然在目的大标题是：'日本猛烈进攻我平郊据点'，战争爆发已一星期了。"

不过是去年的春天，花香，
红白的相间着一条小曲径，
在今天这苍白的下午，再一次登山

回头看，小山前一片松风
就吹成长长的距离，在自己身旁。

人去时，孔雀绿的园门，白丁香花，
相伴着动人的细致，在此时，
又一次湖水将解的季候，已全变了画。
时间里悬挂，迎面阳光不来，
就是来了也是斜抹一行沉寂记忆，树下。

　　林徽因的《去春》，刊于该年7月《文学杂志》1卷4期。世间局势幻变之迅疾犹如去春之哀伤。当林徽因和梁思成得到消息之后，一路绕道回到北平时，那里，已成为一个冷森的，荒凉的，战场。

22˜尘烟

一场未能避、不可免的战争。

在抵达北平见到北总布胡同口已挖了战壕时，林徽因知道，这生活再不一样了。彼时，她看到这世界，心是日渐孤寒，也担心自己终有一日会在那无温的日光下变得绝望。

回到家中，林徽因与梁思成开始商量何去何从。人，事，物，无一不是令人烦扰不绝的。无论哪一方面，他们都要面临或轻或重的放弃、损失、牺牲。其实，也就一个瞬间，一个刹那，林徽因与梁思成两两相视，彼此心中便就有了主意。

商议之后，首先作出决定的是梁思成。面对诸多艰辛考察得到的古建筑测稿、图版、照片、模型、笔记和图书资料，梁思成决定，避免落入敌手，将之存入天津英租界的英资银行的保险库里。战后再取出来用。同时，梁思成把自己几篇极珍贵的论文寄往美国，请费正清夫妇帮忙保存，或发表。

另一头，林徽因则开始打点家中细软。

不久，梁思成就收到了"东亚共荣协会"发来的请柬，邀请他参加会议。梁思成知道，若是应了邀，苟全了人生，那么这一世将很难再得到良知轻饶。汉奸的帽子怕是一定无法再摘掉了。于是，梁思成知道，时候到了。他们一家不得不走了。

1937年7月29日，北平沦陷。在北总布胡同准备了近四十天，是年9月5日，包括林徽因母亲在内的梁家一家五口人，带上了随身行李和欲存入英资银行的珍贵建筑资料，匆匆踏上了行途——一条极漫长又充满艰难险阻，甚至未来不能预料的路途。

告别了最好的时光，和北总布胡同三号院。

第一站是天津。抵达天津之后，梁思成将资料和珍贵物品存入银行。而后致信知己费正清夫妇，随信寄去了那几篇论文，并简单告知了自己和林徽因的行程、去向。因北平沦陷的第二日，天津亦已沦陷，所以此时的天津亦已不是久留之地。

如梁思成在写给费正清夫妇的信中所说，他们"将要坐船到青岛去，从那里再经过济南，去到换车船不超过五次的任何地方，最好是长沙，而其间的空袭要尽可能的少"。

1937年9月25日，在天津逗留了二十日之后，林徽因一家人自天津登船南下，同行的还有金岳霖和朱自清等人。9月28日，抵达青岛，再经济南、徐州、武汉，于10月14日，抵达长沙。却也是文人避乱经验不足所致，竟住在必成军事攻击目标的火车站附近。

韭菜园教厂坪一百零四号民宅。
是一座灰砖砌的房子。
简陋，陈旧，有一种衰败的气息。

但林徽因并不在乎，依旧在这临时小家里将丈夫、子女、母亲的日常起居照料得悉心入微。昔日的一代才女，而今收放自如，将一颗心从文学、建筑上抽离开，将姿态放得极低，来做一个寻常女子，心中也不是不快乐的。如是，安好。

只是，战争年代，片刻安稳便是奢侈。

1937年11月下旬，林徽因一家的住处遭到日军三次空袭。住房炸塌，人却未有损伤，死里逃了生。后来，林徽因在写给费慰梅的信中说到了这次经历。她说：

在日机对长沙的第一次空袭中，我们的住房就几乎被直接击中。炸弹就落在距我们的临时住房大门十五码的地方，在这所房子里我们住了三间。当时我们——外婆、两个孩子、思成和我都在家。两个孩子都在生病。没人知道我们怎么没有被炸成碎片。听到地狱般的断裂声和头两响稍远一点的爆炸，我们便往楼下奔，我们的房子随即四分五裂。全然出于本能，我们各抓起一个孩子就往楼梯跑，可还没来得及下楼，离得最近的炸弹就炸了。它把我抛到空中，手里还抱着小弟，再把我摔到地上，却没有受伤。同时房子开始轧轧乱响，那些到处都是玻璃的门窗、隔扇、屋顶、天花板，全都坍了下来，劈头盖脑地砸向我们。我们冲出旁门，来到黑烟滚滚的街上。

当我们往联合大学的防空壕跑的时候，又一架轰炸机开始俯冲。我们停了下来，心想这一回是躲不掉了，我们宁愿靠拢一点，省得留下几个活着去承受那悲剧。这颗炸弹没有炸，落在我们正在跑去的街道那头。我们所有的东西——现在已经不多了——都是从玻璃碴中捡回来的。眼下我们在朋友那里到处借住。

林徽因所说的朋友，主要是指张奚若等人。张奚若早年在哥伦比亚大学读政治学，与林徽因的蓝颜知己金岳霖是同班同学。张奚若与林徽因感情极好，亦可谓是莫逆之交。林徽因家被炸毁的当晚，一家人便向张奚若求助。张奚若便将租来的两间屋腾出一间给梁家人，自己一家五口则想尽办法挤在了另一间屋内。

长沙亦已不安全。一场灾难之后，梁家的生活变得拮据。长沙的秋冬阴冷潮湿，在北平干燥的天气里住习惯的林徽因愈加身体虚弱，愈加不适应起来。于是，梁思成决定，尽早向昆明迁徙。林徽因在写给费慰梅的信中也说到了这次决定：

我们已经决定离开此处到云南去……我们的国家仍没有组织到可使我们对战争能够有所效力的程度，以致至今我们还只是"战争累赘"而已。既然如此，何不腾出地方，到更远的角落里去呢。有朝一日连那地方(指昆明)也会被轰炸的，但眼下也没有更好的地方可去了。

是年，12月8日，梁家人去往昆明。

离开长沙时，张奚若、金岳霖等人都前来送林徽因一家。那一刻，她一颗铿锵凛冽的心终于恢复了刹那的旧日柔软，忽自变得孤独又伤感。而今的一切，她都是早有预料，只是这危机四伏的漫漫长途，一点一点消磨她心中光亮至今日，她终究是伤了。

世事成一场心碎。

这趟迁徙之行，起初并不算坏。心虽已旧，但那山山水水依旧在世上，与人无碍。好景依旧在途，总是可看得几眼赏心悦目之风物。因沈从文一早跟湘西的家人打过招呼，所以林徽因一家路过湘西沅陵时，下了车，见到了沈从文的大哥，受到了悉心又热情的招待。

但好事也就止于此。而后，林徽因一家人行至位于湖南与贵州交界处的晃县时，发生了变故。林徽因患上急性肺炎，病势凶猛，高烧四十度不退。梁思成心急如焚。幸而同车旅客当中有一名曾在日本学过医的女子，助梁家人挨过了这一难。

梁思成是家中支柱，万事难时，他皆要快速果决地拿出想法来。于是，当晚，梁思成决定暂停行路，一家人投宿在一间破旧肮脏的旅馆。旅馆里充斥着妓女、赌棍、酒鬼各色人等。环境恶劣。但彼时，亦是别无选择。唯能蜗居此处，待林徽因康复。

两周之后，林徽因身体恢复得差不多的时候，一家人重新踏上去往昆明的行途。不想，上路不久，车竟半路抛锚。这喜忧参半、心无着落的一路，正如林徽因写与费慰梅的信里所说：

又一次，奇迹般地，我们来到峭壁边上的一片房子，让我们进去过夜。此后，又有关于这些破车、意外的抛锚、臭烘烘的小客栈等等的一个又一个插曲。间或面对壮丽的风景，使人比任何时候都更加心疼。玉带般的山涧、秋山的红叶和发白的茅草，飘动着的白云、古老的铁索桥、渡船，以及地道的中国小城，这些我真想仔细地一桩桩地告诉你，可能的话，还要注上我自己情绪上的特殊反应。

23ˉ昆明

1938年1月上旬，到昆明。

从长沙，到昆明，路经常德、晃县、贵阳、镇宁、普安、曲靖。世上人事之变幻莫测，总是伴随着离与散、难与险，终成历练。到昆明之后，林徽因一家在翠湖边巡津街找到房子，并住下。

因为西南地区，成都与昆明是最宜居的两处地方。风景好，人美，较之京津与沪粤，又旧一些，静一些。而昆明又比成都好，因它是春城，满山满野，满街满巷，都是曳不住的春光。不炎热，不寒冷，总是温煦暖人。

在这乱世里，那年的昆明。
仍似深山古刹，幽寂，和静。

四合院。

青石板。

骡马声声。

与世无争。

昆明的环境是极好的，住在那一处，人亦变得从容。在抗战第二年这样的时候，尚是一个避世的好去处。所以，不久之后，相熟相知的人里，张奚若、沈从文、金岳霖、朱自清以及梁思成的弟弟梁思永等人也先后来到昆明。

北方战争激烈，但捷报频传。暂居西南的林徽因每每听到好消息，心里总是极欢喜。1937年抗日战争爆发，北大、清华、南开三所名校先迁至湖南长沙，组成长沙临时大学，同年10月25日开学。1938年4月，又西迁昆明，改称国立西南联合大学。

环顾周身，人事似乎在昆明有了落定和复苏的迹象，令人安慰。营造学社复办，梁林夫妇也成为刚迁来组建的西南联大的校舍建筑顾问。昆明天气极佳，林徽因身体也得到良好恢复。一切看过去，隐隐蕴涵着希望。令林徽因深以为欢，为乐，为喜。

用金岳霖的话便是："我想这里像和长沙一样，将会有某种微型的北京生活，只是它在物质上是匮乏的。可能天气是例外。太阳非常明媚，正像徽因昨天对我说的，有些地方很像意大利。"

于是，她便有了这么一组小诗。

题曰：《昆明即景》。

一　茶铺

这是立体的构画，
　　描在这里许多样脸
在顺城脚的茶铺里
　　隐隐起喧腾声一片。

各种的姿势，生活
　　刻划着不同方面：
茶座上全坐满了，笑的，
　　皱眉的，有的抽着旱烟。

老的，慈祥的面纹，
　　年轻的，灵活的眼睛，
都暂要时间在茶杯上
　　停住，不再去扰乱心情！

一天一整串辛苦，
　　此刻才赚回小把安静，
夜晚回家，还有远路，

白天，谁有工夫闲看云影？

不都为着真的口渴，
　四面窗开着，喝茶，
跷起膝盖的是疲乏，
　赤着臂膀好同乡邻闲话。

也为了放下扁担同肩背
　向运命喘息，倚着墙，
每晚靠这一碗茶的生趣
　幽默估量生的短长……

这是立体的构画，
　设色在小生活旁边，
阴凉南瓜棚下茶铺，
　热闹照样的又过了一天！

二　小楼

张大爹临街的矮楼，
半藏着，半挺着，立在街头，
瓦覆着它，窗开一条缝，
夕阳染红它，如写下古远的梦。

矮檐上长点草，也结过小瓜，

破石子路在楼前，无人种花，

是老坛子，瓦罐，大小的相伴；

尘垢列出许多风趣的零乱。

但张大爹走过，不吟咏它好；

大爹自己（上年纪了）不相信古老。

他拐着杖常到隔壁沽酒，

宁愿过桥，土堤去看新柳！

市井风情，颇有京派散文小品之风味。和静，朴实，也温情。两三闲话之间，尽得生活微细之妙，之美，之风情。读她写"茶铺"、"小楼"、"旱烟"、"南瓜棚"、"老坛子"、"瓦罐"，还有那句"宁愿过桥，土堤去看新柳"，实在是舒畅。稳实安静生活之美妙，不过如此了。

后来，林徽因还发表了散文《彼此》和诗《除夕看花》。只可惜，终有一日，昆明之寂静也将被打破，并消失殆尽。

到1939年，日军开始轰炸昆明。是年秋冬时日，轰炸日趋频繁，林徽因一家无奈再一次迁徙，从城里迁到市郊。起先住在麦地村的尼姑庵里，庵中无尼姑，但村里女子仍旧会不时来这被当做营造学社办公室的庵里烧香还愿。

138

彼时梁思成的身体也大不如从前。离开北京时，梁思成身患脊椎间软组织硬化症，医生便为他设计了一副铁架，需要"穿"在衬衣里支撑脊骨。到昆明不久，又因扁桃体脓毒引起病痛致使扁桃体被割除，再来，又因牙周炎，拔出了牙齿。可谓是遍体鳞伤。

但，即便如此，他依旧无法弃建筑研究于不顾。这"建筑痴儿"依然和刘敦桢、莫宗江等人在这年秋天，去往四川西部四十多个县区进行了长达半年的野外考察。

日益贫苦的生活，也在很大程度上摧毁了林徽因原本多病的身体。在平淡和琐碎当中煎熬的生活，极苦，也令人绝望，但她实在坚强。只是后来读到李健吾谈起此时的林徽因的一段话时，竟不能自抑，伤心了。李健吾说：

有人看见林徽因在昆明的街头提了瓶子打油买醋。她是林长民的女公子，梁启超的儿媳……他们享受惯了荣华富贵，如今真就那样勇敢，接受了上天派给祖国的这份苦难的命运。

人生要起伏有致才能平安，太过顺畅反而难以长久。与贫困、灾难接壤过的人生，方才有机会领悟更深层的生与运命的意义，亦才有机会真正与人生真相相靠近。所以，这困苦悲伤的生活，是祸是福，谁又能真正说得清楚。

1940年春，林徽因一家再次移居到昆明市区十五六里之外，距当时暂住的尼姑庵仍有两里路的龙泉镇龙头村。这一次，他们在借来的地皮上亲自动手设计了自己的家。用未烧制的土坯砖盖了三间简单的小屋，而这竟成为梁林夫妇一生当中唯一为自己设计的房子。

战时物价疯长，林徽因家的几间小屋的建筑经费超出预算一倍，几近破产。此时，幸得远在美国的费氏夫妇出手相救，寄来救急的支票，方使他们挨过这一劫。

距离林徽因的新家不远处有一条水渠，渠边有村，名曰"瓦窑村"。住在龙头村的短暂时日里，林徽因常常闲步至瓦窑村，看作坊里的老师傅们巧弄陶坯，制作陶器。路边，有两排桉树，倒也清香。回头再看那段时日，也不是没有妙趣的。

当时，除了梁家，金岳霖和钱端升等旧识老友也搬到了龙头村落户。金岳霖更是直接在梁家尽头搭建了一间简单"耳房"。乍看过去，竟恍惚间与当年北总布胡同的情景有些相似。旧日恍在触手可及之处。令人欢喜。

往日如昨。
也同欢乐也同愁。

24 ¯ 散离

1939年，天津发生水灾。当年梁思成存于天津英资银行保险库的珍贵建筑资料全部遭毁。虽如此，梁思成等人的建筑研究工作从未懈怠。自营造学社南迁至昆明复办之后，梁思成等人的古建筑考察工作也持续了下去。

1940年11月，最后一个寂静城市昆明也遭破坏。营造学社附属中央研究院历史语言研究所决定再次搬迁，至四川。梁思成等人自然也要跟随前往。但西南联大并未撤离。如此一来，梁林夫妻将面临第一次与旧识老友金岳霖、张奚若等人的分离。

在那一个年代，知友之贵，无法言表。

所以，离开几位知己友人，对梁林夫妻而言，是极艰难的一件事。但林徽因不知道，前路暗仄，竟有更深烈的掠夺将要发生在她身上。次年春，林恒牺牲。

当年，"一二·九"学生运动之后，林恒易志，弃笔从戎。弃读清华，改考空军。在1941年春天成都的一场空战当中，由于地面警戒系统失灵，在敌机已飞临成都上空之后，方才仓促应战。林恒的座机匆匆起飞时，被居高临下的敌人击中头部，当场死亡。

不过只是二十出头的年纪。本应有更长久美好的时光。这与当年林徽因父亲林长民之死实在相近。林徽因不知，他身边最重要的几个男人是否都将要一一与她离散在那枪林弹雨中。

时隔三年，林徽因才知道弟弟牺牲。

梁思成之所以将此事隐瞒，事出有因。当年，梁家人从长沙迁往昆明时，在晃县结识了几位年轻的航校学员。当时，林徽因患急性肺炎得到医治之后，梁家人得到住处，全凭航校几位心善的年轻人。虽那住处亦不过是肮脏旅馆的一间破旧小屋，但已极难得。

彼时，林徽因得到旅日女医生的紧急救治之后，要继续找一处可卧的地方修养。但晃县条件落后，住处难寻，几次投宿无门。恰此时，梁思成在这贫窭之地竟听到小提琴声。能在这样的地方听到这样的声音，想那拉奏的人一定是有学识、有素养的。

梁思成的机智救了林徽因。循声找去，果然找到又一家旅馆，虽内中不堪，但梁思成想着找到那拉奏的人，定能寻到帮助。闻声敲门，开门的人令梁思成非常意外。非是儒雅君子，却是潇洒军人。梁思成忽觉些微尴尬，但他只能说明来意。

幸运的是，年轻军人十分义气，立刻将梁家人迎入屋里，并给他们腾出了一间房。不久，年轻军人也要撤往昆明，虽目的地一致，但未能同往。虽是萍水相逢，但梁林夫妇很热情，与那几位年轻人建立了联系。

后来落居昆明之后，他们常常来到梁家看望梁家人。对于离家万里孤自在外奔赴战场的年轻人来说，梁家，竟意外地成为他们异乡路的一盏灯，一束光，一个温柔港湾。

后来，这群年轻军人从航校学院毕业之时，甚至邀请梁林夫妇作为"名誉家长"出席他们的毕业典礼，感情渐深。随着战争的扩大深入，年轻人一个接一个牺牲，以至于梁家日后有了每逢七月七日举家默哀三分钟之习惯。

林恒牺牲时，梁思成生怕疾病缠身的林徽因不堪打击身体垮掉，便瞒了她，私自将林恒的后事料理妥当。并将带回的林恒的一套军服，一把航校毕业学员的纪念佩剑，藏入箱底。

直到三年后，林徽因才知道。

弟弟，我没有适合时代的语言
来哀悼你的死；
它是时代向你的要求，
简单的，你给了。
这冷酷简单的壮烈是时代的诗
这沉默的光荣是你。

假使在这不可免的真实上
多给了悲哀，我想呼喊，
那是——你自己也明了——
因为你走得太早，
太早了，弟弟，难为你的勇敢，
机械的落伍，你的机会太惨！

三年了，你阵亡在成都上空，
这三年的时间所做成的不同，
如果我向你说来，你别悲伤，
因为多半不是我们老国，
而是他人在时代中碾动，
我们灵魂流血，炸成了窟窿。

我们已有了盟友、物资同军火，
正是你所曾经希望过。
我记得，记得当时我怎样同你

讨论又讨论，点算又点算，
每一天你是那样耐性的等着，
每天却空的过去，慢得像骆驼！

现在驱逐机已非当日你最理想
驾驶的"老鹰式七五"那样——
那样笨，那样慢，啊，弟弟不要伤心，
你已做到你们所能做的，
别说是谁误了你，是时代无法衡量，
中国还要上前，黑夜在等天亮。

弟弟，我已用这许多不美丽言语
算是诗来追悼你，
要相信我的心多苦，喉咙多哑，
你永不会回来了，我知道，
青年的热血做了科学的代替；
中国的悲怆永沉在我的心底。

啊，你别难过，难过了我给不出安慰。
我曾每日那样想过了几回：
你已给了你所有的，同你去的弟兄
也是一样，献出你们的生命；
已有的年轻一切；将来还有的机会，
可能的壮年工作，老年的智慧；

可能的情爱，家庭，儿女，及那所有
生的权利，喜悦；及生的纠纷！
你们给的真多，都为了谁？你相信
今后中国多少人的幸福要在
你的前头，比自己要紧；那不朽
中国的历史，还需要在世上永久。

你相信，你也做了，最后一切你交出。
我既完全明白，为何我还为着你哭？
只因你是个孩子却没有留什么给自己，
小时我盼着你的幸福，战时你的安全，
今天你没有儿女牵挂需要抚恤同安慰，
而万千国人像已忘掉，你死是为了谁！

是为三年之后林徽因为林恒写的悼亡诗，题曰：《哭三弟恒》。
与林徽因往日的诗作风格迥异。诗意哀恸，字字皆交织着一种恨，一
种愁，一种悲壮。这诗，大约也是林徽因身处绝境之地，内心唯一之
出口。

25ˉ李庄

李庄。

1940年11月29日，林徽因和母亲、梁再冰、梁从诫姐弟二人，离开昆明。坐车经贵州毕节入四川，过叙永、泸州，抵达南溪的李庄上坝村。耗时两个星期。梁思成临行之前脚趾感染破伤风，必须立刻医治，因此未能与妻儿同行，滞后一周。

又一场无声告别。

告别昆明。告别旧识老友，告别航校青年，告别城市生活。林徽因本以为去往李庄许只是暂时的事，或许不久就可返回城里。没有料到，在李庄，一住便是五六年。

梁家的住处在一个地名叫做月亮田的张姓大院。梁家，营造学社办公地，学员的宿舍，以及张家房东，皆挤在一个院里。院房呈L形。L形短的一端，是当年梁思成、林徽因的住房，长的一端便是当年营造学社的办公总部。院前有樟树，远处有竹林和大片田野。风景亦算佳美。

李庄位于川内。川内天气素来不佳，李庄阴冷潮湿，对林徽因的肺病危害极大。加上十几日奔波，抵达李庄后，住下不足一月，林徽因便病倒，从此卧床不起。

数年颠沛流离，彼时的梁家已是穷困潦倒。当时梁再冰已十一二岁，记忆清晰。据她后来回忆，住房条件十分简陋，真真是一处竹篾抹灰之寒舍。梁思成的收入在物价飞涨如脱缰之马的战争时期，若不及时购进粮、油，便成废纸。父子二人随身稍贵重的物品（如表和钢笔之类）皆典当出去，亦无法改变饥寒交迫的现状。

家中睡的是摇晃的行军床，林徽因最好的补品便只有朋友们从昆明捎来的奶粉。唯一的一支体温表被梁从诫不小心打碎之后，林徽因逾半年无法量体温。梁从诫除了冬日可穿上外婆缝制的布鞋，更是长年只有草鞋可穿，甚至赤脚。

忧郁自然不是你的朋友；
但也不是你的敌人，你对他不能冤屈！
他是你强硬的债主，你呢？是
把自己灵魂押给他的赌徒。

你曾那样拿理想赌博，不幸

你输了；放下精神最后保留的田产，

最有价值的衣裳，然后一切你都

赔上，连自己的情绪和信仰，那不是自然？

你的债权人他是，那么，别尽问他脸貌

到底怎样！呀天，你如果一定要看清

今晚这里有盏小灯，灯下你无妨同他

面对面，你是这样的绝望，他是这样无情！

林徽因，《忧郁》。此诗便是写于最艰辛的彼时。林徽因写给费慰梅的信纸都是一张当做三张使，绝不浪费任何空白可写之处。身体也已是瘦骨嶙峋。不久，梁思成的弟弟梁思永也病倒在李庄。家贫落魄，总是凄凉。这一切被营造学社从属的中央研究院历史语言研究所的所长傅斯年看在眼中。

不久之后，傅斯年同时分别给教育部长朱家骅（字骝先）、经济部长翁文灏写了一封长信，为梁家兄弟请求经济支援。

傅斯年在给朱家骅的信中说：

兹有一事与兄商之。梁思成、思永兄弟皆困在李庄。思成之困是因其夫人林徽因女士生了T.B.（即肺结核病），卧床二年矣。思永是闹了三年胃病，甚重之胃病，近忽患气管炎，一查，肺病甚重。梁任公家道清寒，兄必知之，他们二人万里跋涉，到湘、到桂、到滇、到川，已弄得吃尽当光，又逢此等病，其势不可终日，弟在此看着，实在难过，兄必有同感也。弟之看法，政府对于他们兄弟，似当给些补助。其理如下：

一、梁任公……其人于中国新教育及青年之爱国思想上大有影响启明之作用，在清末大有可观，其人一生未尝有心做坏事，仍是读书人，护国之役，立功甚大，此亦可谓功在民国者也。其长子、次子，皆爱国向学之士，与其他之家风不同。

……

二、思成之研究中国建筑，并世无匹，营造学社，即彼一人耳（在君语）。营造学社历年之成绩为日本人羡妒不置，此亦发扬中国文物之一大科目也。其夫人，今之女学士，才学至少在谢冰心辈之上。

三、思永为人，在敝所同事中最有公道心，安阳发掘，后来完全靠他，今日写报告亦靠他。忠于其职任，虽在此穷困中，一切先公后私。

总之，二人皆今日难得之贤士，亦皆国际知名之中国学人。今日在此困难中，论其家世，论其个人，政府似皆宜有所体恤也。未知吾兄可否与陈布雷先生一商此事，便中向介公一言，说明梁任公之后嗣，人品学问，皆中国之第一流人物，国际知名，而病困至此，似乎可赠以二三万元(此数虽大，然此等病症，所费当不止此也)。国家虽不能承认梁任公在政治上有何贡献，然其在文化上之贡献有不可没者，而名人之后，如梁氏兄弟者，亦复少！

……"

此信发出十一天后，仍未见回音。傅斯年担心重庆方面无能为力或者深感为难，于是，情急之下，傅斯年再度写信给中央研究院总办事处。最后是经济部长翁文灏过问了此事。当林徽因得知此事时，梁思成不在家中，林徽因深为感动，便代夫致信感谢。语词诚恳谦顺。

至于最终因傅斯年之力，梁氏兄弟得到多少数额的经济援助无法考证。但据梁思成后来写给费正清的信中内容说，自此之后，梁家的经济状况得到了根本性的扭转。最好的事是，林徽因的身体重新开始恢复。梁思成说：

我们的家境已经大大改善，大概你们都无法相信。每天的生活十分正常，我按时上班从不间断，徽因操持家务也不感到吃力……而最让人高兴的是，徽因的体重在过去两个月中增加八磅半。

就是这样。

山重水复，柳暗花明。

一切都会好起来。

倾谈六 | 人生如素月白莲

26 ˉ 好事

林徽因是烈性女子。

她有性格，脾气也不小，是个急性子。待人待事虽真心真意，但也总会因言语深刻用力使她看上去强势。譬如，林徽因与母亲相处一直不融洽，之后在李庄的日子里，梁家经济宽裕之后请了女工，但母亲对女工之控制收放极不合理，林徽因很是不满。所以，她时常在写给费慰梅的信中，毫不遮掩地说出心中之不快。

教育子女时，她也显出一种主观和霸道的作风来，似乎也是极有控制欲的人。梁从诫回忆说："母亲，几乎从未给我们讲过什么小白兔、大灰狼之类的故事……就是以她自己的作品和对文学的理解来代替稚气的童话，像对成年人一样地来陶冶我们幼小的心灵。"

而梁思成性子慢，与林徽因正好互补。

梁林二人多年的和谐相处，自是爱情与婚姻之大幸福，不单如此，这亦给夫妻二人的古建筑研究工作提供了非常强大的力量。每每涉及建筑工作，二人便合心拧成一股绳，将事情一件一件做到周全。且林徽因从不居功，总是甘愿退在视建筑事业为生命的梁思成身后。

在林徽因心中，梁思成理应获得大成就。

倒不是她本身无事业追求，只是她身为女子，总要将心中藏纳的那许多许多的爱看得更重。之于林徽因，建筑是毕生事业，爱则是永恒主宰。这是天性使然。她觉得自己对丈夫的一生之奋力协助，是极稳妥的，亦令她觉得欢悦无憾。

后来，营造社从教育部得到一笔资金，人员也得到扩充。梁思成开始不时地会因公务外出，此时，林徽因便亲力亲为，操持营造社繁杂的事务，为梁思成料理好后方事宜，且从不向营造社讨取分文薪水。

与此同时，停刊数年的《中国营造学社汇刊》也在梁林夫妇带领之下重新复办。并且，从1942年开始，梁思成接受国立编译馆的委托，开始了国家第一部较系统完整的建筑史《中国建筑史》的编著工作，直到1946年4月方才完成。

在这部《中国建筑史》的成书过程中，一如既往，林徽因竭尽所能为梁思成提供协助。并完成了当中第六章里宋、辽、金的部分，她写了《北宋之宫殿苑囿寺观都市》《辽之都市及宫殿》《金之都市宫殿佛寺》。且最终的全部书稿，均由林徽因校阅补充。

除林徽因外，如莫宗江等营造社的成员也都参加了《中国建筑史》的编著工作。彼时，重病的林徽因见营造社在梁思成的领导下重新恢复了生气，心里无限欢喜。她说：

思成的营造学社已经从我们开始创建它时的战时混乱和民族灾难声中的悲惨日子和无力挣扎中走了出来，达到了一种全新的状态。它终于又像个样子了。同时我也告别了创作的旧习惯，失去了同那些诗人作家朋友的联系，并且放弃了在我所喜爱的并且可能有某些才能和颖悟的新戏剧方面工作的一切机会。

这部《中国建筑史》是我国第一部由国人自己编撰的比较系统的中国建筑史，亦是梁思成个人一生建筑研究工作的里程碑。这一切的发生，都与他身边那个朝夕不离的女子紧密相联。

所以，梁思成书中《前言》里写道：

我要感谢我的妻子、同事和旧日的同窗林徽因。二十多年来，她在我们共同的事业中不懈地贡献着力量。……近年来，她虽罹患重病，却仍葆其天赋的机敏与坚毅。在战争时期的艰难日子里，营造学社的学术精神和士气得以维持，主要应归功于她。没有她的合作与启迪，无论是本书的撰写，还是我对中国建筑的任何一项研究工作，都是不能成功的。

　　所有，都发生在李庄那座青瓦灰楞的屋院里。

27 ˉ 重逢

我的祖国正在灾难中，

我不能离开她；

假使我必须死在刺刀或炸弹下，

我要死在祖国的土地上。

以上是梁思成的话。林徽因在李庄病重时，已常常大口吐血。彼时，美国建筑学界发来邀请，希望梁思成能够赴美讲学并带林徽因去美国医治。但梁思成和林徽因一致拒绝。梁思成在给美方的回信当中，写下了上面的话。

多年之后，有人责备梁思成，说林徽因的早逝与他当年拒绝赴美有非常大的关系。但只有梁思成知道，林徽因不会怪他，因为这亦是林徽因心中最热烈的表达。所以，梁思成说："我们都没有后悔，那个时候我们急急忙忙地向前走，很少回顾。今天我仍然没有后悔。"

1941年，美国亦发生战乱。12月，太平洋战争爆发。彼时，梁林夫妇的故友费正清和费慰梅在首都华盛顿的政府情报协调局（1942年6月改名战略情报局）里工作。在战争爆发之后，美方需要派情报人员去往中国。费正清积极争取有果，于次年8月中旬，重新来到中国。

费正清坐飞机，沿南美洲海岸，经大西洋中部复活节岛，穿越非洲，到达埃及，再经印度洋到印度，最后飞越喜马拉雅山，抵达昆明。

重踏这方土地，恍如隔世。费正清内心意绪复杂。当年一走，便是七年。七年之人事变迁，是远无法用三言两语便可概括的。彼时，费正清抵达昆明之日，见朗朗晴空，阳光和煦。虽城池旧损，却依然隐隐有一种人情熙攘的气息在。似回归，像重逢。

他知道，他终又可以见到昔年旧友了。

虽费正清此行终点是重庆，但飞机航班有限，他飞往重庆之前必须先在昆明等候几日。而这正合费正清心意。在昆明，他受到当年旧识的悉心招待。先是去了林徽因一家在昆明初次迁居所到郊区的龙头村。当时梁家虽已在李庄，但当地仍有如钱端升等旧识在。

于是他又拜访了物理学家梅贻琦，以及金岳霖、陈岱孙等人。而后，便匆匆赶往重庆。费正清心里始终记挂梁林夫妻，但从昆明去往李庄所需时日较多，而他作为美国情报局驻华首席代表，工作任务紧张又繁重。因此，当时便未能顺道赶赴李庄，他心中甚是遗憾。

　　直到他听说梁思成会因公务来到重庆，心中大喜。1942年9月28日，费正清在梁思成因公暂住的中央研究所的招待所里见到了他。彼时，梁思成亦是万分激动，握住费正清的手久不能放。已七年。

　　七年未见之故人，人海重逢，情意之暗流势必汹涌。

　　梁思成忙完公务回到李庄将费正清返华一事告知林徽因时，林徽因一时激动得不能言语。老北京的旧人旧事，一起涌上心头。哀感物是人非之余，林徽因还是庆幸，有生之年，还能与异国友人再次得见。在梁思成于重庆邀请费正清来李庄之后，林徽因心里便日日有所盼望。

　　直到这年11月，费正清终于来到李庄。

　　因李庄地理位置实在偏僻。所以，在费正清来李庄之前，梁思成还特地致信一封，将李庄的位置和交通情况以及其他各项需要注意的事再三叮嘱。梁思成的信中说：

　　从重庆坐一艘破轮船到李庄上水要走三天，回程下水要走两天。没有任何办法可以缩短船行时间或改善运输手段。然而我还是要给你一张标出我们营造学社位置的地图，以备你万一在李庄登岸而又没人去码头接你时之用。船是不按班期运行的。每一次到达在这里都是突发事件。但你仍然可以用电报通知我们你搭乘的船名和日期。电报是从宜宾或南溪用信函寄来，两地离此都是60里（约20英里），它可能在你来到之前或之后到达。

在陶孟和的陪同下，是年11月10日傍晚，二人一同去往李庄。于火车、轮船等各种交通工具下，几日辗转方才抵达。初见李庄，费正清只觉此地风景佳美。入得那L形院落，才知道这几年梁林夫妻生活之艰迫。彼时，林徽因看上去，好清瘦。

在李庄，费正清睡在梁思成的"办公室"里，躺在一张摇晃的粗帆布做成的军用吊床上。彼时，天已寒冬。费正清身材高大，吊床委实太短，因此他只能在吊床一头码上两条凳子来放伸出吊床的腿。李庄条件简陋，更不用提暖气之类，只能尽可能地多盖些被子。

条件极艰苦，但见梁林夫妇在如此窘迫之境地当中依然奋力持守心中不灭之建筑理想，他便不允许自己对这艰难条件有丝毫怨怼之心。在李庄与梁林夫妻做伴的几日，费正清对这夫妻二人又有了更深刻的钦佩。

世间男女，梁林二人最是激越、铿锵。

28 ̄ 新日

我想象我在轻轻的独语：
十一月的小村外是怎样个去处？
是这渺茫江边淡泊的天；
是这映红了的叶子疏疏隔着雾；
是乡愁，是这许多说不出的寂寞；
还是这条独自转折来去的山路？
是村子迷惘了，绕出一丝丝青烟；
是那白沙一片篁竹围着的茅屋？
是枯柴爆裂着灶火的声响，
是童子缩颈落叶林中的歌唱？
是老农随着耕牛，远远过去，
还是那坡边零落在吃草的牛羊？
是什么做成这十一月的心，
十一月的灵魂又是谁的病？

山坳子叫我立住的仅是一面黄土墙；

下午透过云霾那点子太阳！

一棵野藤绊住一角老墙头，斜睨

两根青石架起的大门，倒在路旁

无论我坐着，我又走开，

我都一样心跳；我的心前

虽然烦乱，总像绕着许多云彩，

但寂寂一湾水田，这几处荒坟，

它们永说不清谁是这一切主宰

我折一根柱枝，看下午最长的日影

要等待十一月的回答微风中吹来。

林徽因，《十一月的小村》。作于1944年初冬。彼时，抗战胜利之曙光初露。于是，此时林徽因的笔下，每一行诗句里似亦都隐隐寓意着希望，寓意来年之春光。好景在望，她是知道的。

时间来到1945年。

一切久违之美好，渐次来临。

春。梁思成被重用。国民党政府任命他为中国战地文物保护委员会副主席，并负责领导编制一套沦陷区重要文物目录，标注于军用地图之上，以防打仗时遭到可避免的破坏。目录中英对照，附有照片。当时，轰炸中国东部省份日军基地的美国飞行员人手一册。

夏。费慰梅抵华。继丈夫费正清三年前再次来到中国之后，费慰梅也以美国大使馆文化专员的身份在这一年重新回到中国，与丈夫团聚。林徽因不知，自己竟将再次见到这在自己一生当中扮演着极重要角色的女子。

8月15日，日本投降。

日本天皇裕仁以广播"停战诏书"形式宣布无条件投降。中、美、英、苏四国同时发布日本无条件投降的新闻。

那晚，梁思成正与费慰梅一同在美国大使馆用餐。本亦只是再寻常不过的一日。吃饭，寒暄，乘凉。不想傍晚时分，一群人坐在阳台里闲话往事之时，突然喧嚣入耳，声势浩大。叫喊声、欢呼声、锣鼓鞭炮声，似那山城也将被震灭。

待梁思成奔上大街询问所为何事之时，只一句"日本人投降了"便将梁思成从浑噩的困惑里惊醒。那一种惊，是绝处逢生一般的生机乍现，是盘古开天辟地似的雄伟壮烈。是梁思成此生难忘的，如梦惊醒，与黑暗诀别。

彼时，梁思成只想速速回家，与妻子团聚。

如此大喜，最爱之人不在身旁，不能与之分享，那喜也会喜得逊色几分。不久，梁思成便和费慰梅一起，搭乘军用飞机到宜宾，再乘船赶往李庄。梁思成知道，数年下来，熬煮内心的，所有的哀与恸，均将在他们三人相聚之时散灭、消逝。所有的黑暗，都将永不超生。

得到如此振奋人心的消息之时，丈夫和暌违数年未见的女友双双又来到身旁，林徽因实在是有些激动得忘形。身体再虚弱，即便难以行走，她也坚持要强撑着坐滑竿去李庄的镇上、街上看一看。

自那日后，林徽因时常找寻机会离开病床。去饭铺吃面，去茶馆喝茶，去女儿就读的同济附中看看，甚至还会去看一场排球赛。将自己的状态从阴翳密布的病态里，一点一点地拉回来。回到日光下，回到人群当中，回到往日的飒爽里。

后来，林徽因要去重庆。去耍一耍，逛一逛，顺便也可以找好的大夫看病。她说："哪怕就是为了玩玩也要冒险到重庆去。"她就是这样一个热烈的女子。任何苦难都不能成为阻碍。去重庆之后，恰逢连通李庄的水道改治，不能通航，林徽因便因此阴差阳错告别了李庄，再未回去。

在重庆，林徽因常坐费慰梅的吉普车四处游逛。山城重庆别有风致，林徽因长久闭塞乡间之后，见人见物都觉新鲜。年末，还参加了美新社总部举办的美国特使乔治·马歇尔抵达重庆的招待会。至于病情，美国著名的胸外科医生埃娄塞尔博士告知费慰梅，林徽因可能最多还有五年的寿命。

这个消息，对梁思成而言，是毁灭般的打击。但林徽因看得极开，世事无常，生死无定。林徽因真真不是寻常女子，其宽阔深广、坦然生死的胸襟实在令人钦佩。

后来，林徽因还想再回一趟昆明。诸多老友皆还在彼地，林徽因心中之挂念实在难抑，于是，次年2月，林徽因由重庆飞抵昆明。住在金岳霖和张奚若事先替她租好的当地军阀唐继尧的祖居——圆通山唐家花园。梁思成则返回李庄，处理离开之前需要张罗解决的事情。

在昆明那段时间对于林徽因而言，实在是一段极温柔美好的时光。林徽因说："一切最美好的东西都到花园周围来值班，那明亮的蓝天，峭壁下和小山外的一切……这是我搬进新房子的第十天。"只是她的身体依旧脆弱，病情依然在恶化。

6月5日，林徽因在住处举行了生日茶会，众好友无一不前来道贺，与之同乐。不久，西南联大恢复了北大、清华、南开三校，并着手迁回北平。而林徽因心中始终念念不忘的老北京，也日渐浮现在心头。

她知道，她也该回去了。

29 ˉ 归返

1946年7月31日，归返。

7月初，林徽因和梁思成分别从昆明、李庄会聚重庆。月末31日，一起乘机，离开重庆，归返北平。同时期，费正清也于这年夏日返回美国。次年春，费慰梅返美。梁林夫妻与费氏夫妇二人自此永诀，唯有书信往返作牵系。

"归返"一事，林徽因不是不曾想过，甚至在困苦险绝的时日里也从未停止去想。只是，果真当这一日来临，她心中竟恍恍有些虚空。她从未怀疑过，自己对李庄之困窘生活的憎恶，但此一刻，那潜滋暗长于心底的哀伤，亦似有来处。

她怀念的是，绝境之下从未决断之奋进。
她怀念的是，患难所见所得之旧友真情。

她怀念的是，人与人生死与共不弃不离。

那个时代，每一个时期的欢与离，痛与喜，都能在人心底雕刻下一枚章印，各自含蕴无限深意。而这深意，也只有当事人经年之后再回忆起，可知晓领悟。但势必当中都会有一种不可断绝之羁绊恒存于余生的轨迹当中。再念及那灾难或侥幸，也不知是悲是喜，是惶恐还是追忆。

但这正是时间与生命的妙趣。

再回北平，林徽因不得不有所感慨。毕竟已十年。十年，再回首，似一弹指，而当时却是分秒如日。回到北平之后，林徽因一家人定居在清华大学。先是入住新林院八号，后迁入胜因院十二号。胜因院是教师住宅，也是林徽因当年亲自设计的。

梁家生活自此重新变得宽裕、安稳。

彼时，林徽因的身体依然很不好，但这仍旧无法阻碍每日下午家中的茶会。知己金岳霖更是坚持要做梁家邻居，茶会是风雨无阻每日必到。昔日，北总布胡同三号院"太太客厅"里文艺沙龙的雅聚似乎重又再现，令人欣慰。

白天，她与众友谈文学，谈美学，谈哲学，谈建筑学，读诗歌，读散文，读学术著作，也读恩格斯，也读伍尔芙。好不欢乐。到晚上，身体阵阵疼痛，咳嗽不止，无休止地吃药喝水。那疾病又在一点一点侵蚀她，摧毁她。昼喜夜悲之无常让林徽因越发憔悴。

感谢生命的讽刺嘲弄着我，
会唱的喉咙哑成了无言的歌。
一片轻纱似的情绪，本是空灵，
现时上面全打着拙笨补钉。

肩头上先是挑起两担云彩，
带着光辉要在从容天空里安排；
如今黑压压沉下现实的真相，
灵魂同饥饿的脊梁将一起压断！

我不敢问生命现在人该当如何
喘气！经验已如旧鞋底的穿破，
这纷歧道路上，石子和泥土模糊，
还是赤脚方便，去认取新的辛苦。

是为林徽因诗作《小诗（一）》。诗如她心，如她境。日日都在生命拷问之下行过，这是常人无法知悉的体悟。10月，梁思成又因事赴美，与她远隔大洋彼岸。两人分开长达八个月之久。之于林徽因而言，身体日渐脆弱的而今，梁思成的相守相伴尤为重要。即便如此，她对丈夫的工作从不阻扰。

她时刻都在为这与她不弃不离的男子着想。在入住清华之前，梁思成便已接受邀请，将要赴美参加联合国大厦设计委员会，并于第二年4月参加了普林斯顿大学的"远东文化与社会"国际研讨会。

在梁思成赴美之时，清华大学正在筹建建筑学院。因此，在梁思成赴美之后，林徽因便拖着病体为丈夫打理清华大学筹建建筑系的各项组织事宜。指导年轻教师，与之探讨交流，从不因病懈怠。虽然林徽因从未正式列入清华教师编制，只是客座教授，但建筑系与林徽因的关系，用她当年的同事吴良镛的话说便是：

"她躺在病床上，把一个系从无到有地办起来。"

1947年6月，林徽因病情恶化，侵入肾脏，需要考虑接受切除肾脏的手术。梁思成接到北平的电报之后，火速将美国的事情处理完毕，匆匆回国。那返程的路，漫漫不能忍。梁思成一路都在想，若是有一日她离他而去，那余生的时日将要如何挨度。

是年仲夏，梁思成到家。

夫妻团圆，等待手术。

30 ˉ 清华

1947年9月。

梁思成从美国回来。回程之际，梁思成为亲友买了不少礼物。送给林徽因的，不是衣物，不是饰品，竟是电子玩意。有录音机，有可拆除的靠垫之类的东西，令林徽因哭笑不得。实在是个憨实的男子，总是缺乏浪漫地务实生活。亦成安稳。

林徽因的肾脏手术因她身体不佳，时有低烧，直至10月初方才开始。是时，林徽因住入西四牌楼中央医院，接受手术。但手术真正实施时间，再次因林徽因身体虚弱拖延到12月。手术之前，她不是不惊惧的，不是不恐慌的。

所以，她写了那首叫做《恶劣的心绪》的诗。

我病中，这样缠住忧虑和烦扰，
好像西北冷风，从沙漠荒原吹起，
逐步吹入黄昏街头巷尾的垃圾堆；
在霉腐的琐屑里寻讨安慰，
自己在万物消耗以后的残骸中惊骇，
又一点一点给别人扬起可怕的尘埃！

吹散记忆正如陈旧的报纸飘在各处彷徨，
破碎支离的记录只颠倒提示过去的骚乱。
多余的理性还像一只饥饿的野狗
那样追着空罐同肉骨，自己寂寞的追着
咬嚼人类的感伤；生活是什么都还说不上来，
摆在眼前的已是这许多渣滓！

我希望：风停了；今晚情绪能像一场小雪，
沉默的白色轻轻降落地上；
雪花每片对自己和他人都带一星耐性的仁慈，
一层一层把恶劣残破和痛苦的一起掩藏；
在美丽明早的晨光下，焦心暂不必再有，——
绝望要来时，索性是雪后残酷的寒流！

　　她甚至开始怀疑，自己是否果真能挨度过此劫数。所以，她甚至在给费慰梅的信中写下了这样似诀别的话："再见，我最亲爱的慰梅。要是你忽然间降临，送给我一束鲜花，还带来一大套废话和欢笑该有多好。"幸运的是，手术很成功。

康复期间，少年时与之感情甚深的表姐王孟瑜来北平看她，并照料她。昔时，她们尚是少年女子，欢乐，肆意，无所顾忌。而今，年长自己八岁的表姐看上去已是面露老色，她恍惚间，竟有蹉跎之感。这生活，这岁月。

于是，她又有感作诗，写下《写给我的大姊》。

当我去了，还有没说完的话，
好像客人去后杯里留下的茶；
说的时候，同喝的机会，都已错过，
主客黯然，可不必再去惋惜它。
如果有点感伤，你把脸掉向窗外，
落日将尽时，西天上，总还留有晚霞。

一切小小的留恋算不得罪过，
将尽未尽的衷曲也是常情。
你原谅我有一堆心绪上的闪躲，
黄昏时承认的，否认等不到天明；
有些话自己也还不曾说透，
他人的了解是来自直觉的会心。

当我去了，还有没说完的话，

像钟敲过后，时间在悬空里暂挂，
你有理由等待更美好的继续；
对忽然的终止，你有理由惧怕。
但原谅吧，我的话语永远不能完全，
亘古到今情感的矛盾做成了嘶哑。

手术虽成功，但术后，林徽因的恢复状态并不十分理想。刀口久久未能收疤，令人担忧。直到次年2月，她的身体方才逐步好转。身体日益康健的林徽因亦因此缓缓，又缓缓地，回到了往日的热烈状态。短短几日之内，便寄出旧稿当中未曾发表的诗作多达十六首。

不久。好事又近。

3月31日，梁林结合二十周年纪念日。宴请亲朋是必然的事。林徽因本是热情喜热闹的女子，即便平日里，家中也日日有茶会，更何况是如此特殊的时间。身体虽虚弱，但她仍旧将这纪念日的宴席办得让人啧啧赞赏。

这段时间，亦是林徽因重拾旧好的日子。除了写作，也开始再次关注在她生命里失落多年的戏剧，以及各类文艺展览和文艺演出。这年秋天，她认识了一个姑娘。一个日后在她，尤其是在梁思成的生命里扮演着重要角色的女子。

林洙。

31 ˉ 林洙

初识林洙，是在1948年的秋日。

林洙，祖籍福建福州市，但从上海来。她虽不是如林徽因一般惊才绝艳之女子，却也长得端正秀丽，为人诚实，讨人欢喜。她只比梁从诫年长七岁。来北平之前，生活在上海。

当时，因为林洙中学毕业未能考入北平名校，只被上海圣约翰大学和南京金陵女子大学录取，但两所学校皆是私立学校，费用太高。恰逢林洙的男友程应铨受命去清华大学建筑系任教，林洙的父亲又听说清华大学有先修班可参加学习，因此便建议林洙和兄长跟随程应铨去往北平。

又林徽因祖籍也在福州，因此与林洙亦算同乡。所以，林洙父亲便写信拜请能够给予林洙一些学习上的帮助。抵达北京之后，林洙本打算依照父亲嘱托去拜见林徽因，但得知林徽因手术不久身体虚弱之后，便将此事搁置，不再去想。可见，林洙是通情达理的女子。

倒是林徽因后来听说林洙已来北京，主动托了人去找林洙。都是贴心的女子。那日，依照林徽因的口信，林洙来到了清华大学新林院八号宅。

此地幽静。立在梁家门口，林洙见到门前竖有小木牌。牌上书："这里住着一个重病人，她需要休息，安静。希望小朋友们不要在此玩耍嬉闹。"虽是警语，却也亲切。想必也是无奈之举。如此，林洙便也越发有些紧张。

轻敲屋门，待梁家用人开门之后，林洙变得更加小心，生怕惊扰了重病在身的林徽因。梁家屋内的装饰陈设虽简单朴素，却总有一种优雅渗透出来。正在林洙环顾之时，她听到林徽因的咳嗽声，而后，她终于见到这盛名在外的传奇女子。

她身着一件浅黄色羊绒衫，一条米色裤子，一双驼色绒便鞋。因患病，所以看上去是那么瘦。林洙后来说："我再没有见过比她更瘦的人了。这是和那张照片完全不同的一个人。尽管瘦弱，可她那深深陷入眼窝中的双眼却放射着奇异的光彩，一下子就能把对方抓住。"

那一日，她们聊了好多。

从英语文法到北平建筑，从皇宫到颐和园。在林洙眼中，林徽因学识渊博，充满魅力。临走前，热情好客的林徽因还说，家中每日下午四点会有朋友过来一起喝茶，让林洙有空也过来坐一坐。初次相见，林徽因给林洙留下的印象，美好又深刻。后来，林洙回忆道：

我从梁家出来感到又兴奋，又新鲜。我承认一个人瘦到她那样很难说是美人，但是即使到现在我仍旧认为，她是我一生中所见到的最美、最有风度的女子。她的一举一动，一言一语都充满了美感，充满了生命，充满了热情，她是语言艺术的大师，我不能想象她那瘦小的身躯怎么能迸发出那么强的光和热。她的眼睛里又怎么能同时蕴藏着智慧、诙谐、调皮、关心、机智、热情的光泽。真的，怎能包含那么多的内容。当你和她接触时，实体的林徽因便消失了，而感受到的则是她带给你的美，和强大的生命力，她是这么吸引我，我几乎像恋人似的对她着迷。

后来，因为清华大学的先修班停办，所以，林洙必须自己进行复习，并根据林徽因的建议，每周都去林徽因家跟林徽因学习英语。林徽因在教育晚辈一事上，很是严厉。这一点，她的儿女梁再冰和梁从诫以及后来的林洙都深有感触。严师出高徒的说法，势必是有一定道理的。

除此之外，林徽因对文学和戏剧的热情也令林洙惊叹不已。林洙说："只要想知道的，她就要亲自去看看；只要想做的，她就会不惜代价地努力去做。为祖国的建筑、文学、艺术，一句话，为祖国的文化，她从不吝惜自己。"

林徽因与林洙的相识，是缘。后来，林洙在林徽因去世七年，与梁思成相知相爱并结合，亦是缘。许在林洙心中，能在那世间最好的女子离别之后，替她照顾梁思成，亦是一种亲密和荣耀。

纵使，林洙不能超越林徽因在梁思成心中的地位，但那种与梁林夫妇终生不绝的关联，在林洙的心里，势必已是极美好的，极珍贵的，充盈一生并永值得怀念的。

32 ˉ 绚烂

1948年12月13日。

解放军进入京郊清华园，进逼北京城。

是日深夜。林徽因在床上辗转难眠，她心系城中古建筑，生怕它们遭战争荼毒。正待她欲叫醒梁思成时，发现他亦是一夜未眠。彼此只一看，心中便有默契。但世间事，缘来时，一切都会好起来。柳暗花明，水到渠成。

没过多久，夫妻二人就听到敲门声。

是挚友张奚若带来了两个军人。他们是解放军十三兵团政治部联络处负责人。他们进屋之后便开门见山，告诉梁林夫妇此行目的是为了拜请两人能够将城中著名建筑和文物古迹标出，以便军队入城时注意保护，避免破坏。

两个年轻军人态度谦和，言辞诚恳。夫妻二人听后深感欣慰。林徽因不知，竟有具有如此远见卓识的队伍。次日，林徽因便配合梁思成带领学生们做起工作来。

他们不仅将北平重点文物的位置准确标注在了北平军事地图纸上，还将之前带领学生收集古建筑文献时记载的《全国建筑文物简目》一并交与了解放军，并向他们作了详细讲解。对城内古建筑的保护作出了极大贡献。

政局在变。彼时，原本与梁思成一同跟随蒋介石政府的知识分子纷纷撤离大陆，去往台湾。但梁思成冷静。数年来，他与林徽因所见所闻，所经历的事，日渐将他们夫妻二人的内心和信仰摧毁并重建。一如，两年之前，挚友闻一多惨遭国民党政府杀害，令夫妻二人痛心疾首。

而今，这支军队竟在如此关键时刻仍不忘对北平古建筑的保护，对老北京文化的保护，更是令二人感动不已。后来，女儿梁再冰参军南下，更是标志着梁林夫妇二人政治立场的彻底转变。

1949年9月。

中华人民共和国国徽的设计工作逐渐展开。林徽因和梁思成负责主持清华大学设计组。几经辗转，最后在1950年6月23日中南海怀仁堂全国政协一届二次会议上，由梁林夫妇二人领衔设计的国徽胜过了中央美术学院的方案，被正式采纳。

在为国徽设计忙碌的那段时日里，林徽因家中铺满图纸和设计稿，林徽因则拖着病躯终日辗转于那方寸房室之内，辗转于图纸和设计稿之间。一切努力都没有白费。1950年9月20日，毛泽东正式签发主席令，公布他们所设计的国徽图案为中华人民共和国国徽。

七日之后，北平改称北京。

至此，林徽因亦打破当年美国医师寿命只剩五年的预言，依然奋斗在岗位之上。虽如此，但世间诸事，不如意者，仍是居多。

同年，林徽因被任命为北京市都市计划委员会委员兼工程师。她与梁思成等人主张北京城市建设须以保存古城风貌为前提，坚决反对拆毁古城墙、城门、城楼和重要古建筑物，并提出了修建"城墙公园"的设想。

但北京市委领导决定拆掉大城墙和城门楼。他们认为城墙是封建帝国的防御工事，而今全无存在之必要，且阻碍城市交通和发展。直到而今，西安成功地修建了类似的人民公园，证明了保护古城风貌与城市发展并不矛盾，人们才想起当年梁林夫妇为保护北平古城风貌时所作出的未被认可的努力。

郑振铎后来也说："推土机一动，我们祖宗遗留下来的文化遗物，就此寿终正寝了。"后来，在林徽因已病得极重极重的时候，她依然试图作最后的努力，与北京市委当面辩论。林徽因义愤填膺地说了这样的话：

你们拆的是具有八百年历史的真古董，将来，你们迟早会后悔，那个时候你们要盖的就是假古董。

一语成谶。

在林徽因去世后的1957年，北京城里的地安门、广安门、广渠门接连被拆毁。至今，老北京的古城风貌已荡然无存。而林徽因当年说过的话，却极具讽刺意味地在此时被人一再提起。

对于林徽因虽重病在身却不辞劳苦竭尽所能保护古城风貌一事，梁从诫后来说：

在她已经病得几乎走不动的时候，还能有那么大的勇气去做这件事，唯一的解释就是她的社会责任感及历史责任感在支持着她，她认为自己不可能做对不起民族及子孙后代的事。

她始终是以一种孤独到苍凉的姿势，来持守她内心的原则和立场、道义和梦想。站在幽深微光的甬道里，摸索奋进。终至与世诀别，不愿歇息片刻。似是为了证明一种爱与生命乌托邦式的永恒。

33 ˉ 静美

1952年5月。

人民英雄纪念碑兴建委员会组成。国徽设计工作的圆满完成，使得梁思成等人再次受命负责纪念碑的设计工作。梁思成成为建筑设计专门委员会负责人，林徽因担任委员。而这，是林徽因生前参与的最后一项重要工作。

纪念碑从1949年9月30日破土奠基，到1958年竣工完成，耗时近九年。而纪念碑的建筑设计工作较之当年的国徽设计，其繁重程度，有过之而无不及。梁思成又在1953年春随中国科学代表团赴苏联进行了长达数月的访问，此时纪念碑的设计工作全部落在了林徽因的身上。

那段时间，林徽因常常彻夜不眠，收集古今中外许多纪念性建筑的材料，并反复比较，与其他的工作人员反复讨论，绘制的草图更是不计其数。

做这些工作时，林徽因已再次卧床不起。因此，当时的林徽因身边必须配一名助手。有幸被安排来助林徽因一臂之力的助手，名叫关肇邺。多年以后，关肇邺亦成为清华大学建筑学院教授。当时的情形，关肇邺回忆道：

林先生更是重病在床，不能持笔，所以需要一个人帮助绘图和跑腿。组织上选我去做这件事，这是一段近两个月的工作。在梁家客厅，支起了一台简易的绘图桌，隔壁便是林先生的卧室，很便于随时把图拿进去给她审看修改。

……她的学识极广，谈论问题总是旁征博引而且富于激情。对于设计的评论，她的眼光总是敏锐而语言总是坦率的、一针见血而又幽默生动的。

林徽因亲自为纪念碑碑座设计了全套的纹饰。她选择以橄榄枝为主体的花环设计，以象征高贵的牡丹、象征纯洁的荷花、象征坚忍的菊花为饰。这是她反复对照比较研究世界各地各时代花草图案之后，做出的最佳设计方案。但林徽因的设计图还是在"文革"动乱时期被一一毁灭殆尽。

世人常论林徽因之美，偶论林徽因之才，鲜有人知道，在建筑设计工作上，她曾付出的超出常人的贡献和辛劳。

　　林徽因在生命的最后几年时光里，除了倾注于建筑艺术之外，对其他艺术领域也十分关注。这当中最令人称颂的便是林徽因在工艺美术方面所作出的努力和贡献。而这，主要体现在林徽因对将要失传的景泰蓝工艺的挽救和承继上。

　　景泰蓝，又名"铜胎掐丝珐琅"。

　　它是一种瓷铜结合的独特工艺品，制造历史可追溯到元朝。明代景泰年间最为盛行，又因当时多用蓝色，故名景泰蓝。景泰蓝以紫铜作坯，制成各种造型，再用金线或铜丝掐成各种花，中充珐琅釉，经烧制、磨光、镀金等工序制成。

　　景泰蓝造型特异，制作精美，图案庄重，色彩富丽，金碧辉煌，具有鲜明的民族特色，十分珍贵。但在彼时，却因造型陈旧平庸，色彩单一而图案又过于繁复，因而濒临停产失传的危险。

　　当林徽因得知此事之后，她拖着病躯，费尽心力，与梁思成带领几名工艺美术工作者，走访了当时仅剩的几家生产景泰蓝的工厂。林徽因知道，若要挽救景泰蓝，使之能够传承，必须进行工艺革新。

　　林徽因以不可思议之毅力亲自研究历代图案，并设计出适合生产传承的造型和图案花纹及配色，甚至亲自去作坊指导工人烧制样品。在林徽因拯救景泰蓝取得初步成果之时，恰逢苏联文化代表团访问中国。林徽因设计的景泰蓝作为礼品送到苏联代表手中，得到了高度赞赏。

每一尊景泰蓝，都恰似风花，极是优雅。

1953年9月23日。

林徽因出席中国文学艺术工作者第二次代表大会。那日，她遇到了萧乾。昔日的青年而今业已沧桑。但他仍像多年前那样，叫她"小姐"。一声"小姐"让林徽因感动不已。而今，她已年迈，仍有人叫她"小姐"。就好像，时光未曾过，岁月不曾有。

就好像，她从未变化。

风华正茂。
芳华正耀。

34ˉ告别

死亡，永远都充满绝望、痛苦和禁忌。

于是，你我从不轻易谈起。而事实上，死亡之深邃，却又实在应该早早被知会。彻悟死之人，方能更好地生。在战争年代，在病痛的折磨下，林徽因的世界一日一日被摧毁又重塑，最终变成那个热烈、昌盛、永不衰绝之坚固模样。

1954年。冬日。

林徽因病危，入住北京同仁医院。当时的她，用骨瘦如柴来形容并不为过，甚至是很准确的。她娇小的身躯在病痛的折磨下，一日比一日单薄。她昔日飒爽的形容亦在这无休止的摧残下，一日比一日憔悴。她渐枯萎，岁月渐阑珊。

据说，林徽因病危时，知道自己已时日不多，于是，她想做一些事，让自己这一世留下的憾恨尽可能少一点。而那个女子，林徽因知道自己是一定要见上一面的。那女子便是，徐志摩的第一任妻子，张幼仪。

对于徐志摩一生当中所历经的女子，张幼仪对陆小曼是心无芥蒂的。她失去他时，陆小曼尚未出现，彼此之间并无牵系。但对于林徽因，张幼仪是心存怨怪的。到底，徐志摩是为了林徽因才弃张幼仪而去的。所以，对于张幼仪，林徽因亦始终心存一份歉意。

张幼仪的侄孙女张邦梅在给张幼仪写的传记《小脚与西服》里写到当张幼仪与林徽因相见之时，将张幼仪对林徽因的芥蒂写得直接，甚至尖锐。

张幼仪说：

做啥林徽因要见我？我带着阿欢和孙辈去。她虚弱得不能说话，只看着我们，头摆来摆去，好像打量我，我不晓得她想看什么。大概是我不好看，也绷着脸……我想，她此刻要见我一面，是因为她爱徐志摩，也想看一眼他的孩子。

面对林徽因，张幼仪实在是有些刻薄了，大约也是不由自主的事。亦实在有些不够大方。林徽因想看的，不过只是张幼仪是否过得好，是否依旧心存旧怨。她是想要化解这怨，是想要告知张幼仪，那一切并非她想要的。而张幼仪所受的苦累，亦绝不是自己想见到的。

当初她无法掌控任何人，而今亦是如此。她只是期望，因她受累的这女子，将来可以过得更好些。实在也没有别的奢望了。

1955年3月31日。

是夜。林徽因陷入昏迷状态。梁思成彻夜与之相伴，与痛、与绝望为邻。世间极痛之事莫过于目睹亲人离开、爱人消逝。每个人一生当中无可避免地要反复经历如斯剧痛的事。父母、伴侣、子女。无可预料的诀别的悲剧，始终埋伏在生命当中。

4月1日凌晨。梁思成不在，睡在隔壁。她突然从昏迷中惊醒，如经大梦。彼时，她心有万言，却再不能开口。唯在沉默和静寂当中，等待生命最后一刻的到来。六点二十分。林徽因，合上双眼，永久离开。生如夏花之绚烂，死如秋叶之静美。

4月2日。《北京日报》刊登讣告。讣告公布了治丧委员会名单，分别是：张奚若、钱端升、周培源、钱伟长、陈岱孙、金岳霖、杨廷宝、吴良镛、陈占祥、柴泽民、赵深、薛子正和崔月犁。

4月3日。举行追悼会。全场泣不成声。莫逆知己金岳霖亲笔题字，作下挽联。曰："一身诗意千寻瀑，万古人间四月天"。字字泣血，恸如哀歌。令人歔歙。

　　林徽因的遗体被安葬在八宝山革命烈士公墓。梁思成亲自为妻子设计了墓体。莫宗江书写的碑名：建筑师林徽因之墓。至此，民国第一才女，中国第一位女建筑师，林徽因，走完了她绚烂的一世一生。好温柔，又好安谧。

　　生，突如其来。
　　死，默然静待。

　　世间所有爱恨，
　　不过人生浮云。

　　到最后，
　　成空楼。

　　她说：死只一回，它是安慰。

35 ˉ 此生

相持，共生。
相爱，如命。

林徽因与梁思成，恰似浮世凉生里的双生花。在纯真年代相遇，在浪漫时候相知。在最好的时光里相爱。相守相伴，不离不弃。

世间所有相遇，都是久别重逢。能在人海里遇到彼此，已是很不可思议。世间人，有谁不希望能出现那么一个人，遇见，相爱，然后就果真十指相扣，走到人生尽头。梁思成庆幸，他遇到这世间最好的女子。

你是四月早天里的云烟，
黄昏吹着风的软，星子在
无意中闪，细雨点洒在花前。

诗如天籁。轻灵，缥缈，却又极是简静柔丽。这世间大约也只有林徽因写得出这曼妙的诗句。这女子，奇妙之处，在于一生一世都活得嚣艳刚烈，却又让人觉得浓淡相宜。连同她的，每一行字，每一首诗，都是如此。

从少年时起，她便与旁人不同。对周身人事有较之常人更好的适应和掌控能力。照顾弟妹，代祖父写家书。在极年轻的时候，便周游欧洲，满目皆是旷远，皆是深阔。一身冶荡之风气，令周身残花枯木也似逢春。

爱与梦想，是她的生之维系。她以爱喂养遥远梦想，又以梦想慰藉爱之荒凉。有慈父护航，长成独有风致的女子也是意料之事。她在风气靡靡之旧时代，日渐成为最嚣艳的一朵荼蘼花。倒与诗人徐志摩似实而虚的羁绊，惹来流言几转，却也实在是一段旁人渴念又不及的浪漫历练。

直到遇到那个叫梁思成的恂恂如也之男子，她这一世才不至飘零，有了着落。像是遇得神助，在他身旁，芳华尽显。实在难得。难怪那最是知心人的金岳霖都要忍不住赞她与他是林下美人配梁上君子。这梁上君子，也实在庆幸，与之相伴相惜，竟果真是，从生相守到了死。

还有那来往人生的匆匆过客。予她短暂的欢与喜，瞬间的愁与离。人生聚散两依依。像是一场戏，你来，我往，不问来处，不问去路。淡静抑或热烈地活，终局都不过是化作一缕烟，一抔土，一段喜忧参半的过往。

待尘缘了却，终将奔赴运命彼岸。死不是结束，是开始。虽已生死相隔不能再见，但或许还有来世。纵这世间事，归根到底，亦不过梦幻泡影。如电如露，一念成度。世事沧桑归淡凉。一切落寂之后，许她会见到新天新地，得到这烟水俗世不可得之久远，之自由，之心无挂碍，如水生活。

> 如果我的心是一朵莲花，
> 正中擎出一枝点亮的蜡，
> 荧荧虽则单是那一剪光，
> 我也要它骄傲的捧出辉煌。
> 不怕它只是我个人的莲灯，
> 照不见前后崎岖的人生——
> 浮沉它依附着人海的浪涛
> 明暗自成了它内心的秘奥。
> 单是那光一闪花一朵——
> 像一叶轻舸驶出了江河——
> 宛转它飘随命运的波涌
> 等候那阵阵风向远处推送。
> 算做一次过客在宇宙里，
> 认识这玲珑的生从容的死，
> 这飘忽的途程也就是个——

也就是个美丽美丽的梦。

她写《莲灯》。
她是梦。

世事一场大梦。
人生几度新凉。

世间女子。
独她最好。

是为纪念。

倏忽人间四月天

——回忆我的母亲林徽因

母亲去世已经三十二年了。现在能为她出这么一本小小的文集——她唯一的一本，使我欣慰，也使我感伤。

今天，读书界记得她的人已经不多了。老一辈谈起，总说那是三十年代一位多才多艺、美丽的女诗人。但是，对于我来说，她却是一个面容清癯、消瘦的病人，一个忘我的学者，一个用对成年人的平等友谊来代替对孩子的抚爱（有时却是脾气急躁）的母亲。

三十年代那位女诗人当然是有过的。可惜我并不认识，不记得。那个时代的母亲，我只可能在后来逐步有所了解。当年的生活和往事，她在我和姐姐再冰长大后曾经同我们谈起过，但也不常讲。母亲的后半生，虽然饱受病痛折磨，但在精神和事业上，她总有新的追求，极少以伤感的情绪单纯地缅怀过去。至今仍被一些文章提到的半个多世纪前的某些文坛旧事，我没有资格评论。但我有责任把母亲当年亲口讲过的，和我自己直接了解的一些情况告诉关心这段文学史的人们。或许它们会比那些传闻和臆测更有意义。

早年

我的外祖父林长民（宗孟）出身仕宦之家，几个姊妹也都能诗文，善书法。外祖父留学日本，英文也很好，在当时也是一位新派人物。但是他同外祖母的婚姻却是家庭包办的一个不幸的结合。外祖母虽然容貌端正，却是一位没有受过教育的、不识字的旧式妇女，因为出自有钱的商人家庭，所以也不善女红和持家，因而既得不到丈夫，也得不到婆婆的欢心。婚后八年，才生下第一个孩子——一个美丽、聪颖的女儿。这个女儿虽然立即受到全家的珍爱，但外祖母的处境却并未因此改善。外祖父不久又娶了一房夫人（编者按：林长民的第三位夫人程桂林），外祖母从此更受冷遇，实际上过着与丈夫分居的孤单的生活。母亲从小生活在这样的家庭矛盾之中，常常使她感到困惑和悲伤。

童年的境遇对母亲后来的性格是有影响的。她爱父亲，却恨他对自己母亲的无情；她爱自己的母亲，却又恨她不争气；她以长姐真挚的感情，爱着几个异母的弟妹，然而，那个半封建家庭中扭曲了的人际关系却在精神上深深地伤害过她。可能是由于这一切，她后来的一生中很少表现出三从四德式的温顺，却不断地在追求人格上的独立和自由。

少女时期，母亲曾经和几位表姊妹一道，在上海和北京的教会女子学校中读过书，并跟着那里的外国教员学会了一口相当流利的英语。

一九二〇年，当外祖父在北洋官场中受到排挤而被迫"出国考察"时，决定携带十六岁的母亲同行。关于这次欧洲之旅我所知甚少。只知道他们住在伦敦，同时曾到大陆一些国家游历。母亲还考入了一所伦敦女子学校暂读。

在去英国之前，母亲就已认识了当时刚刚进入"清华学堂"的父亲。从英国回来，他们的来往更多了。在我的祖父梁启超和外祖父看来，这门亲事是颇为相当的。但是两个年轻人此时已经受到过相当多的西方民主思想的熏陶，不是顺从于父辈的意愿，而确是凭彼此的感情而建立起亲密的友谊的。他们之间在对中国传统文化的珍爱和对造型艺术的趣味方面有着高度的一致性，但是在其他方面也有许多差异。父亲喜欢动手，擅长绘画和木工，又酷爱音乐和体育，他生性幽默，做事却喜欢按部就班，有条不紊；母亲富有文学家式的热情，灵感一来，兴之所至，常常可以不顾其他，有时不免受情绪的支配。我的祖母一开始就对这位性格独立不羁的新派的未来儿媳不大看得惯，而两位热恋中的年轻人当时也不懂得照顾和体贴已身患重病的老人的心情，双方关系曾经搞得十分紧张，从而使母亲又逐渐卷入了另一组家庭矛盾之中。这种局面更进一步强化了她内心那种潜在的反抗意识，并在后来的文学作品中有所反映。

父亲在清华学堂时代就表现出相当出众的美术才能，曾经想致力于雕塑艺术，后来决定出国学建筑。母亲则是在英国时就受到一位女同学的影响，早已向往这门当时在中国学校中还没有的专业。在这方面，她和父亲可以说早就志趣相投了。一九二三年五月，正当父亲准备赴美留学的前夕，一次车祸使他左腿骨折。这使他的出国推迟了一年，并使他的脊椎受到了影响终生的严重损伤。不久，母亲也考取了半官费留学。

一九二四年，他们一同来到美国宾夕法尼亚大学。父亲入建筑系，母亲则因该系当时不收女生而改入美术学院，但选修的都是建筑系的课程，后来被该系聘为"辅导员"。

一九二五年年底，外祖父在一场军阀混战中死于非命。这使正在留学的母亲精神受到很大打击。

一九二七年，父亲获宾州大学建筑系硕士学立，母亲获美术学院学士学位。此后，他们曾一道在一位著名的美国建筑师的事务所里工作过一段。不久，父亲转入哈佛大学研究美术史。母亲则到耶鲁大学戏剧学院随贝克教授学舞台美术。据说，她是中国第一位在国外学习舞台美术的学生，可惜她后来只把这作为业余爱好，没有正式从事过舞台美术活动。母亲始终是一个戏剧爱好者。一九二四年，当印度著名诗翁泰戈尔应祖父和外祖父之邀到中国访问时，母亲就曾用英语串演过泰翁名作《齐德拉》；三十年代，她也曾写过独幕和多幕话剧。

关于父母的留学生活，我知道得很少。一九二八年三月，他们在加拿大渥太华举行了婚礼，当时我的大姑父在那里任中国总领事。母亲不愿意穿西式的白纱婚礼服，但又没有中式"礼服"可穿，她便以构思舞台服装的想象力，自己设计了一套"东方式"带头饰的结婚服装，据说曾使加拿大新闻摄影记者大感兴趣。这可以说是她后来一生所执著追求的"民族形式"的第一次幼稚的创作。婚后，他们到欧洲度蜜月，实际也是他们学习西方建筑史之后的一次见习旅行。欧洲是母亲少女时的旧游之地，婚后的重访使她感到亲切。后来曾写过一篇散文《贡纳达之夜》，以纪念她在这个西班牙小城中的感受。

一九二八年八月，祖父在国内为父亲联系好到沈阳东北大学创办建筑系，任教授兼系主任。工作要求他立即到职，同时祖父的肾病也日渐严重。为此，父母中断了欧洲之游，取道西伯利亚赶回了国内。本来，祖父也为父亲联系了在清华大学的工作，但后来却力主父亲去沈阳，他在信上说："（东北）那边建筑事业将来有大发展的机会，比温柔乡的清华园强多了。但现在总比不上在北京舒服……我想有志气的孩子，总应该往吃苦路上走。"父亲和母亲一道在东北大学建筑系的工作进行得很顺利，可惜东北严寒的气候损害了母亲的健康。一九二九年一月，祖父在北平不幸病逝。同年八月，我姐姐在沈阳出生。此后不久，母亲年轻时曾一度患过的肺病复发，不得不回到北京，在香山疗养。

北平

香山的"双清"也许是母亲诗作的发祥之地。她留下来的最早的几首诗都是那时在这里写成的。清静幽深的山林，同大自然的亲近，初次做母亲的快乐，特别是北平朋友们的真挚友情，常使母亲心里充满了宁静的欣悦和温情，也激起了她写诗的灵感。从一九三一年春天，她开始发表自己的诗作。

　　母亲写作新诗，开始时在一定程度上受到过徐志摩的影响和启蒙。她同徐志摩的交往，是过去文坛上许多人都知道，却又讹传很多的一段旧事。在我和姐姐长大后，母亲曾经断断续续地同我们讲过他们的往事。母亲同徐是一九二〇年在伦敦结识的。当时徐是外祖父的年轻朋友，一位二十四岁的已婚者，在美国学过两年经济之后，转到剑桥学文学，而母亲则是一个还未脱离旧式大家庭的十六岁的女中学生。据当年曾同徐志摩一道去过林寓的张奚若伯伯多年以后对我们的说法："你们的妈妈当时梳着两条小辫子，差一点把我和志摩叫做叔叔！"因此，当徐志摩以西方式诗人的热情突然对母亲表示倾心的时候，母亲无论在精神上、思想上还是生活体验上都处在与他完全不能对等的地位上，因此也就不可能产生相应的感情。母亲后来说过，那时，像她这么一个在旧伦理教育熏陶下长大的姑娘，竟会像有人传说的那样去同一个比自己大八九岁的已婚男子谈恋爱，简直是不可思议的事。母亲当然知道徐在追求自己，而且也很喜欢和敬佩这位诗人，尊重他所表露的爱情，但是正像她自己后来分析的："徐志摩当时爱的并不是真正的我，而是他用诗人的浪漫情绪想象出来的林徽因，可我其实并不是他心目中所想的那样一个人。"不久，母亲回国，他们便分手了。等到一九二二年徐回到国内时，母亲同父亲的关系已经十分亲密，后来又双双出国留学，和徐志摩更没有了直接联系。父母留学期间，徐志摩的离婚和再娶，成了当时国内文化圈子里几乎人人皆知的事。可惜他的再婚生活后来带给他的痛苦竟多于欢乐。一九二九年，母亲在北平与他重新相聚时，他正处在那样的心境中，而母亲却满怀美好的憧憬，正迈向新的生活。这时的母亲当然早已不是伦敦时代那个梳小辫子的女孩，她在各方面都已成熟。徐志摩此时对母亲的感情显然也越过了浪漫的幻想，变得沉着而深化了。

徐志摩是一个真挚奔放的人，他所有的老朋友都爱他，母亲当然更珍重他的感情。尽管母亲后来也说过，徐志摩的情趣中有时也露出某种俗气，她并不欣赏，但是这没有妨碍他们彼此成为知音，而且徐也一直是我父亲的挚友。母亲告诉过我们，徐志摩那首著名的小诗《偶然》是写给她的，而另一首《你去》，徐也在信中说明是为她而写的，那是他遇难前不久的事。从这前后两首有代表性的诗中，可以体会出他们感情的脉络，比之一般外面的传说，确要崇高许多。

一九三一年以后，母亲除诗以外，又陆续发表了一些小说、散文和剧本，很快就受到北方文坛的注意，并成为某些文学活动中的活跃分子。从她早期作品的风格和文笔中，可以看到徐志摩的某种影响，直到她晚年，这种影响也还依稀有着痕迹。但母亲从不屑于模仿，她自己的特色愈来愈明显。母亲文学活动的另一特点，是热心于扶植比她更年轻的新人。她参加了几个文学刊物或副刊的编辑工作，总是尽量为青年人发表作品提供机会；她还热衷于同他们交谈，鼓励他们创作。她为之铺过路的青年中，有些人后来成了著名作家。关于这些，认识她的文学前辈们大概还能记得。

母亲开始写作时，已是"新月派"活动的晚期，除了徐志摩外，她同"新月派"其他人士的交往并不深。她初期的作品发表在《新月》上的也不很多。虽然她在风格上同"新月派"有不少相同的地方，但她却从不认为自己就是"新月派"，也不喜欢人家称她为"新月派诗人"。徐志摩遇难后，她与其他人的来往更少，不久，这个文学派别也就星散了。这里，还要顺带提到所谓徐志摩遗存的"日记"问题。徐生前是否曾将日记交母亲保存，我从未听母亲讲起过（这类事在我们稍长后，母亲就从不在我们姐弟面前隐讳和保密），但我确知，抗战期间当我们全家颠沛于西南诸省时，父母仅有的几件行李中是没有这份文献的。抗战之后，我家原存放在北平、天津的文物、书信等已大部分在沦陷期间丢失，少量残存中也没有此件。新中国成立初期，母亲曾自己处理过一些旧信、旧稿，其中也肯定不含此件。因此，几位权威人士关于这份"日记"最后去向的种种说法和猜测，我不知道有什么事实根据。特别是几年前一位先生在文章中说，我母亲曾亲口告诉他，徐志摩的两本日记"一直"由她保存着，不禁使我感到惊奇。不知这个"一直"是指到什么时候？我只知道，我们从小在家里从来也没有听到过母亲提起这位先生的名字。

文学上的这些最初的成就，其实并没有成为母亲当时生活的主旋律。对她后来一生的道路发生了重大影响的，是另一件事。一九三一年四月，父亲看到日本侵略势力在东北日趋猖狂，便愤然辞去了东北大学建筑系的职务，放弃了刚刚在沈阳安下的家，回到了北平，应聘来到朱启钤先生创办的一个私立学术机构，专门研究中国古建筑的"中国营造学社"，并担任了"法式部"主任，母亲也在"学社"中任"校理"。以此为发端，开始了他们的学术生涯。

当时，这个领域在我国学术界几乎还是一未经开拓的荒原。国外几部关于中国建筑史的书，还是日本学者的作品，而且语焉不详，埋没多年的我国宋代建筑家李诫（明仲）的《营造法式》，虽经朱桂老热心重印，但当父母在美国收到祖父寄去的这部古书时，这两个建筑学生却对其中术语视若"天书",几乎完全不知所云。遍布祖国各地无数的宫殿、庙宇、塔幢、园林,中国自己还不曾根据近代的科学技术观念对它们进行过研究。它们结构上的奥秘,造型和布局上的美学原则,在世界学术界面前,还是一个未解之谜。西方学者对于欧洲古建筑的透彻研究,对每一处实例的精确记录、测绘,对于父亲和母亲来说,是一种启发和激励。留学时代,父亲就曾写信给祖父,表示要写成一部"中国宫室史",祖父鼓励他说:"这诚然是一件大事。"可见,父亲进入这个领域,并不是一次偶然的选择。

母亲爱文学,但只是一种业余爱好,往往是灵感来时才欣然命笔,更不会去"为赋新词强说愁"。然而,对于古建筑,她和父亲一样,一开始就是当做一种近乎神圣的事业来献身的。

从一九三一到一九三七年,母亲作为父亲的同事和学术上的密切合作者,曾多次同父亲和其他同事们一道,在河北、山西、山东、浙江等省的广大地区进行古建筑的野外调查和实测。我国许多有价值的、成貌尚存的古代建筑,往往隐没在如今已是人迹罕至的荒郊野谷之中。当年,他们到这些地方去实地考察,常常不得不借助于原始的交通工具,甚至徒步跋涉,"餐风宿雨""艰苦简陋的生活,与寻常都市相较,至少有两世纪的分别"。然而,这也给了他们这样的长久生活于大城市中的知识分子一种难得的机会,去观察和体验偏僻农村中劳动人民艰难的生活和淳朴的作风。这种经验曾使母亲的思想感情发生了很大的震动。

作为一个古建筑学家,母亲有她独特的作风。她把科学家的缜密、史学家的哲思、文艺家的激情融于一身。从她关于古建筑的研究文章，特别是为父亲所编《清式营造则例》撰写的"绪论"中，可以看到她在这门科学上造诣之深。她并不是那种仅会发思古之幽情，感叹于"多少楼台烟雨中"的古董爱好者；但又不是一个仅仅埋头于记录尺寸和方位的建筑技师。在她眼里，古建筑不仅是技术与美的结合，而且是历史和人情的凝聚。一处半圮的古刹，常会给她以深邃的哲理和美感的启示，使她禁不住要创造出"建筑意"这么个"狂妄的"名词来和"诗情"、"画意"并列。好在那个时代他们还真不拘于任何"框框"，使她敢于用那么奔放的文学语言，乃至嬉笑怒骂的杂文笔法来写她的学术报告。母亲在测量、绘图和系统整理资料方面的基本功不如父亲，但在融汇材料方面却充满了灵感，常会从别人所不注意的地方独见精彩，发表极高明的议论。那时期，父亲的论文和调查报告大多经过她的加工润色。父亲后来常常对我们说，他文章的"眼睛"大半是母亲给"点"上去的。这一点在"文化大革命"中却使父亲吃了不少苦头。因为母亲那些"神来之笔"往往正是那些戴红袖章的狂徒们所最不能容忍的段落。

这时期的生活经验，在母亲三十年代的文学作品中有着鲜明的反映。这些作品一方面表现出一个在优越的条件下顺利地踏入社会并开始获得成功的青年人充满希望的兴奋心情，另一方面，却又显出她对自己生活意义的怀疑和探索。但这并不似当时某些对象牙之塔厌倦了而又无所归依的"螃蟹似的"文学青年的那种贫乏的彷徨，她的探求是诚实的。正如她在一封信中所说的：在她看来，真诚，即如实地表现自己确有的思想感情，是文学作品的第一要义。她的小说《九十九度中》和散文《窗子以外》，都是这种真情的流露。在远未受到革命意识熏染之前，能够这样明确地提出知识分子与劳动人民的关系问题，渴望越出那扇阻隔于两者之间的"窗子"，对于像她这样出身和经历的人来说，是很不容易的。

　　三十年代是母亲最好的年华，也是她一生中物质生活最优裕的时期，这使得她有条件充分地表现出自己多方面的爱好和才艺。除了古建筑和文学之外，她还做过装帧设计、服装设计，同父亲一道设计了北京大学的女生宿舍，为王府井"仁立地毯公司"门市部设计过民族形式的店面。（可惜他们设计的装修今天被占用着这间店面的某时装公司拆掉了。名家手笔还不如廉价的铝合金装饰板。这就是时下经理们的审美标准和文化追求！）她还单独设计了北京大学地质馆，据曹禺同志告诉我，母亲还到南开大学帮助他设计过话剧布景，那时他还是个年轻学生。母亲喜欢交朋友，她的热心和健谈是有名的，而又从不以才学傲视于年轻人或有意炫耀，因此，赢得许多忘年之交。母亲活泼好动，和亲戚朋友一道骑毛驴游香山、西山，或到久已冷落的古寺中野餐，都是她最快乐的时光。

　　母亲不爱做家务事，曾在一封信中抱怨说，这些琐事使她觉得浪费了宝贵的生命，而耽误了本应做的一点对于他人，对于读者更有价值的事情。但实际上，她仍是一位热心的主妇，一个温柔的妈妈。三十年代，我家坐落在北平东城北总布胡同，是一座有方砖铺地的四合院，里面有个美丽的垂花门，一株海棠，两株马缨花。中式平房中，几件从旧货店里买来的老式家具，一两尊在野外考察中拾到的残破石雕，还有无数的书，体现了父母的艺术趣味和学术追求。当年，我的姑姑、叔叔、舅舅和姨大多数还是青年学生，他们都爱这位长嫂、长姐，每逢假日，这四合院里就充满了年轻人的高谈阔论，笑语喧声，真是热闹非常。

然而，生活也并不真的那么无忧无虑。三十年代的中国政局，特别是日本侵略的威胁，给父母的精神和生活投下了浓重的阴影。一九三一年，曾在美国学习炮兵的四叔在"一·二八"事件中于淞沪前线因病亡故；"一二·九"学生运动时，我们家成了两位姑姑和她们的同学们进城游行时的接待站和避难所，"一二·一六"那一天，姑姑的朋友被宋哲元的"大刀队"砍伤，半夜里血流满面地逃到我们家里急救包扎；不久，一位姑姑上了黑名单，躲到我们家，父母连夜将她打扮成"少奶奶"模样，送上开往汉口的火车，约定平安到达即发来贺电，发生意外则来唁电。他们焦急地等了三天，终于接到一个"恭贺弄璋之喜"的电报，不禁失笑，因为当时我已经三岁了。

然而，这样的生活，不久就突然地结束了。

一九三七年六月，她和父亲再次深入五台山考察，骑着骡子在荒凉的山道上颠簸，去寻访一处曾见诸敦煌壁画，却久已湮没无闻的古庙——佛光寺。七月初，他们居然在一个偏僻的山村外面找到它，并确证其大殿仍是建于唐代后期（公元八五七年）的原构，也就是当时所知我国尚存的最古老的木构建筑物（新中国成立后，在同一地区曾发现了另一座很小的庙宇，比佛光寺早七十多年）。这一发现在中国建筑史和他们个人的学术生活中的意义，当然是非同小可的。直到许多年以后，母亲还常向我们谈起当时他们兴奋的心情，讲他们怎样攀上大殿的天花板，在无数蝙蝠扇起的千年尘埃和无孔不入的臭虫堆中摸索着测量，母亲又怎样凭她的一双远视眼，突然发现了大梁下面一行隐隐约约的字迹，就是这些字，成了建筑年代的确凿证据。而对谦逊地隐在大殿角落中本庙施主"女弟子宁公遇"端庄美丽的塑像，母亲更怀有一种近乎崇敬的感情。她曾说，当时恨不能也为自己塑一尊像，让"女弟子林徽因"永远陪伴这位虔诚的唐朝妇女，在肃穆中再盘腿坐上他一千年！

可惜这竟是他们战前事业的最后一个高潮。七月中旬，当他们从深山中走出时，等着他们的，却是卢沟桥事变的消息！

战争对于父母来说意味着什么，他们当时也许想得不很具体，但对于需要做出的牺牲，他们是有所准备的。这点，在母亲一九三七年八月回到北平后给正在北戴河随亲戚度假的八岁的姐姐写的一封（奇迹般地保存了下来的）信里，表达得十分明确。母亲教育姐姐要勇敢，并告诉她，爸爸妈妈"不怕打仗，更不怕日本人"，因此，她也要"什么都顶有决心才好"。就这样，他们在日军占领北平前夕，抛下了那安逸的生活、舒适的四合院，带着外婆和我们姐弟，几只皮箱，两个铺盖卷，同一批北大、清华的教授一道，毅然地奔向了那陌生的西南"大后方"，开始了战时半流亡的生活。

昆明

这确是一次历尽艰辛的"逃难"。

一九三七年十一月，我们在长沙首次接受了战争的洗礼。九死一生地逃过了日寇对长沙的第一次轰炸。那情景，在萧乾先生写的《一代才女林徽因》中，曾引用母亲自己的信，作了详尽的描述。

紧接着，在我们从长沙迁往昆明途中，母亲又在湘黔交界的晃县患肺炎病倒。我至今仍依稀记得，那一晚，在雨雪交加中，父亲怎样抱着我们，搀着高烧四十度的母亲，在那只有一条满是泥泞的街道的小县城里，到处寻找客店。最后幸亏遇上一批也是过路的空军航校学员，才匀了一个房间让母亲躺下。这也是战争期间我们家同那些飞行员之间特殊友谊的开始。旅途中的这次重病对母亲的健康造成了严重损害，埋下了几年后肺病再次复发的祸根。

一九三八年一月份，我们终于到达了昆明。在这数千公里的逃难中，做出最大牺牲的是母亲。

三年的昆明生活，是母亲短短一生中作为健康人的最后一个时期。在这里，她开始尝到了战时大后方知识分子生活的艰辛。父亲年轻时车祸受伤的后遗症时时发作，脊椎痛得常不能坐立。母亲也不得不卷起袖子买菜、做饭、洗衣。

然而，母亲的文学、艺术家气质并没有因此而改变。昆明这高原春城绮丽的景色一下子就深深地吸引了她。记得她曾写过几首诗来吟咏那"荒唐的好风景"，一首题为《三月昆明》，可惜诗稿已经找不到了。还有两首《茶铺》和《小楼》，在《林徽因诗集》出版时尚未找到，最近却蒙邵燕祥先生从他保留的旧报上找出（披露在甘肃《女作家》

一九八五年第四期上）。

大约是在一九三九年冬，由于敌机对昆明的轰炸愈来愈频繁，我们家从城里又迁到了市郊，先是借住在麦地村一所已没有了尼姑的尼姑庵里，院里还常有虔诚的农妇来对着已改为营造学社办公室的娘娘殿烧香还愿；后来，父亲在龙头村一块借来的地皮上请人用未烧制的土坯砖盖了三间小屋。而这竟是两位建筑师一生中为自己设计建造的唯一一所房子。

离我们家不远，在一条水渠那边，有一个烧制陶器的小村——瓦窑村。母亲经常爱到那半原始的作坊里去看老师傅做陶坯，常常一看就是几个小时。然后沿着长着高高的桉树的长堤，在黄昏中慢慢走回家。她对工艺美术历来十分倾心，我还记得她后来常说起，那老工人的手下曾变化出过多少奇妙的造型，可惜变来变去，最后不是成为瓦盆，就是变作痰盂！

前面曾提到，母亲在昆明时还有一批特别的朋友，就是在晃县与我们邂逅的那些空军航校学员，这是一批抗战前夕沿海大城市中投笔从戎的爱国青年，后来大多数家乡沦陷。在昆明时，每当休息日，他们总爱到我们家来，把母亲当做长姐，对她诉说自己的乡愁和种种苦闷。他们学成时，父亲和母亲曾被邀请做他们全期（第七期）的"名誉家长"出席毕业典礼。但是，政府却只用一些破破烂烂的老式飞机来装备自己的空军。抗战没有结束，他们十来人便全都在一次次与日寇力量悬殊的空战中牺牲了，没有一人幸存！有些死得十分壮烈。因为多数人家在敌占区，他们阵亡后，私人遗物便被寄到我们家里。每一次母亲都要哭一场。

李庄

一九四〇年冬，由于日寇对昆明的空袭日益加剧，营造学社追随中央研究院历史语言研究所再度西迁到四川宜宾附近的一个小江村——李庄。这里距扬子江尽处只有三十公里（宜宾以上即称金沙江），而离重庆却有三天的水路，是个名副其实的穷乡僻壤。我们住进了一处篾条抹灰的简陋农舍。艰苦的生活，旅途的劳顿和四川冬季潮湿、阴冷的气候，终于使母亲的旧病恶性发作，卧床不起。同时，父亲脊椎软组织灰质化的毛病也变得愈来愈严重。

李庄的生活确实是艰难的。家里唯一能给母亲养病用的"软床"是一张摇摇晃晃的帆布行军床；晚上，为了父亲写书和我们姐弟做功课，全家点两盏菜子油灯，当时，连煤油灯都是过于"现代化"的奢侈品。记得我在这里读小学时，除了冬天外婆亲手做的一双布鞋外，平时都只能穿草鞋。偶尔有朋友从重庆或昆明带来一小罐奶粉，就算是母亲难得的高级营养品了。父亲爱吃甜食，但这里除了土制红糖之外没有别的。父亲就把土糖蒸熟消毒，当成果酱抹在馒头上，戏称为"甘蔗酱"。整个李庄没有一所医院，没有一位正式医生，没有任何药品。家里唯一的一支体温计被我失手打破，大半年母亲竟无法量体温。就是在这样的条件下，她的病情一天天沉重，却得不到像样的治疗。眼看着她消瘦下去，眼窝深陷，面色苍白，几个月的工夫，母亲就失掉了她那一向焕发美丽的面容，成了一个憔悴、苍老，不停地咳喘的病人。

　　同他们过去的生活相比，李庄的日子真可以说是贫病交加了。然而，就在这样的境遇之下，母亲和父亲并没有被困难所压倒，而是拼上性命，继续坚持着他们的学术事业。抗战开始以来，辗转几千公里的逃难，我们家几乎把全部"细软"都丢光了，但是，战前父亲和营造学社同人们调查古建筑的原始资料——数以千计的照片、实测草图、记录等，他们却紧紧地抱在胸前，一张也没有遗失。只有那些无法携带的照相底版，还有一些珍贵的文献，他们在离开北平前，曾经存进了天津一家外国银行的地下保险库，当时以为这是最安全的。不料一九三九年天津大水时，地下室被淹，所存资料几乎全部被毁。这个消息是两年后才传到李庄的。姐姐告诉我，当父亲母亲听到这个不幸的消息时都哭了。就在这几间四面透风的农舍里，父亲同几位共患难的同事，请来当地的木匠，做了几张半原始的白木头绘画桌，摊开了他们的资料，决心着手全面系统地总结整理他们战前的调查成果，开始撰写《中国建筑史》。同时，为了实现他和母亲多年的夙愿，又决定用英文撰写并绘制一部《图像中国建筑史》，以便向西方世界科学地介绍中国古代建筑的奥秘和成就。他和母亲一面讨论，一面用一台古老的、噼啪震响的打字机打出草稿；又和他亲密的助手莫宗江一道，绘制了大量英汉对照注释的精美插图。当时，父亲的颈椎灰质化病常常折磨得他抬不起头来，他就在画板上放一只小花瓶撑住下巴，以便继续工作。而母亲只要稍微好过一点就半坐在床上，翻阅《二十四史》和各种资料典籍，为书稿做种种补充、修改，润色文字。今天，还可以从当年那些用土纸写成的原稿上，看到母亲病中的斑斑字迹。一九四二年冬，父亲和母亲的美国老友，当时的美国驻华大使特别助理费正清（John Fairbank）教授来到李庄看望他们，被他们在如此艰苦的环境中仍坚持学术工作的坚毅精神所深深感动。四十年后，他在"自传"中还专门为此写了一段深情的话（见萧乾先生的文章）。

　　虽然如此，李庄的四年，大概仍是母亲情绪上最抑郁的时期。战争和疾病无情地击倒了她，而这里又是那样一个偏僻、单调的角落。老朋友们天各一方，难得有一两封书信往还。可以想象，她的心境有时是多么悲凉。但病中的母亲这时更勤奋于学习。她在病榻上读了大量的书。我和姐姐至今还能举出不少当时她读过的书名，这是因为当时她常常读书有感却找不到人交谈，只好对着两只小牛弹她的琴。这时期，她读了许多俄罗斯作家的作品，我记得她非常喜欢屠格涅夫的《猎人笔记》，而且要求我也当成功课去读它（那时我只有十二岁），还要我们一句句地去体味屠格涅夫对自然景色的描写。米开朗琪罗传，因为是英文的，我们实在没法子读，她就读一章，给我们讲一章，特别详细地为我们描述了米开朗琪罗为圣彼得教堂穹顶作画时的艰辛。讲的时候很动感情，可能因为米开朗琪罗那种对艺术的执著追求特别引起了她的共鸣。她偶尔也还写诗，但流露的大多是惆怅。在她兴致好的时候，间或喜欢让姐姐和我坐在床前，轻轻地为我们朗读她旧日的诗、文，她的诗本来讲求韵律，比较"上口"，由她自己读出，那声音真是如歌。她也常常读古诗词，并讲给我们听，印象最深的，是她在教我读到杜甫和陆游的"剑外忽传收蓟北"、"家祭毋忘告乃翁"，以及"可怜小儿女，未解忆长安"等名句时那种悲愤、忧愁的神情。母亲非常擅长朗诵。我记得，还在昆明时期，我大概只是小学二年级，她教我《唐雎不辱使命》，自己读给我和姐姐听。一篇古文，被她读得绘声绘色：唐雎的英雄胆气，秦王前踞而后恭的窘态，听起来简直似一场电影。五十年过去了，我仍觉得声声在耳，历历在目。在李庄时，她从中研院历史语言研究所借到过几张劳伦斯·奥列弗的莎剧台词唱片，非常喜欢，常常模仿这位英国名演员的语调，大声地"耳语"："To be or not to be, that is the question!"于是父亲、姐姐和我就热烈鼓掌……她这位母亲，几乎从未给我们讲过什么小白兔、大灰狼之类的故事。除了给我们买了大量的书要我们自己去读之外，就是以她自己的作品和对文学的理解来代替稚气的童话，像对成年人一样地来陶冶我们幼小的心灵。

一九四一年，她非常疼爱的三弟，当时刚从航校毕业不久的空军上尉飞行员林恒，在一次对日机的仓促应战中，牺牲在成都上空。噩耗传到她病榻上的时候，母亲几乎痛不欲生。此后不到两年，昆明那批空军朋友中的最后一名幸存者，也是母亲最喜欢的一个，又在衡阳战役中被击落后失踪了。他们的死在母亲精神上的反响，已不限于对亡故亲人和挚友的怀念感伤。她的悼亡诗《哭三弟恒》可以说不是只给三舅一个人，而是献给抗战前期她所认识的所有那些以身殉国的飞行员朋友的。从中可以看出当时她对民族命运的忧思和对统治当局的责难。

战时"大后方"艰苦、暗淡的生活，腐蚀了许多青年人的意志，使他们动摇，彷徨，想放弃学术事业，有人不想再当穷知识分子，而想走升官发财之路。这一切使母亲写出了她唯一的一首政治诗《刺耳的悲歌》。她在诗中以悲怆的笔调抨击了那些看见别人做了官、发了国难财而眼红的青年人，也抨击了政府骗取青年的爱国热情，征召他们去参加目的可疑的什么"青年军"（抗战后，国民党利用"青年军"镇压学生运动、打内战，证明了母亲这个"不问政治"的人政治上的敏感性）。

极为可惜的是，那诗稿如今竟已不存！

从母亲一九四四年留下的几首短诗中可以看出，她在李庄的最后两年中心情是多么恶劣、消沉。但这并不仅仅是自身病痛所致，更多的，也许还是出于"长安不见"的忧愁。她这时爱读杜、陆后期的诗词，不是偶然的。在她和父亲身上，常表现出中国汉族读书人的那种传统的"气节"心理。一九四六年，抗战已经胜利，有一次我同母亲谈起一九四四年日军攻占贵州都匀，直逼重庆的危局。我曾问母亲，如果当时日本人真的打进四川，你们打算怎么办？她若有所思地说："中国念书人总还有一条后路嘛，我们家门口不就是扬子江吗？"我急了，又问："我一个人在重庆上学，那你们就不管我啦？"病中的母亲深情地握着我的手，仿佛道歉似的小声地说："真要到了那一步，恐怕就顾不上你了！"听到这个回答，我的眼泪不禁夺眶而出。这不仅是因为感到自己受了"委屈"，更多的，我确是被母亲以最平淡的口吻所表现出来的那种凛然之气震动了。我第一次忽然觉得她好像不再是"妈妈"，而变成了一个"别人"。

抗战胜利那年的冬天，母亲离开了李庄，先在重庆暂住，但她总在想念昆明，特别是那里的老朋友们。一九四六年春，她终于如愿以偿，带病乘飞机再访昆明，住在圆通山后的一座花园里。同老朋友金岳霖、张奚若、钱端升等人的重聚，使她得到了几年来最大的快乐，可惜高原缺氧的昆明对她的肺病很不利。她在这里，也写了几首小诗。

"一二·一"运动后的昆明，使母亲在政治上有了新的认识。那年三月，我这个初中二年级学生在重庆被哄去参加了反苏游行。母亲知道后，从昆明来信把我狠狠地骂了一顿。说我是上当受骗，当时我还不大服气。这是我们在政治上的第一次交锋。同年八月，我们全家离开了重庆，乘西南联合大学的包机，飞向北平。

九年的战时流亡生活，终于结束了！

重回北平

母亲爱北平。她最美好的青春年华都是在这里度过的。她早年的诗歌、文学作品和学术文章，无一不同北平血肉相关。九年的颠沛生活，吞噬了她的青春和健康。如今，她回来了，像个残废人似的贪婪地要重访每一处故地，渴望再次穿起记忆里那断了线的珍珠。然而，日寇多年的蹂躏，北平也残破、苍老了，虽然古老的城墙下仍是那护城河，蓝天上依旧有白鸽掠过，但母亲知道，生活之水不会倒流，十年前的北平同十年前的自己一样，已经一去不复返了。

胜利后在北平，母亲的生活有了新的内容。父亲应聘筹建清华大学建筑系，但不久他即到美国去讲学。开办新系的许多工作暂时都落到了母亲这个没有任何名义的病人身上。她几乎就在病床上，为创立建筑系做了大量组织工作，同青年教师们建立了亲密的同事情谊，热心地在学术思想上同他们进行了许多毫无保留的探讨和交流。同时，她也结交了复原后清华、北大的许多文学、外语方面的中青年教师，经常兴致勃勃地同他们在广阔的学术领域中进行讨论。从汉武帝到杨小楼，从曼斯斐尔到伍尔芙，她都有浓厚的兴趣和自己的见解。

但是，这几年里，疾病仍在无情地侵蚀着她的生命，肉体正在一步步地辜负着她的精神。她不得不过一种双重的生活：白天，她会见同事、朋友和学生，谈工作、谈建筑、谈文学……有时兴高采烈，滔滔不绝，以至自己和别人都忘记了她是个重病人；可是，到了夜里，却又往往整晚不停地咳喘，在床上辗转呻吟，半夜里一次次地吃药、喝水、咯痰……夜深人静，当她这样孤身承受病痛的折磨时，再没有人能帮助她。她是那样的孤单和无望，有着难以诉说的凄苦。往往愈是这样，她白天就愈显得兴奋，似乎是想攫取某种精神上的补偿。一九四七年前后的几首病中小诗，对这种难堪的心境作了描述。尽管那调子低沉阴郁得叫人不忍卒读，却把"悲"的美学内涵表达得尽情、贴切。

一九四七年冬，结核菌侵入了她的一个肾，必须动大手术切除。母亲带着渺茫的希望入了医院。手术虽然成功了，但她的整个健康状况却又恶化了一大步，因为体质太弱，伤口几个月后才勉强愈合。

一九四八年的北平，在残破和冷落中期待着。有人来劝父亲和母亲"南迁"，出国，却得不到他们的响应。抗战后期，一位老友全家去了美国，这时有人曾说，"某公是不会回来的了"。母亲却正色厉声地说："某公一定回来！"这不仅反映了她对朋友的了解，也反映了她自己的心声。那位教授果然在新中国成立前不久举家回到了清华园。

一九四八年十二月十三日晚上，清华园北面彻夜响起枪炮声。母亲和父亲当时还不知道，这炮击正在预告着包括他们自己在内的中国人民的生活即将掀开新的一页。

解放军包围北平近两个月，守军龟缩城内，清华园门口张贴了解放军四野十三兵团政治部的布告，要求全体军民对这座最高学府严加保护，不得入内骚扰。同时，从北面开来的民工源源经过清华校园，把云梯、杉槁等攻城器材往城郊方向运去。看来，一场攻坚战落在北平城头已难以避免。忧心忡忡的父亲每天站在门口往南眺望，谛听着远处隐隐的炮声，常常自言自语地说："这下子完了，全都要完了！"他担心的，不只是城里亲友和数十万百姓的安危，而且还有他和母亲的第二生命——这整座珍贵的古城。中国历史上哪里有那样的军队，打仗还惦记着保护文物古迹？

然而，他们没有想到，当时中国真还有一支这样的军队。就在一九四八年年底，几位头戴大皮帽子的解放军干部坐着吉普来到我们家，向父亲请教一旦被迫攻城时，哪些文物必须设法保护，要父亲把城里最重要的文物古迹一一标在他们带来的军用地图上。……父亲和母亲激动了。"这样的党、这样的军队，值得信赖，值得拥护！"从这件事里，他们朴素地得出了这样一个结论。直到他们各自生命结束，对此始终深信不疑。

解放

解放了。

母亲的病没有起色，但她的精神状态和生活方式发生了重大的变化。新中国成立初期，姐姐参军南下，我进入大学，都不在家。对于母亲那几年的日常生活和工作，我没有细致的了解。只记得她和父亲突然忙了起来，家里常常来一些新的客人，兴奋地同他们讨论着、筹划着……过去，他们的活动大半限于营造学社和清华建筑系，限于学术圈子，而现在，新政权突然给了他们机会，来参与具有重大社会、政治意义的实际建设工作，特别是请他们参加并指导北京全市的规划工作。这是新中国成立前做梦都想不到的事。作为建筑师，他们猛然感到实现宏伟抱负，把才能献给祖国、献给人民的时代奇迹般地到来了。对这一切，母亲同父亲一样，兴奋极了。她以主人翁式的激情，恨不能把过去在建筑、文物、美术、教育等许多领域中积累的知识和多少年的抱负、理想，在一个早晨统统加以实现。只有四十六岁的母亲，病情再重也压不住她那突然迸发出来的工作热情。

母亲有过强烈的解放感。因为新社会确实解放了她，给了她一个前所未有的、新的、崇高的社会地位。在旧时代，她虽然也在大学教过书，写过诗，发表过学术文章，也颇有一点名气，但始终只不过是"梁思成太太"，而没有完全独立的社会身份。现在，她被正式聘为清华大学建筑系的一级教授、北京市都市计划委员会委员、人民英雄纪念碑建筑委员会委员，她还当选为北京市第一届人民代表大会代表、全国文代会代表……她真正是以林徽因自己的身份来担任社会职务，来为人民服务了。这不能不使她对新的政权、新的社会产生感激之情。"士为知己者用"，她当然要鞠躬尽瘁。

那几年，母亲做的事情很多，我并不全都清楚，但有几件我是多少记得的。

一九五〇年，以父亲为首的一个清华建筑系教师小组，参加了国徽图案的设计工作，母亲是其中一个活跃的成员。为自己的国家设计国徽，这也许是一个美术家所能遇到的最激动人心的课题了。在中国历史上，这也可能是一次空前绝后的机会。她和父亲当时都决心使我们的国徽具有最鲜明的民族特征，不仅要表现革命的内容，还要体现出我们这文明古国悠久的文化传统。他们曾担心，有人会主张像某些东欧"兄弟国家"那样，来一个苏联"老大哥"国徽的"中国版"。在最初的构思中，他们曾设想过以环形的璧，这种中国古老的形式作为基本图案，以象征团结、丰裕与和平。现在的这个图案，是后来经过多次演变、修改之后才成型的。一九五〇年六月，全国政协讨论国徽图案的大会，母亲曾以设计小组代表的身份列席，亲眼看到全体委员是怎样在毛主席的提议下，起立通过了国徽图案的。为了这个设计，母亲作了很大贡献，在设计过程中，许多新的构思都是她首先提出并勾画成草图的。她也曾多次亲自带着图版，扶病乘车到中南海，向政府领导人汇报、讲解、听取他们的意见……正因为这样，她才会在毛主席宣布国徽图案已经通过时，激动地落了泪。

新中国成立初期她所热心从事的另一件工作，是倡导某些北京传统手工艺品的设计改革。当时有人来向她呼吁，要挽救当时已濒于停顿、失传的北京景泰蓝、烧磁等手工业。她对这件事给予了极大的关注，曾和几位年轻的工艺美术工作者一道，亲自到工场、作坊中去了解景泰蓝等的制作工艺，观看老工人的实际操作。然后她又根据这些工艺特点，亲自设计了一批新的构思简洁、色调明快的民族形式图案，还亲自到作坊里去指导工人烧制样品。在这个过程中，她还为工艺美院带出了两名研究生。可惜的是，她的试验在当时的景泰蓝等行业中未能推开，她的设计被采纳的不多，市面上的景泰蓝仍维持着原来那种陈旧的图案。

城墙与屋顶

她的主张不邀时赏的，并不仅是这一件。

现在，当我每天早上夹在车和人的洪流中，急着要从阻塞的大街上挤一条路赶去上班的时候，常常不由得回想起五十年代初期，母亲和父亲一道，为了保存古城北京的原貌，为了建设一个他们理想中的现代化的首都而进行的那一场徒劳的斗争。

他们在美国留学的时代，城市规划在资本主义世界还是一种难以实现的理想。他们曾经看到，在私有制度之下，所谓城市规划，最后只能屈从于房地产资本家的意志，建筑师们科学的见解、美妙的构思，最后都湮没在现代都市千奇百怪、杂乱无章的建筑物之中。因此，当新中国成立初期，他们参加了为北京市做远景规划的工作时，心情是极为兴奋的。他们曾经认为，只有在社会主义制度下，当城市的一切土地都是公有的，一切建筑活动都要服从统一的计划时，真正科学、合理的城市规划才有可能实现。

对于北京的规划，他们的基本观点是：第一，北京是一座有着八百多年历史，而近五百年来其原貌基本保存完好的文化古城，这在全世界也是绝无仅有的。北京的原貌本身就是历代劳动人民留给我们的无价珍宝。而它又是一座"活的"城市，现代人仍然生活于其中，仍在使用和发展着它，但现代人只负有维护古都原貌，使之传诸久远的义务，而没有"除旧布新"，为了眼前的方便而使珍贵古迹易容湮灭的权利。第二，他们认为，原北京城的整个布局，是作为封建帝都，为满足当时那样的需要而安排的，它当然不能满足一个现代国家首都在功能上的要求。而如果只着眼于对旧城的改建，也难以成功。他们根据国外许多历史名城被毁的教训，预见到如果对北京城"就地改造"，把大量现代高层建筑硬塞进这古城的框框，勉强使它适应现代首都的需要，结果一定是两败俱伤：现代需要既不能充分满足，古城也将面目全非，弄得不伦不类，其弊端不胜枚举。然而，这些意见却遭到了来自上面的批驳。于是，他们只好眼睁睁地看着北京城一步步地重蹈国外那些古城的命运。那些"妨碍"着现代建设的古老建筑物，一座座被铲除了，一处处富有民族特色的优美的王府和充满北京风味的四合院被拆平了，而一幢幢现代建筑，又"中心开花"地在古城中冒了出来。继金水桥前三座门、正阳门牌楼、东西四牌楼、北海"金鳌玉蝀"桥等被拆除之后，推土机又兵临"城"下，五百年古城墙，包括那被多少诗人、画家看做北京象征的角楼和城门，全被判了极刑。母亲几乎急疯了。她到处大声疾呼、苦苦哀求，甚至到了声泪俱下的程度。她和父亲深知，这城墙一旦被毁，就永远不能恢复，于是再三恳请下命令的人高抬贵手，刀下留城，从长计议。然而，得到的回答却是：城墙是封建帝王镇压人民对抗农民起义的象征，是"套在社会主义首都脖子上"的一条"锁链"，一定要推倒！又有人动员三轮车（如此落后的交通工具）工人在人民代表大会上"控诉"城门、牌楼等如何阻碍交通、酿成车祸，说什么"城墙欠下了血债！"于是母亲和父亲又提出了修建"城上公园"、多开城门的设想，建议在环城近四十公里的宽阔城墙上面种花植草，放置凉棚长椅，利用城门楼开办展览厅、阅览室、冷饮店，为市区居民开辟一个文化休息的好去处，变"废"为利。然而，据理的争辩也罢，激烈的抗议也罢，苦苦的哀求也罢，统统无济于事。母亲曾在绝望中问道：为什么经历了几百年沧桑，解放前夕还能从炮口下抢救出来的稀世古城，在新中国的和平建设中反而要被毁弃呢？为什么我们在博物馆的玻璃橱里那么精心地保存起几块出土的残砖碎瓦，同时却又要亲手去把保存完好的世界唯一的这处雄伟古建筑拆得片瓦不留呢？

说起母亲和父亲对待古建筑的立场，我便不能不提到对于"大屋顶"的批判问题，这个批判运动虽然是在母亲去世之后，针对父亲的建筑思想开展的，但这种建筑思想历来是他们所共有的，而且那批判的端倪也早已见于解放之初。这表面上虽是由经济问题引出来的，但实质上是新中国的新建筑要不要继承民族传统，创造出现代的民族形式的问题。对于这个重大课题，母亲和父亲出于他们自幼就怀有的深厚的爱国主义感情，早在留学时期便已开始探索。他们始终认为，现代建筑的材料与结构原则，完全有可能与中国古代建筑的传统结构有机地结合起来，从而创出一种新的，富有中国气派的民族风格。他们经过反复思考，明确否定了几十年来风行于世界各地的"玻璃盒子"式，或所谓"国际式"的建筑，认为它们抹杀了一切民族特征，把所有的城市变得千城一面；他们也反对复古主义，反对造"假古董"。早在三十年代初，母亲在为《清式营造则例》所写的"绪论"中就已经告诫建筑家们"虽须要明了过去的传统规矩，却不要盲从则例，束缚自己的创造力"。但是在民生凋敝的旧中国，他们一直缺乏实践机会。这方面的摸索，直到新中国成立后才有可能开始。母亲确曾说过，屋顶是中国建筑最具特色的部分，但他们并没有把民族形式简单地归结为"大屋顶"。五十年代前期各地出现的建"大屋顶"之风，是对民族形式的一种简单的模式化理解，或者说是一种误解或曲解，绝不符合父亲和母亲的真正主张。而且当时那种一哄而起，到处盖房子都要搞个大屋顶的做法，正是四十多年来我们在各个领域都屡见不鲜的一哄而起和攀比作风的早期表现，是不能完全由父亲和母亲这样的学者来负责的。五十年代前期，在追求所谓"民族形式"的浪潮中出现的不少建筑，的确不仅在经济上，而且在建筑艺术上都很难说是成功的，然而当时那些不由分说的批判，确实曾深深地伤害了他们从爱国主义立场出发的，科学上和艺术上的探索精神，把他们终身遵循的学术信念和审美原则一下子说得一钱不值，大谬不然，这不能不使他们（母亲去世后，主要是父亲）感到极大的惶惑。继对电影《武训传》的批判之后，对"大屋顶"的批判，在以简单粗暴方式对待学术思想问题方面，也在知识界中开了一个极坏的先例。母亲去世很早，没有来得及看到在批判"大屋顶"的同时北京冒出来的那一批俄罗斯式的"尖屋顶"，更没有看到后来会有这么多他们所最恼火的"国际式"高层玻璃盒子，有些上面还顶着个会转圈的"罐头盒屋顶"，以"锷未残"之势，刺破着碧空下古城原有的和谐的建筑天际线；也没有看到在被拆毁的古城墙遗址边上，又长出了那么一排排玻璃与水泥构筑的灰暗的"新式城墙"，否则，她定会觉得自己作为建筑家而未能尽到对历史的责任，那种痛苦我是完全可以想象的。

尽瘁

在新中国成立初期那些年紧张的实际工作中，母亲也没有放松过在古建筑方面的学术研究。其中最重要的一项，就是她和父亲以及莫宗江教授一道，在初步学习了马克思主义的理论之后，将他们多年来对中国建筑发展史的基本观点，做了一次全面的检讨，并在此基础上写出了《中国建筑发展的历史阶段》这篇长文（原载一九五四年第二期《建筑学报》），第一次尝试着以历史唯物主义作为指导思想，重新回顾从远古直到现代中国建筑发展的整个历程，开始为他们的研究工作探求一个更加科学的理论基础。

在那几年里，母亲还为建筑系研究生开过住宅设计和建筑史方面的专题讲座，每当学生来访，就在床褥之间，"以振奋的心情尽情地为学生讲解，古往今来，对比中外，谑语雄谈，敏思遐想，使初学者思想顿感开阔。学生走后，常气力不支，卧床喘息而不能吐一言"。（吴良镛、刘小石《梁思成文集·序》）。这里我想特别指出，母亲在建筑和美术方面治学态度是十分严谨的，对工作的要求也十分细致严格，而绝没有那种大而化之的"顾问"作风。这里，我手头有两页她的残留信稿，可以作为这方面的一个例证。为了不使我的这份记述成为空洞的评议，这里也只好用一点篇幅来引录信的原文，也可以算是她这部文集的一个"补遗"吧。一九五三年前后，由北京文物整理委员会编、人民美术出版社出版的《中国建筑彩画图案》，请她审稿并作"序"。她对其中彩图的效果很不满意，写信提出了批评，其最后几段如下：

......

（四）青绿的双调和各彩色在应用上改动的结果，在全梁彩色组合上，把主要的对比搅乱了。如将那天你社留给我的那张印好的彩画样干，同清官中大和门中梁上彩画（庚子年日军侵入北京时，由东京帝国大学建筑专家所测绘的一图，两者正是同一规格）详细核对，比照着一起看时，问题就很明显。原来的构图是以较暗的青绿为两端箍头藻头的主调，来衬托第一条梁中段以朱为地，以彩色"吉祥草"为纹样的枋心，和第二条梁靠近枋心的左右红地吉祥草的两段藻头。两层梁架上就只出三块红色的主题，当中再隔开一块长而细的红色垫板，全梁青、绿和朱的对比就清清楚楚，明明白白，一点也不乱。

从花纹的比例上看，原来的纹样细密如锦，给人的感觉非常安静，不像这次所印的那样浑圆粗大，被金和白搅得热闹嘈杂，在效果上有异常不同的表现。青绿两色都是中国的矿质颜料，它们调和相处，不暗也不跳；白色略带蜜黄，不太宽，也不突出。在另外一张彩画上看到，原是细致如少数民族边饰织纹的箍头两旁纹样，在比例上也被你们那里的艺人们在插图时放大了。总而言之，那张印样确是"走了样"的"和玺椀花结带"，与太和门中梁上同一格式的彩画相比，变得五彩缤纷，宾主不分，八仙过海，各显其能；聒噪喧腾，一片热闹而不知所云。从艺术效果上说，确是个失败的例子。

从这段信中，不仅可以看出她对自己的专业的钻研是怎样的深入细致，而且还可以看到，她在用语言准确而生动地表述形象和色彩方面，有着多么独到的功夫（这本大型专业参考工具书后于一九五五年出版）。

母亲在生命的最后时刻所参与的另一项重要工作，是人民英雄纪念碑的设计和建造。这里，她和父亲一道，也曾为坚持民族形式问题作过一番艰苦的斗争。当时他们最担心的，是天安门前建筑群的和谐，会被某种从苏联"老大哥"那里抄来的青铜骑士之类的雕像破坏掉。母亲在"碑建会"里，不是动口不动手的顾问，而是实干者。一九五三年三月，她在给父亲的信中写道：

"我的工作现时限制在碑建会设计小组的问题上，有时是把几个有限的人力拉在一起组织一下，分配一下工作，作技术方面的讨论，如云纹，如碑的顶部；有时是讨论应如何集体向上级反映一些具体意见，作一两种重要建议。今天就是刚开了一次会，有某某等连我六人前天已开过一次，拟了一信稿呈郑主任和薛秘书长的，今天将所拟稿带来又修正了一次，今晚抄出大家签名明天发出。主要要求：立即通知施工组停轧钢筋；美工合组事虽定了尚未开始，所以趁此时再要求增加技术人员加强设计实力；第三，反映我们认为去掉大台对设计有利（原方案碑座为一高台，里面可容陈列室及附属设施——梁注），可能将塑型改善，而减掉复杂性质的陈列室和厕所设备等等，使碑的思想性明确单纯许多。……"除了组织工作，母亲又亲自为碑座和碑身设计了全套饰纹，特别是底座上的一系列花圈。为了这个设计，她曾对世界各地区、各时代的花草图案进行过反复对照、研究，对笔下的每一朵花、每一片叶，都描画过几十次、上百次。我还记得那两年里，我每次回家都可以看到她床边的几乎每一张纸片上，都有她灵感突来时所匆匆勾下的某个图形，就像音乐家们匆匆记下的几个音符、一句旋律。

然而，对于母亲来说，这竟是一支未能完成的乐曲。

从一九五四年入秋以后，她的病情开始急剧恶化，完全不能工作了。每天都在床上艰难地咳着、喘着，常常整夜不能入睡。她的眼睛虽仍然那样深邃，但眼窝却深深地陷了下去，全身瘦得叫人害怕，脸上见不到一点血色。

大约在一九五五年年初，父亲得了重病入院，紧接着母亲也住进了他隔壁的病房。父亲病势稍有好转后，每天都到母亲房中陪伴她，但母亲衰弱得已难于讲话。三月三十一日深夜，母亲忽然用微弱的声音对护士说，她要见一见父亲。护士回答：夜深了，有话明天再谈吧。然而，年仅五十一岁的母亲已经没有力气等待了，就在第二天黎明到来之前，悄然地离开了人间。那最后的几句话，竟没有机会说出。

北京市人民政府把母亲安葬在八宝山革命烈士公墓，纪念碑建筑委员会决定，把她亲手设计的一方汉白玉花圈刻样移作她的墓碑，墓体则由父亲亲自设计，以最朴实、简洁的造型，体现了他们一生追求的民族形式。

"十年浩劫"中，清华红卫兵也没有放过她。"建筑师林徽因之墓"几个字被他们砸掉了，至今没有恢复。作为她的后代，我们想，也许就让它作为一座无名者的墓留在那里更好？

母亲的一生中，有过一些神采飞扬的时刻，但总的说来，艰辛多于顺利。她那过人的才华施展的机会十分短暂，从而使她的成就与能力似不相称。那原因自然不在她自己。

在现代中国的文化界里，母亲也许可以算得上是一位多少带有一些"文艺复兴色彩"的人，即把多方面的知识与才能——文艺的和科学的、人文学科和工程技术的、东方和西方的、古代和现代的——汇集于一身，并且不限于通常人们所说的"修养"。而是在许多领域都能达到一般专业者难以企及的高度。同时，所有这些在她那里都已自然地融会贯通，被她娴熟自如地运用于解决各式各样的问题，得心应手而绝无矫揉的痕迹。不少了解她的同行们，不论是建筑界、美术界还是文学界的，包括一些外国朋友，在这一点上对她都是钦佩不已的。

谈起外国朋友，那么还应当提到，母亲在英文方面的修养也是她多才多艺的一个突出表现。美国学者费氏夫妇一九七九年来访时曾对我说："你妈妈的英文，常常使我们这些以英语为母语的人都感到羡慕。"父亲所写的英文本《图像中国建筑史》的"前言"部分，就大半出自母亲的手笔。我记得五十年代初，她还试图用英文为汉武帝写一个传，而且已经开了头，但后来大概是一个未能完成的项目。

总之，母亲这样一个人的出现，也可以算是现代中国文化界的一种现象。一九五八年一些人在批判"大屋顶"时，曾经挖苦地说："梁思成学贯中西，博古通今……古文好，洋文也好，又古又洋，所谓修养，既能争论魏风唐味，又会鉴赏抽象立体……"这些话，当然也适用于"批判"母亲，如果不嫌其太"轻"了一点的话。二十世纪前期，在中西文明的冲突和交会中，在中国确实产生了相当一批在不同领域中"学贯中西、博古通今"，多少称得上是"文艺复兴"式的人物。他们是中国文化在特定历史条件下的产物。他们的成就，不仅光大了中国的传统文明，也无愧于当时的世界水平。这种人物的出现，难道不是值得我们中国人骄傲的事？在我们中华文明重建的时候，难道不是只嫌这样的知识分子太少又太少了吗？对他们的"批判"，本身就表示了文化的倒退。那结果，只能换来几代人的闭塞与无知。

新中国成立后，母亲只生活了短短六年时间，但她的思想感情确实发生了巨大的变化。这是因为，当时的新政权曾以自己的精神和事业，强烈地吸引了她，教育了她。以她那样的出身和经历，那样的生活和思想方式，而能在短短几年里就如此无保留地把自己的全部信任、智慧和精力都奉献给了这新的国家、新的社会，甘愿为之鞠躬尽瘁，又是那样恳切地决心改造自己旧的世界观，这确是一件发人深省的事。许多人曾对我说过：你母亲幸亏去世得早，如果她再多活两年，"反右"那一关她肯定躲不过去。是的，早逝竟成了她的一种幸福。对于她这样一个历来处世真诚不欺，执著于自己信念的人，如果也要去体验一下父亲在后来的十几年中所经历过的一切，那将会是一种什么局面，我简直不敢想象。"文革"期间，父亲是在极度的痛苦和困惑中，顶着全国典型"反动学术权威"的大帽子死去的。我只能感谢命运的仁慈，没有让那样的侮辱和蹂躏也落到我亲爱的母亲身上！

一九五五年，在母亲的追悼会上，她的两位几十年的挚友——哲学教授金岳霖和邓以蛰联名给她写了一副挽联：

一身诗意千寻瀑，
万古人间四月天。

父亲曾告诉我，《你是人间的四月天》这首诗是母亲在我出生后的喜悦中为我而作的，但母亲自己从未对我说起过这件事。无论怎样，今天，我要把这"一句爱的赞颂"重新奉献给她自己。愿她倏然一生的追求和成就，能够通过这本文集，化作中国读书人的共同财富，如四月春风，常驻人间！

梁从诫

一九八五年四月北京一稿
一九八六年四月北京二稿
一九九一年四月北京再改

1904年/1岁

是年。6月10日，林徽因生于浙江杭州陆官巷住宅。

原籍福建闽县，祖父林孝恂，光绪己丑科（1889年）进士，初为政知县候选，历任浙江海宁、石门、仁和各州县。他资助青年赴日留学的学生，多参加孙中山领导的革命运动。祖母游氏，生有子女七人。

林徽因父林长民（1876年生），字宗孟，为孝恂长子，1906年赴日留学，不久回国，在杭州东文学校毕业，后再度赴日早稻田大学，习政治法律；叔林天民（1887年生），字希实，早年亦留学日本，习电气工程；大姑林泽民，嫁王永昕；二姑生一女后去世；三姑林嫄民，嫁卓定谋；四姑林丘民，嫁曾仙舟；五姑林子民，嫁李石珊。

林徽因之堂叔林觉民、林尹民均为黄花冈革命烈士。

1909年/5岁

是年。迁居蔡官巷一宅院，林徽因随祖父母、姑母等居此，由大姑母林泽民发蒙读书。

1910年/6岁

是年。林长民毕业于早稻田大学，善诗文、工书法，回国后与同学刘崇佑创办福州私立法政学堂，并任校长。

1911年/7岁

是年。祖母游氏因心脏病逝世于杭州。武昌起义后，林长民赴上海、南京、北京等地宣传辛亥革命。

1912年/8岁

是年。1月1日，南京临时政府成立，林长民为福建代表，任参议院秘书长。并与汤化龙等人在上海发起组织"共和建设讨论会"。4月13日，正式成立"共和建设讨论会"，拥在日的梁启超为领袖。10月27日，将"共和建设讨论会"、国民协会等团体合并，林长民参与组织民主党。

是年。林长民住北京，全家由杭州移居上海，住虹口区金益里，徽因与表姐妹们入附近爱国小学，读二年级，并侍奉祖父。

1913年/9岁

是年。林长民被选为众议院议员，任秘书长。母亲何雪媛（1882—1972，林长民第二夫人，浙江嘉兴人）带妹妹麟趾（后夭折）去北平，住前王公厂旧居，徽因留沪。林长民与第三夫人程桂林（上海人）成婚，一说1912年。

1914年/10岁

是年。林长民任北京政府国务院参事，全家迁居北京。

祖父林孝恂因胆石症病逝。二娘程桂林生妹燕玉。

1915年/11岁

是年。二娘程桂林生弟桓（曾任美国俄亥俄州美术学院院长）。

1916年/12岁

是年。4月，袁世凯称帝后，全家迁居天津英租界红道路，林长民仍留北京。5月，林长民去津，又同二娘程桂林回京。秋，举家由津返京。9月，在梁启超支持下，林长民参加并组织"宪法研究会"。林徽因与表姐们同在英国教会办的培华女子中学读书。二娘程桂林生弟恒。

1917年/13岁

是年。张勋复辟，全家迁居天津，唯徽因留京。后徽因同叔叔林天民至津寓自来水路，诸姑偕诸姊继至。林长民由宁归，独自回京。7月17日，因支持段祺瑞讨伐张勋复辟，林长民被任命为司法总长。8月，举家由津返京。11月15日，"安福系"崛起，林不再受重视，辞司法总长之职。

1918年/14岁

是年。3月24日，林长民与汤化龙、蓝公武赴日游历。家仍居北京南长街织女桥，徽因自信能编字画目录，及父归，阅之以为不适用，颇暗惭。但徽因料理家事，屡得其父褒奖。

后认识梁启超之子，梁思成。

1919年/15岁

是年。林长民任巴黎和会观察员，著书立说，抨击亲日派，反对日本承认德国在华权益。二娘程桂林生弟暄。

1920年/16岁

是年。春，林长民赴英讲学，林徽因亦随父去读中学。3月，林长民赴瑞士开国联会，由法去英，居阿门二十七号。7月，林徽因随父到巴黎、日内瓦、罗马、法兰克福、柏林等地旅行，9月回伦敦，以优异成绩考入St.Mary's College（圣玛丽学院）学习。9月24日，徐志摩由美到英。10月上旬，与在伦敦经济学院上学的徐志摩初次相遇。

1921年/17岁

是年。8月，徽因随柏烈特全家赴英南海边避暑。林长民独居伦敦。9月14日，租屋期满，因归期延至10月14日，徽因借住柏烈特家，林长民住他处。

10月14日，徽因随父由英赴法，乘"波罗加"船归国。11、12月间，林长民、林徽因抵上海，梁启超派人接林徽因回北京，仍进培华女中读书，林长民暂居上海。

1922年/18岁

是年。在培华女中读书。3月，徐志摩赴柏林，经金岳霖、吴经熊作证，与张幼仪离婚。春，林徽因、梁思成婚事"已有成言"，但未定聘。9月，徐志摩乘船回国，10月15日抵达上海，不久北上来京，林、徐暂告不欢。二娘程桂林生弟垣。

1923年/19岁

是年。在培华女中读书。

春，新月社在西单石虎胡同七号成立，林长民、林徽因等参加并祝贺。5月7日，梁思成带梁思永骑摩托车去追赶"国耻日"游行队伍，至南长街口被一大轿车将左腿撞断，住协和医院。彼时林徽因到医院探望。7月出院后，留下终身残疾。林长民任宪法起草委员会委员，曹锟贿选总统时，他在沪参与反直运动。林徽因经常与表姐王孟瑜、曾语儿参加新月社俱乐部文学、游艺活动。林徽因毕业于培华女中，并考取半官费留学。

1924年/20岁

是年。4月23日，印度诗翁泰戈尔来华访问，在天坛草坪讲演，林徽因搀扶上台，徐志摩担任翻译。文载："林小姐人艳如花，和老诗人挟臂而行。加上长袍白面、郊荒岛瘦的徐志摩，犹如苍松竹梅的一幅三友图。"一时成为京城美谈。

5月8日，为庆祝泰戈尔先生六十四诞辰，林徽因、徐志摩等在东单三条协和小礼堂演出泰翁诗剧《齐德拉》，林徽因饰公主齐德拉，徐志摩饰爱神玛达那。演出前，林徽因饰一古装少女恋望"新月"，以示是新月社组织的这场演出活动。泰戈尔在京期间，由林徽因、徐志摩等陪同，前往拜会了溥仪、颜惠庆。

6月，林徽因、梁思成和梁思永同往美国留学。7月7日抵达康奈尔大学。林选户外写生和高等代数；梁选水彩静物画、户外写生和三角。

9月，结束康校暑期课程，林、梁同往宾夕法尼亚大学就读。同月，梁思成母亲李惠仙病故。

1925年/21岁

在宾大（宾夕法尼亚大学简称，下同）学习。1月18日，林徽因与闻一多等在美参加"中华戏剧改进社"。11月22日，郭松龄在滦州倒戈反奉，通电张作霖，林长民受邀为"东北国民军"政务处长。12月24日，郭部兵败，林长民被流弹击中，死于沈阳西南新民屯，年49岁。

1927年/23岁

9月，林徽因结束宾大学业，得学士学位，后转耶鲁大学戏剧学院，在G.P.贝克教授工作室学习舞台美术半年。12月18日，梁启超在北京为梁思成、林徽因的婚事"行文定礼"。

1928年/24岁

是年。3月，结束舞美学业。3月21日，林徽因与梁思成在加拿大温哥华姐姐家结婚。之后按照其父梁启超的安排，赴欧洲参观古建筑，于8月18日回京。9月，梁思成、林徽因受聘于东北大学建筑系，分别为主任、教授。林徽因回福州探亲，受到父亲林长民创办的私立法政专科学校同人的欢迎和宴请。11月，梁启超病重住院，梁思成、林徽因赶赴北京。

1929年/25岁

是年。1月19日，梁启超病故，梁思成、林徽因为其父设计墓碑。8

月，林徽因从东北回到北平，在协和医院生下女儿，取名再冰，意为纪念已故祖父梁启超"饮冰室"书房雅号。张学良以奖金征东北大学校徽图案，林徽因设计的"白山黑水"图案中奖。

1930年/26岁

是年。秋，徐志摩到沈阳，劝林徽因回北平治病。12月，林徽因肺病日趋严重，协和医院大夫建议到山上静养。

1931年/27岁

是年。3月，林徽因到香山双清别墅养病。先后发表诗《那一晚》《谁爱这不息的变幻》《仍然》《激昂》《一首桃花》《山中一个夏夜》《笑》《深夜里听到乐声》《情愿》，以及短篇小说《窘》。

9月，梁思成、林徽因应朱启钤聘请，离开东北大学，到中国营造学社供职。梁任法式部主任，林为"校理"。秋，林徽因病愈下山。

11月19日，林徽因在协和小礼堂为驻华使节讲中国古代建筑。同日，徐志摩为听林徽因学术报告，乘机遇雨触济南党家庄开山身亡。

11月22日，林徽因、梁思成得悉徐志摩坠亡，即以铁树、白花编制小花圈，梁思成随与金岳霖、张奚若赶到徐遇难处处理后事。同月，由林徽因等主持，在北平为徐志摩举行追悼活动。

12月7日，发表散文《悼志摩》。

1932年/28岁

是年。元旦，正月初一，分别两次致胡适信。6月中旬，林徽因再次到香山养病。夏，林徽因、梁思成去卧佛寺、八大处等地考察古建筑，并发表《平郊建筑杂录》。7月至10月，作诗《莲灯》《别丢掉》《雨后天》。8月，子从诫生，意为纪念宋代建筑学家李诫。在一次聚餐时，林徽因结识美籍学人费正清、费慰梅夫妇。

1933年/29岁

是年。林徽因参加朱光潜、梁宗岱举办的文化沙龙，每月集会一次，朗诵中外诗歌和散文。秋，林徽因与闻一多、余上沅、杨振声、叶公超等筹备并创办了《学文》月刊。9月，林徽因同梁思成、刘敦桢、莫宗江去山西大同考察云冈石窟。10月7日，发表散文《闲谈关于古代建筑的一点消息》。11月，林徽因同梁思成、莫宗江去河北正定考察古建筑。

11月18日，发表诗《秋天，这秋天》。同月，林徽因请萧乾、沈从文到北总布胡同谈《蚕》的创作。12月，作诗《忆》。

1934年/30岁

是年。1月，中国营造学社出版梁思成的《清式营造则例》一书，林徽因为该书写了《绪论》。2月、5月，发表诗《年关》《你是人间的四月天》，小说《九十九度中》。年初，为叶公超主编的《学文》月刊1卷2期设计了富有建筑美的封面。夏，林徽因、梁思成同费氏夫妇、汉莫去山西汾阳、洪洞等地考察古建筑。9月5日，发表散文《窗子以外》。10月，林徽因、梁思成应浙江建设厅邀请，到杭州商讨六和塔重修计划，之后又去浙南武义宣平镇和金华天宁寺作古建筑考察。

1935年/31岁

是年。3月，林徽因与梁思成合著《晋汾古建筑预查纪略》一文。6月，发表诗《吊玮德》，短篇小说《模影零篇：一、钟绿，二、吉公》。10月，作诗《灵感》《城楼上》。11月19日，发表散文《纪念志摩去世四周年》。冬，林徽因经常与费氏夫妇到郊外练习骑马。

1936年/32岁

是年。1至11月，发表诗《深笑》《静院》《风筝》《记忆》《无题》《题剔空菩提叶》《黄昏过泰山》《昼梦》《八月的忧愁》《冥思》《空想外四章：你来了、"九一八"闲走、藤花前、旅途中》《过杨柳》《静坐》；散文《蛛丝和梅花》《究竟怎么一回事》；短篇小说《模影零篇：三、文珍》。5月28日，林徽因、梁思成等去河南洛阳龙门石窟、开封及山东历城、章丘、泰安、济宁等处作古建筑考察。9月，担任《大公报》文艺作品征文评委。

10月，在《平津文化界对时局的宣言》中，向国民党当局提出抗日救亡八项要求，林徽因是文艺界发起人之一，并在宣言上签名。是年，选编《大公报文艺丛刊小说选》并为之作序。

1937年/33岁

是年。1至7月，发表诗《红叶里的信念》《十月独行》《时间》《古城春景》《前后》《去春》；话剧《梅真同他们》；短篇小说《模影零篇：四、绣绣》。任朱光潜主编的《文学杂志》编委。

林徽因、梁思成应顾祝同邀请，到西安做小雁塔的维修计划，同时还到西安、长安、临潼、户县、耀县等处作古建筑考察。7月，林徽因同梁思成、莫宗江、纪玉堂赴五台山考察古建筑，林徽因意外地发现榆次宋代的雨花宫及唐代佛光寺的建筑年代。

7月12日，林徽因一行到代县，得知发生"卢沟桥事变"，于是匆匆返回北平。9月，林徽因一家从天津乘船去烟台，又从济南乘火车经徐州、郑州、武汉南下，10月中旬抵长沙。11月下旬，日机轰炸长沙，林徽因一家险些丧生。不久，他们离开长沙，经常德、晃县、贵阳、镇宁、普安、曲靖到昆明。

1938年/34岁

是年。1月，林徽因一家住昆明翠湖前市长巡津街住宅，不久，莫宗江、陈明达、刘志平、刘敦桢也到昆明，经与中美庚款基金会联系，组建营造学社西南小分队。作诗《昆明即景：一、茶铺，二、小楼》。

1939年/35岁

是年。年初，因日机轰炸，林徽因一家搬至郊区龙泉镇麦地村。2月5日，发表散文《彼此》。6月28日，发表诗《除夕看花》。秋，梁思成、刘敦桢等去云南、四川、陕西、西康等地作古建筑考察，林徽因为云南大学设计女生宿舍。

1940年/36岁

是年。初冬，营造学社随史语所入川，林徽因一家亦迁四川南溪县李庄镇上坝村。不久，林徽因肺病复发，从此抱病卧床四年。

1941年/37岁

是年。在李庄镇。春,三弟恒在对日作战中身亡。

1942年/38岁

是年。在李庄镇。春,作诗《一天》。 梁思成接受国立编译馆委托,编写《中国建筑史》。林徽因为写作《中国建筑史》抱病阅读二十四史,作资料准备。她写了该书的第六章:五代、宋、辽、金部分,并承担了全部书稿的校阅和补充工作。11月4日,费正清、陶孟和从重庆溯江而上,去李庄访问林徽因、梁思成。

1944年/40岁

是年。在李庄镇。作诗《十一月的小村》《忧郁》《哭三弟恒》。费慰梅到李庄访问林徽因。

1945年/41岁

是年。在李庄镇。8月,日本侵略者宣布无条件投降。梁思成陪林徽因到重庆检查身体,大夫告诉思成,徽因将不久于人世。

1946年/42岁

是年。2月,林徽因在费慰梅陪同下乘机去昆明拜会西南联大校长梅贻琦,建议清华大学增设建筑系,住唐继尧后山祖居一座花园别墅,与张奚若、钱端升、金岳霖等旧友重聚。7月31日,同西南联大教工由重庆乘机返回北平。为清华大学设计胜因院教师住宅。10月,梁思成应聘赴美耶鲁大学做访问教授。11月24日,发表散文《一片阳光》。作诗

《对残枝》《对北门街园子》。

1947年/43岁

是年。夏，饱经欧战浸染的萧乾，由上海来清华园探望林徽因，二人长谈七年来各自的经历。作诗《给秋天》《人生》《展缓》《病中杂诗·小诗（一）、小诗（二）》《写给我的大姊》《恶劣的心绪》。

12月，做肾切除手术。

1948年/44岁

是年。2月18日，作诗《我们的雄鸡》。2—5月，发表诗《空虚的薄暮》《昆明即景》《年青的歌》《病中杂诗九首》《哭三弟恒》。11月，国民党当局迫使北平高校南迁。清华园展开反迁校斗争，林徽因说："我们不做中国的'白俄'。"大军攻城前夕，张奚若带两名解放军到林徽因家，请梁、林画出保护古建筑目标，为此深感新政权对他们的信任。是年，叔林天民故。

1949年/45岁

是年。北平解放，林徽因被聘为清华大学建筑系一级教授。2月，为百万大军挥师南下，与梁思成等编印《全国建筑文物简目》。春，送女儿再冰参加南下工作团。7月，政协筹委会决定把国徽设计任务交给清华大学和中央美院。清华大学由林徽因、李宗津、莫宗江、朱畅中等七人参加设计工作。

1950年/46岁

是年。6月，经过三个多月的努力，清华大学和中央美院设计的国徽图案完成并在中南海怀仁堂评选。经周总理广泛征求意见，清华小组设计图案以布局严谨、构图庄重而中选。6月23日，林徽因被特邀参加全国政协一届二次会议。9月20日，中央人民政府主席毛泽东发布国徽图案命令。是年，林徽因被任命为北京市都市计划委员会委员兼工程师，提出修建"城墙公园"设想。是年，妹燕玉故。

1951年/47岁

是年，为挽救濒于停业的景泰蓝传统工艺，抱病与高庄、莫宗江、常莎娜、钱美华、孙君莲深入工厂做调查研究，并设计了一批具有民族风格的新颖图案，为参加亚洲及太平洋区域和平会议的苏联文化代表团献上一批礼品，深受与会人员欢迎。

1952年/48岁

是年。梁思成、刘开渠主持设计人民英雄纪念碑，林徽因被任命为人民英雄纪念碑建筑委员会委员，抱病参加设计工作，与助手关肇邺一起，经过认真推敲，反复研究，终于完成了须弥座的图案设计。

5月，为迎接即将到来的建设高潮，林徽因、梁思成翻译了《苏联卫国战争被毁地区之重建》一书，并由上海龙门书局印行，为国家建设提供了借鉴。应《新观察》杂志之约，撰写了《中山堂》《北海公园》《天坛》《颐和园》《雍和宫》《故宫》等一组介绍我国古建筑的文章。

1953年/49岁

是年。10月，当选为建筑学会理事，并任《建筑学报》编委。被邀参加第二次全国文代会，江丰在美术家协会的报告上，对林徽因和清华小组挽救景泰蓝的成果，给予了充分肯定和高度评价。

1954年/50岁

是年。6月，林徽因当选为北京市人民代表大会代表。秋，林徽因不抵郊外风寒，由清华园搬到城里去住。不久，因病情恶化住同仁医院。

1955年/51岁

4月1日6时20分，病逝于同仁医院。4月2日，《北京日报》发表讣告，治丧委员会由张奚若、周培源、钱端升、钱伟长、金岳霖等十三人组成。4月3日在金鱼胡同贤良寺举行追悼会，遗体安放在八宝山革命公墓。